经济转型升级背景下的
铁路货运需求研究

樊 桦 等◎著

中国市场出版社
China Market Press

·北京·

图书在版编目（CIP）数据

经济转型升级背景下的铁路货运需求研究 / 樊桦等
著．—北京：中国市场出版社，2018.2

ISBN 978-7-5092-1654-5

Ⅰ.①经⋯ Ⅱ.①樊⋯ Ⅲ.①铁路货运－货物运输－
运输需求－研究 Ⅳ.①U294.1

中国版本图书馆 CIP 数据核字（2017）第 298737 号

经济转型升级背景下的铁路货运需求研究
JINGJI ZHUANXING SHENGJI BEIJING XIA DE TIELU HUOYUN XUQIU YANJIU

樊 桦 等 著

责任编辑：	许 慧（xu_hui1985@126.com）
出版发行：	中国市场出版社
地　　址：	北京市西城区月坛北小街 2 号院 3 号楼（100837）
电　　话：	编 辑 部（010）68012468　读者服务部（010）68022950
	总 编 室（010）68020336　盗版举报（010）68020336
	发 行 部（010）68021338　68020340　68053489
	68024335　68033577　68033539
经　　销：	新华书店
印　　刷：	河北鑫兆源印刷有限公司
规　　格：	170 毫米 ×240 毫米　16 开本
印　　张：16	字　　数：245 千字
版　　次：2018 年 2 月第 1 版	印　　次：2018 年 2 月第 1 次印刷
书　　号：	ISBN978-7-5092-1654-5
定　　价：	68.00 元

版权所有　侵权必究　　印装差错　负责调换

课题组成员

|课题主管|

李连成　国家发展改革委综合运输研究所　副所长

|课题顾问|

肖昭升　国家发展改革委综合运输学术委员会　副主任

|课题组长|

樊　桦　国家发展改革委综合运输研究所　副研究员

|课题组成员|

王杨堃　国家发展改革委综合运输研究所　助理研究员

刘昭然　国家发展改革委综合运输研究所　助理研究员

马德隆　国家发展改革委综合运输研究所　助理研究员

李名良　国家发展改革委综合运输研究所　研究实习员

向爱兵　国家发展改革委综合运输研究所　助理研究员

前 言

PREFACE

  根据国家统计局发布的《2015年国民经济和社会发展统计公报》，2015年我国国内生产总值676708亿元，较上年增长6.9%，这是2010年10.6%的增长率之后，我国经济增长率第五个年头在9%以下，也是近十几年来GDP增速首次下滑至7%以下。在经济增速放缓的同时，国内部分传统行业产能过剩现象突出，大宗产品、工业生产价格持续下降，煤炭、钢铁、水泥等行业效益大幅下滑。2016年2月1日，国务院发布了《关于煤炭行业化解过剩产能实现脱困发展的意见》和《关于钢铁行业化解过剩产能实现脱困发展的意见》，拉开了推进结构性改革、化解过剩产能的大幕。

  大宗物资是铁路货运的主要货类，在铁路运量中占有很高的比重，其中，煤炭、金属矿石、钢铁及有色金属的发送量占铁路货运量比重达75%左右。煤炭、钢铁等行业产能过剩和发展陷入困境，对下游的铁路货运业产生了很大影响。与经济增速下降基本一致的是，自2011年以来，我国铁路货运量基本呈持续下降趋势，2015年铁路完成货运量33.6亿吨，同比下降11.9%，货运周转量23754亿吨公里，同比下降13.7%，铁路煤炭发送量20亿吨，同比下降12.7%，跌幅再创近年新高，钢铁及有色金属、金属矿石、矿建材料等大宗物资均出现一定幅度的下降，有媒体甚至用"断崖式下跌"字样来形容2014、2015年铁路货运量的下降幅度。

近年来铁路货运量下降作为一个现象受到了广泛关注。但是，铁路货运量下降究竟是由宏观经济增速放缓、传统产业处于周期底部等因素所引起的一种短期波动现象，还是铁路货运需求随经济发展阶段转变、产业转型升级而进入下降通道的开始？进一步而言，未来一个时期铁路货运需求的发展趋势是什么？是随经济形势好转止跌回升，还是受经济结构调整等因素影响持续降低？对此问题，不能仅就现象谈现象，而需要从更长的时间轴上去深入剖析铁路货运需求演变的内在规律，并结合我国的实际国情，才能得出更加准确的判断。从长期来看，铁路货运需求与经济社会发展阶段、生产力空间布局、资源禀赋和分布特征、综合运输体系发展等密切相关，具有一定的内在规律性。随着我国进入经济转型升级新阶段，产业结构和空间布局、综合运输体系均呈现新的发展特征，势必对铁路货运需求的增速、结构、流向等产生重要影响。因此，从理论上剖析铁路货运需求与经济社会发展之间的内在关系，深入分析经济转型升级背景下传统产业、新兴产业和新兴业态发展对铁路货运需求产生的影响，不仅有助于更加科学理性地研判未来一个时期我国铁路货运需求的发展趋势，亦可从中得出对于下一阶段我国铁路建设和发展具有参考意义的政策启示。

鉴于此，2016年年初国家发展改革委综合运输研究所设立重点课题，组织所内青年研究骨干，就经济转型升级背景下的铁路货运需求问题展开深入研究。课题组邀请了国家发展改革委产业经济研究所、中国国际工程咨询公司等机构的业内专家，就我国产业升级和相关产业发展趋势等问题进行了广泛咨询，并先后赴中国煤炭运销协会、北京铁路局、呼和浩特铁路局等机构进行调研，在掌握大量一手资料的基础上，经过一年的研究，完成了一个总报告、五个专题报告和两个调研报告，对于近年来铁路货运量下降的原因及铁路货运需求发展趋势形成了以下基本判断：

> 近年来铁路货运需求下降是短期因素和长期因素叠加所造成的，其中，国内外经济周期性下行是造成铁路货运需求下降的主因。当前到2030年，经济增长、能源消费需求增长、基本建设投资增长、完成工业化进程等对铁路货运需求正向增长的推动作用要强于产业转型升级、能源结构调整和利用方式变化等对铁路货运需求增长的抑制作用，我国铁路货运需求将保持低速增长。与此同时，产业结构调整、新兴产业和业态发展、居民消费结构升级等因素将促使各类"白货"运输需求持续快速增长，铁路货运需求结构变化更为显著。

本课题研究的规范性、系统性得到了中国宏观经济研究院、国家发展改革委综合运输研究所专家的高度认可，在院、所组织的课题评奖中分别获得优秀成果奖，从近一年多铁路货运发生的变化看，研究结论与实际情况基本一致，经受住了实践的检验。课题组现将研究成果集结成书，以期在更大范围内与社会各界人士进行交流，限于学术水平，不足之处，请业内专家与广大读者不吝赐教、批评指正。

本课题在研究过程中得到了国家发展改革委综合运输研究所汪鸣所长、李连成副所长、肖昭升研究员，国家发展改革委产业经济研究所黄汉权所长、付保宗副研究员、姜江副研究员的大力支持和悉心指导，在此一并表示感谢！

2018 年 1 月 2 日

目 录
Contents

总报告

经济转型升级背景下的铁路货运需求研究 / 003

 一、近年来铁路货运需求出现的新趋势和原因分析 / 003

 二、未来一个时期影响我国铁路货运需求的主要因素 / 012

 三、对我国铁路货运需求所处增长阶段的基本判断 / 022

 四、我国铁路货运需求发展趋势分析 / 030

 五、主要结论及对铁路发展的若干启示和措施建议 / 040

专题报告

专题报告一

铁路货运需求的影响因素和阶段性特征 / 051

 一、铁路货运需求的含义和基本特征 / 051

 二、铁路货运需求的主要影响因素 / 057

 三、铁路货运需求增长的四阶段特征 / 079

专题报告二

我国铁路货运量发展变化的实证研究 / 088

  一、我国铁路货运量演变趋势 / 088

  二、我国铁路货运流量流向特点 / 096

  三、铁路货运量与经济增长相关性分析 / 101

  四、铁路货运量与综合运输体系发展相关性分析 / 110

  五、主要结论 / 113

专题报告三

发达国家铁路货运需求演变情况及其特点 / 116

  一、引言 / 116

  二、理论基础与研究框架 / 118

  三、美国案例分析 / 124

  四、英国案例分析 / 134

  五、德国案例分析 / 144

  六、主要结论与启示 / 154

专题报告四

铁路大宗物资运输需求发展趋势研究 / 157

  一、经济转型升级背景下传统行业的发展趋势 / 158

  二、传统行业物资运输需求趋势 / 181

  三、大宗物资运输供给侧影响分析 / 188

  四、结论与建议 / 202

专题报告五

铁路集装箱及快运需求发展趋势研究 /207

一、当前我国铁路集装箱和快运发展的基本现状及主要问题 /207

二、"白货"范围的界定及总体预测思路 /212

三、铁路"白货"运输需求的基本分析 /214

四、铁路"白货"运量预测 /219

五、铁路"白货"运输发展的若干启示与建议 /223

调研报告

调研报告一

铁路煤炭运输现状、趋势及建议 /229

一、当前我国铁路煤炭运输发展的基本情况 /229

二、"十三五"期铁路煤炭运输需求保持微幅增长 /231

三、中长期来看,铁路煤炭运输需求很难超过前期高点 /233

四、铁路货运能力富余要求铁路运输加快服务转型升级 /234

调研报告二

铁路"白货"运输现状、问题及建议 /236

一、当前我国铁路"白货"运输发展的基本情况 /236

二、铁路货运组织改革中"白货"运输存在的主要问题 /240

三、铁路改善"白货"运输的若干建议 /242

Railway Freight Demand under the Economic Transition and Upgrading

总 报 告

经济转型升级背景下的铁路货运需求研究

总报告

经济转型升级背景下的铁路货运需求研究

内容提要 2011年以来，随着宏观经济增速放缓，我国铁路货运量增速呈现下降趋势。综合分析，铁路货运需求下降是短期因素和长期因素叠加所造成的，其中，国内外经济周期性下行是造成铁路货运需求下降的主因。当前到2030年，经济增长、能源消费需求增长、基本建设投资增长、完成工业化进程等对铁路货运需求正向增长的推动作用要强于产业转型升级、能源结构调整和利用方式变化等对铁路货运需求增长的抑制作用，我国铁路货运需求将保持低速增长。与此同时，产业结构调整、新兴产业和业态发展、居民消费结构升级等因素将促使各类"白货"运输需求持续快速增长，铁路货运需求结构变化更为显著。铁路运输能力大幅增长和货运需求结构变化，要求铁路运输企业不仅要大力改善以时效性和完整性为重点目标的货运组织改革，更要深入推进以构建现代企业制度为重要内容的市场化改革进程，以不断提高服务质量、运营效率和市场竞争力。

一、近年来铁路货运需求出现的新趋势和原因分析

（一）2011年以来铁路货运需求出现的新趋势

1. 铁路货运需求出现明显下降

2011年以来，随着宏观经济增速放缓，我国铁路货运量增速呈现明

显下降趋势，2013—2015 年铁路货运量绝对值连续两年下降。2015 年铁路完成货运量 33.6 亿吨，同比下降 11.9%，货运周转量 23754 亿吨公里，同比下降 13.7%，跌幅再创近年新高。2011—2015 年全国铁路货运量及其增速见图 1。

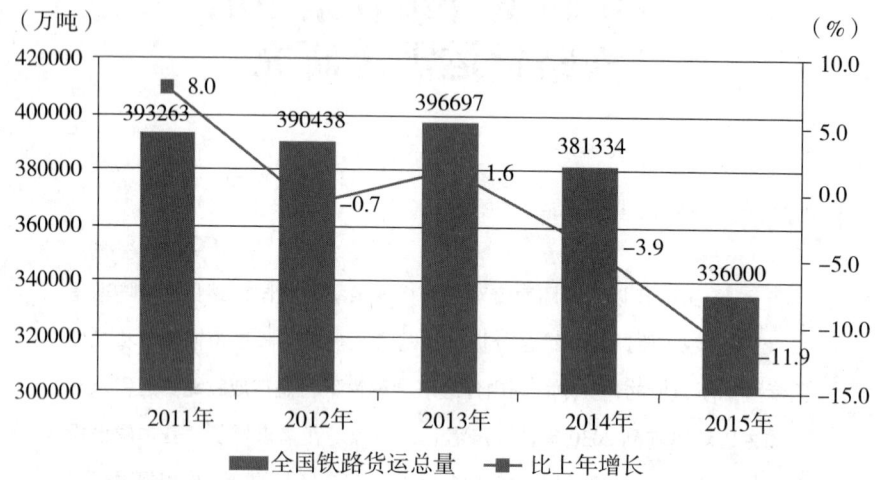

图 1　2011—2015 年全国铁路货运量及其增长速度

资料来源：《中国统计年鉴》。

在经济增速放缓的同时，国内部分传统行业产能过剩现象突出，大宗产品、工业生产价格持续下降，煤炭、钢铁、水泥等行业需求萎缩，效益大幅下滑。大宗物资是铁路货运的主要货类，在铁路运量中占有很高的比重。煤炭、钢铁等行业产能过剩和发展陷入困境，对下游的铁路货运业产生了很大影响。2014 年，全国铁路完成货运量 38.1 亿吨，其中煤炭 22.9 亿吨，占 60.1%；金属矿石 3.9 亿吨，占 10.2%；钢铁及有色金属 2.05 亿吨，占 5.4%，三项合计共占铁路货运量的 75% 以上。2015 年铁路煤炭发送量 20 亿吨，同比下降 12.7%，跌幅明显铁路运输量。与此同时，钢铁及有色金属、金属矿石、矿建材料等大宗物资铁路运输量均出现一定幅度的下降。在传统的"黑货"运输量大幅下降的同时，工业机械、金属制品、鲜活易腐货物、农副土特产品、饮料烟草、文教用品等非大宗物资的铁路运输量近年来也均呈下降趋势。2010—2015年全国铁路煤炭运输量情况见图2，2010—2014年全国铁路金属矿石等大宗物资及工业机械等非大宗物资运输量情况分别见图3、图4。

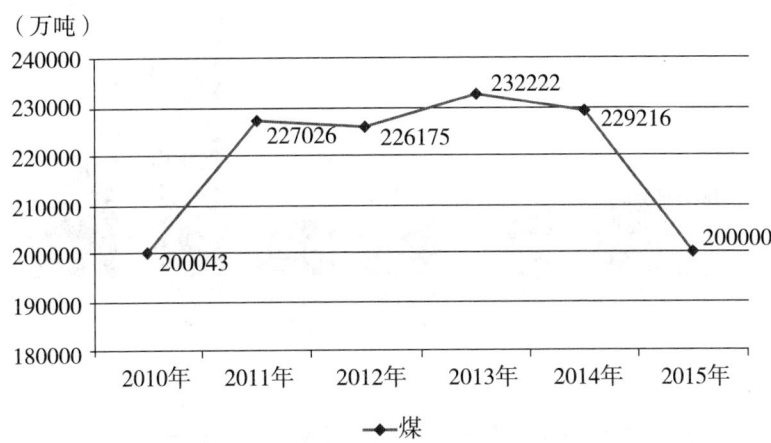

图2　2010—2015年全国铁路煤炭运输量

资料来源：《铁路统计资料汇编》(2015)。

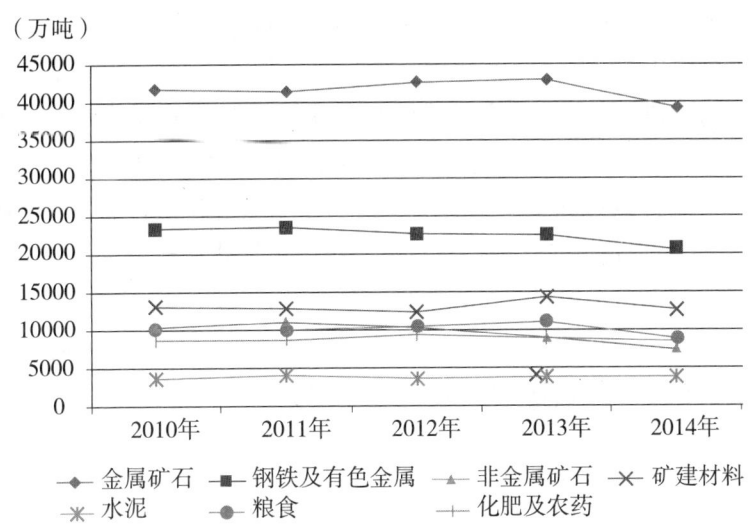

图3　2010—2014年全国铁路金属矿石等大宗物资运输量

资料来源：《铁路统计资料汇编》(2015)。

005

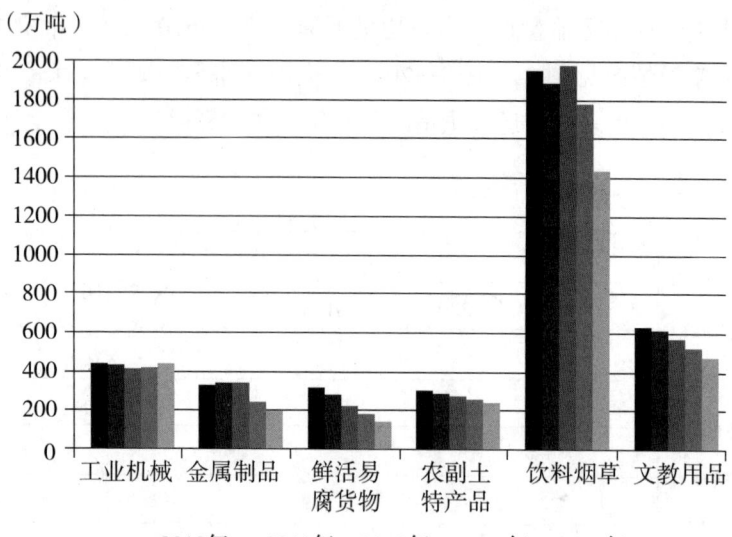

图 4　2010—2014 年全国铁路工业机械等非大宗物资运输量

资料来源：《铁路统计资料汇编》(2015)。

2. 铁路货运需求结构有所变化

集装箱运输稳定增长和零担运输快速增长是近年来铁路货运出现的一个重要变化。

2011—2015 年，铁路集装箱运量从 489 万 TEU 增长至 535 万 TEU，发送货物吨数由 9351 万吨增长至 1.05 亿吨，年均增速为 2.9%。其中，由于经济增速减缓和货运组织改革初期相关运价政策影响，于 2012 年和 2013 年出现负增长，随后在货运组织改革深化调整后出现快速反弹，于 2015 年实现同比 13.1% 的高速增长。2016 年 1—8 月份，集装箱日均装车数同比增长 37.1%，图定班列线达到 130 条，同比增长 78%。2010—2014 年全国铁路集装箱运输量情况见图 5。

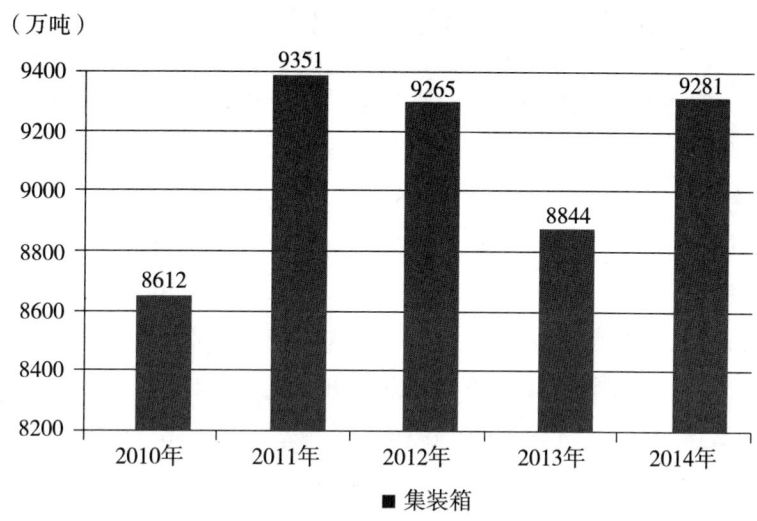

图5　2010—2014年全国铁路集装箱运输量

资料来源：《铁路统计资料汇编》(2015)。

自2014年中国铁路总公司全面恢复中断了6年之久的零担业务后，当年铁路零担货运量实现454万吨。2015年，中铁快运的日均零担货运量达到150万单左右。在业务量大幅攀升的同时，中国铁路总公司大力改善货物快运服务。目前，铁路快运服务主要分为小件快运、高铁快件和货物快运三大板块。其中，小件快运和高铁快件主要依托客运行李车和动车组列车开展运输，总体属于行包运输组织形式，货物快运则主要依托货运列车，并按照运量规模具体划分为零散货物快运、批量零散货物快运和专门针对电商特定需求而定制的班列服务三种组织形式。2016年5月实施新的铁路运行图后，当月零散货物快运实现日均发送12.17万吨，同比增长184.5%；批量零散货物快运日均装车7934车，同比增长56.9%。自2016年10月20日起，高铁快件服务由原来稳定覆盖151个高铁通达城市，逐步试行扩展至全国所有高铁列车经停的500多个城市，重点将小批量、高附加值、时效要求高的商务文件、电商包裹、生物制剂、医药冷链、应急物品等作为主要目标市场。

(二)铁路货运需求出现变化的主要原因

1. 我国经济进入到增速换挡、结构优化和动力转换的新阶段

根据国家统计局发布的《2015年国民经济和社会发展统计公报》，2015年我国国内生产总值676708亿元，比上年增长6.9%，这是2010年10.6%的增长率之后，我国经济增长率第五个年头在9%以下运行，也是近十几年来GDP增速首次下滑至7%以下。由此可以看出，我国经济增长从之前的高速转为中高速这一经济高质量发展阶段的特征。2011—2015年我国GDP及其增长速度见图6。

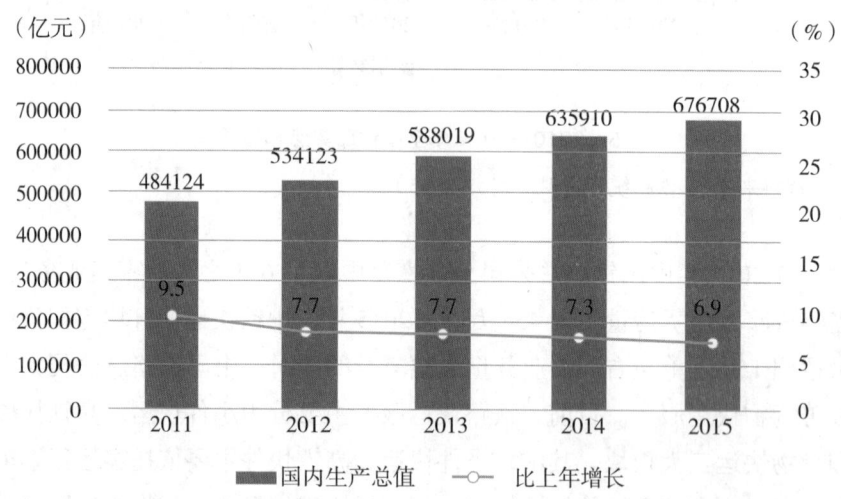

图6 2011—2015年我国GDP及其增长速度

资料来源：《中国统计年鉴》。

铁路货运需求增速与工业化阶段密切相关。2000—2011年间是我国重化工业加快发展阶段，在重化工业的推动下，我国经济实现了快速发展。这一时期，我国铁路货运弹性系数在大多时间接近于1，平均为0.73。随着重化工业阶段基本结束，加快产业转型升级，推动产业迈向中高端，提升产业核心竞争力，成为我国经济发展的重要任务。在这样的发展背景和趋势下，传统的重化工业在国民经济结构中所占比重不断下降，战

略性新兴产业和现代服务业的比重将不断提高。产业升级和结构优化将推动货运强度进一步下降,大宗原材料、能源等物资的运输弹性系数不断降低,对于大宗货物占主体的铁路货运来说,这一影响是长期性的和趋势性的。

2. 国内外经济周期性下行,导致货运需求下降

从国际来看,2008年国际金融危机以来,世界经济整体上仍处在危机后的修复阶段和发展方式的转换阶段,全球经济陷入深度调整,新的增长动力尚未形成。新兴经济体经济普遍低迷,全球贸易增速偏低,大宗商品价格低位震荡,地缘政治冲突加剧,世界能源格局深刻变化,国际远洋运输需求增幅放缓。据国际货币基金组织(IMF)统计,2015年全球经济增速为3.1%,低于上年的3.4%。据世贸组织估计,2016年全球的贸易增速将连续第五年放缓,为20世纪80年代以来最差表现。

从国内来看,我国改革开放30多年来经济长期保持了高速增长的水平,近年来受国际形势及自身存在问题的影响,经济增长速度明显放缓,宏观经济进入经济周期下行区间,据相关专家预测,这种下行趋势将在2018年或2019年才能得到扭转。

短期看,铁路货运需求受经济周期的影响较大,且铁路货运作为国民经济景气程度的先行指标,往往先于经济增长指标出现波动,并且其波动幅度往往大于整体经济的波动幅度。因此,在本轮经济下行周期下,铁路货运需求出现了大幅度下滑的局面。

3. 大宗产品需求萎缩,传统行业产能过剩

大宗物资是铁路货运的主要货类,在铁路运量中占有很高的比重。2014年,全国铁路完成货运量38.1亿吨,其中,煤炭22.9亿吨,占60.1%;金属矿石3.9亿吨,占10.2%;钢铁及有色金属2.05亿吨,占5.4%,三项合计共占铁路货运量的75%以上。

过去一个时期,铁路货运需求的快速增长主要受益于大宗货物运输需求的持续快速增长。以煤炭为例,2001—2011年是煤炭工业高速发展的"黄金十年",同时也是铁路货运量快速增长的"黄金十年"。2012

年以来，受全球经济疲软影响，国内外煤炭需求严重不足，煤炭供大于求，煤价一路下跌，煤炭工业出现全行业亏损的局面。同样的情形也出现在钢铁、水泥、电解铝等行业。2016年2月1日，国务院发布了《关于煤炭行业化解过剩产能实现脱困发展的意见》和《关于钢铁行业化解过剩产能实现脱困发展的意见》，拉开了推进结构性改革、化解过剩产能的大幕。

煤炭、钢铁等行业产能过剩和发展陷入困境，对下游的铁路货运业产生了很大影响。近两年铁路货运量大幅下滑，就是受煤炭、钢铁、矿石等大宗货类需求下降的拖累。为改善煤炭行业供需格局，抑制煤价持续下跌，国务院以及各省市相继出台了一系列去产能政策，包括退出部分产能、限制新增产能以及按"276个工作日"减量化生产等。2016年下半年以来，在市场需求的带动下，煤炭价格开始持续上涨，煤炭供需格局开始出现新变化。但是，这不意味着我国煤炭过剩产能已有效去除或者煤炭需求开始全面复苏。综合考虑我国经济发展基本面和煤炭上下游产业发展情况，可以判断当前我国煤炭市场供需严重失衡局面虽已有所改善，但煤炭需求总量不足、产能过剩的矛盾依然存在，铁路货运需求企稳的基础仍然比较脆弱。

4. 公路运输等其他运输方式对铁路运输需求的转移和分流

2015年年初，国家发展改革委决定适当调整铁路货运价格，并建立上下浮动机制。调价后煤炭固定运输成本（基价1）增加0.08元/吨，可变成本（基价2）吨公里将增加0.01元左右。依据上调后的铁路运价率，煤炭从神木到北方港口的运输成本每吨增加了12~15元，从鄂尔多斯到北方港口每吨增加10~14元，从大同到北方港口每吨增加7~8元，煤炭铁路运输成本普遍增加。

在铁路运费上涨的情况下，随着油价持续下降，汽运费用则出现持续下跌。再加上山西、陕西等地为煤企减负的政策措施，也一定程度降低了当地煤炭汽运的成本。如2014年山西撤销了全省所有的煤检站、陕西对煤炭运输车辆减半收取高速公路过路费。煤炭从山西大同、朔州到天津，汽车运输比铁路运输每吨便宜20元至25元；从鄂尔多斯运煤到京唐港，考虑到铁路短倒费、服务费等以及铁路每列亏吨100吨左右计算，铁路运输毫无优势，如果再通过神华专线，则铁路运费比公路运费高出更多。

此外，在运费支付方式和期限上，铁路有诸多限制。铁路运费支付要求是现汇，并且要求是预付。而公路运费在支付方面则并未如此严格要求，在资金极度困难的情况下，选择公路运输是缓解煤企资金压力的不二选择。

因此，综合考虑费用、时间、灵活性等因素，铁路运输的优势大大降低，导致公路对铁路运输产生了一定的分流和替代作用。

5. 铁路运输企业尚未形成良好的适应市场需求变化的经营机制

2013年，铁路运输企业启动了货运组织改革，意在通过货运组织改革，实现"稳黑增白"，扭转铁路货运量下滑局面。针对近两年大宗货物运输需求快速下降的形势，各铁路局在运输组织、营销方面采取了一些举措，如通过增加互保协议运量、运价下浮、组织直达列车等措施稳定大宗货源，通过市场"议价"、开行特需班列、接取送达服务等经营策略，不断提高零散白货运量。总体来看，这些措施取得了一定的效果，一定程度上减缓了铁路货运总量的下降速度。

但是，与变化莫测的市场需求相比，刚刚实现政企分离的铁路运输企业尚未真正建立起适应市场需求变化和竞争形势的经营机制，导致其在整体运输需求下降的情况下处于被动局面，难以灵活有效地加以应对。以白货为例，铁路既有货场、仓库、营业厅等设施资源仍没有完全盘活，辐射网络和物流节点的优势不突出；长期以来，铁路运输组织体系主要是围绕长距离、大宗货物运输而构建的，不能很好适应白货对运输时间、速度等的要求。目前，铁路不同运距的运输时间普遍比公路长，铁路500公里以上的零散货物运输时间大多比公路运输多出5天以上。除由中铁总统一协调的跨局班列可以基本确保正点率外，其他货物列车逾期达到情况十分普遍，而且由于全程物流信息系统不健全导致货物追踪信息不准确或查询服务不到位，不利于客户合理安排生产、销售计划；运价机制方面，铁路运价应对市场需求的灵活性不足，这一方面是由于路局及基层营销部门定价权较小，全程物流费用的调整时间较长，难以跟上市场变化速度，另一方面是由于两端物流费率的定价模式过于单一，难以应对客户千差万别的个性化需求和区域物流市场竞争需要；此外，铁路自身的营销体系还不健全，营销队伍人员素质参差不齐，专业物流人才匮乏，培训覆盖面和培训内容还不适应物流市场需要，与其他社会物流企业的合作机制也还不完善。

二、未来一个时期影响我国铁路货运需求的主要因素

（一）总量性因素对铁路货运需求的正向影响持续存在

主要发达国家铁路货运需求增长量的历史变动趋势表明，各种总量性因素对铁路货运需求的影响，即总量性增长，其累计值呈现持续上升的趋势，这就意味着经济发展及相关能源工业和基本建设规模的扩张对铁路货运需求起着恒定的推动作用，它是铁路货运需求增长的正向动力，始终促使着铁路货运需求的增加[1]。从未来一个时期看，经济增长、能源消费需求增长、基本建设投资增长、完成工业化进程、大国特色等因素对我国铁路货运需求增长的总量性影响将持续存在，铁路货运需求正向增长的动因依然比较强劲。

1. 中国经济继续保持中高速增长

尽管近几年在外部环境和周期性因素的影响下我国经济增长进入下行周期，但是从大趋势和中长期看，中国经济增长潜力仍然巨大，在2030年前将继续保持中高速增长态势。

首先，我国经济增长依然会有强大的需求拉动力。我国是世界第一人口大国，居民消费水平与发达国家还有不小的差距，未来我国依然有着巨大的消费需求增长潜力。由于区域间发展不平衡，我国市场的整体潜力还未充分发掘出来，落后地区孕育着巨大的市场潜力，这种"发展

---

[1] 有关铁路货运需求影响因素的论述详见本书专题报告一。

中的差距"必然导致后进追赶先进、低收入追赶高收入，从而成为推动我国经济中高速增长的一个基础性动力。另外，我国工业化、城镇化尚未完成，继续推进工业化、城镇化，将带来厂房投资、设备投资和基础设施投资需求的进一步增长。

其次，未来我国经济增长依然会有很强的供给支撑力。我国农村剩余劳动力尚未完全转移出来，整体劳动力价格和全球主要经济体相比仍然较低；虽然我国已进入老龄化社会，但依然可以在较长时期内保持较高的国内储蓄水平；虽然劳动年龄人口绝对数量已开始下降，但劳动者素质却越来越高，新的人口红利正在形成，这种新人口红利将成为我国经济保持中高速增长的一个重要支撑；经济结构有所改善，现代装备制造业有明显进步，第三产业比重有所上升，随着国家创新战略的实施，我国自主创新能力正在逐步增强，这为中国经济长期持续健康发展提供了重要推动力；通过进一步扩大开放、实施"一带一路"倡议和自由贸易区战略，我国经济的优势还会进一步增强，国际市场对中国制造的依赖度还会进一步上升，这些都将对我国经济保持中高速增长构成重要支撑。

2. 能源消费需求总量还将进一步增长

随着我国经济持续发展以及世界经济复苏，能源消费需求还将进一步增长。目前我国年人均能源消费量约为2.2吨石油当量，年人均用电量约为4000千瓦时，尚不及日本的一半。目前人均GDP达到25000美元的国家，其人均能源消费水平均高于4吨标准油。即便由于我国人口众多，不可能全面实现发达国家的生活模式，达到其能源消费水平，但是，经济的发展、城镇化建设、人口增长和人民生活水平的提高，客观上都需要更高的能源消费水平来支撑。未来5~15年我国仍处于城镇化快速发展阶段，中西部地区也存在着追赶东部地区的发展要求，以电力为代表的能源消费需求还有进一步增长的空间。预计当前到2030年，我国能源消费年均增长3%左右，将保持低速稳定增长。

我国的资源禀赋条件决定了煤炭仍将在我国能源消费中占有主体地位。富煤、贫油、少气是我国能源资源的基本特点。未来，我国将加强煤炭清洁高效利用，发展煤炭化工，推进以电代煤、以气代煤。尽管未来非化石能源在一次能源消费中的比重会逐步提高，但是在我国水电开发接近饱和、发展核电的安全性存在争议、风能的稳定性和太阳能储能技术尚未得到很好解决的情况下，在很长时间内，煤炭作为一种安全可靠的能源，在一次能源消费中的主体地位不会改变。

3. 推进城镇化过程中基本建设投资需求还将进一步增长

我国城镇化已进入加速期，2015年城镇化率为56.1%，到2020年常住人口城镇化率将提高至60%，户籍人口城镇化率达到45%。这就意味着当前至2020年，需要实现1亿左右农业转移人口和其他常住人口在城镇落户，完成约1亿人居住的棚户区和城中村改造，引导约1亿人在中西部地区就近城镇化。到2030年，我国城镇率将达到70%，届时居住在城市和城镇的人口将超过10亿人。

城镇化进程将推动城市规模扩大、旧城区扩建改造、城市基础设施（如机场、码头、道路、铁路、城市轨道交通等）及其他配套设施建设需求、住房需求快速增长，同时，城镇化过程中居民消费能力提高和消费升级，将极大带动汽车、家用电器等耐用消费品需求快速增长。特别是在中西部地区，由于在城镇化发展、承接东部产业转移、建设产业基地等方面还有较大发展潜力，未来这些地区的基本建设投资规模还将进一步较快增长。由此可见，城镇化将是未来一个时期带动矿石、钢材、矿建材料、水泥和木材等相关原材料和基建产品运输需求增长的一个重要动力。

4. 我国尚处于工业化中期后半段，完成工业化尚需时日

我国第三产业比重自2012年首次超过第二产业以后有了一个飞速的增长，2015年第三产业比重首次突破50%，在扩大内需、促进就业方面发挥了重要作用。应该说第三产业的快速发展有一定的合理性，特别是生产性服务业的发展顺应了时代的要求。然而，与第三产业的强劲发展势头相悖的是，我国工业的发展与经济发展水平的不匹配。

以2005年美元为标准，我国2012年人均GDP为3344.54美元，按照钱纳里从人均GDP对工业化阶段的划分标准来看，我国处于工业化中期阶段，并且距离进入工业化后期人均GDP 5645~10584美元还有一定

差距。从产业结构来看，我国2012年三次产业增加值占GDP比重分别为9.5%、45%和45.5%，已经步入工业化后期；从就业结构上看，我国第一产业就业人数占比为33.6%，表明当前还处于工业化中期；从制造业增加值占总商品增加值比重来看，我国2012年制造业增加值占总商品增加值比重为38.48%，仍处于工业化初期，距离工业化完成（50%~60%）还有一定差距。可见，产业结构与工业结构的非同步发展，即工业结构的落后是我国产业结构畸形的重要原因之一。综合上述各种指标和数据，我国当前经济发展阶段处于工业化中期后半段[1]，产业结构的发展领先于其他指标，工业结构的发展落后于其他指标，即当前我国主要以加工工业为中心，一直未进入技术密集型加工工业为重心时期，进而导致制造业增加值占比不高，完成工业化尚需时日。

日本、韩国、新加坡等成功实现赶超的发达国家或地区，在其完成工业化的过程中，其第二产业的比重一直处于一个上升的过程，在工业化后期时一般能达到55%以上。而那些陷入"中等收入陷阱"的拉美国家，在由工业化中期向工业化后期过渡时，出现了第二产业产值比重突然下滑、第三产业产值比重突然上升的经济现象。对照国际经济发展转型的经验规律，对于仍处于工业化中期阶段的我国来说，第二产业还有很大的上升空间。为避免陷入"中等收入陷阱"，我国的产业结构转型和升级的方向是加快推动第二产业由低端制造业向高技术产业、装备制造业转型升级，从劳动密集型、资本密集型产业向技术密集型和知识密集型产业过渡，以进一步拉动第二产业比重的上升，从而尽快实现工业化，为本世纪中叶人均GDP达到中等发达国家水平奠定良好的工业基础。

5. 基本国情决定了铁路货运需求长期处于较高水平

从各类经济地理因素来看，对于铁路货运需求总量具有最大影响的

---

[1] 国内一些政府机构和学术单位对我国工业化所处阶段进行了分析，其结论存在着一定程度的分歧，主要集中在我国是处在工业化中期阶段还是处在工业化中后期阶段。综合考虑人均GDP、三次产业结构、工业结构、城市化水平等指标，本报告认同北京大学教授张辉、国务院发展中心研究员冯飞等所持观点，即当前我国的工业化总体上处于中期阶段，但已出现向后期阶段过渡的明显特征。

是一个国家的国土面积。从美国、法国、德国、英国的铁路发展历史来看，国土面积较大的国家，如美国和法国，铁路货运需求量从一个较高的水平向最高的水平发展所用的时间较长，而从最高水平逐步下降的速度相对较慢，也就是说，铁路货运需求量保持在较高水平的时间延续得较长；相反，国土面积较小的国家，如英国和德国，铁路货运需求量从一个较高的水平向最高的水平发展所用的时间较短，而从最高水平逐步下降的速度相对较快，也就是说，铁路货运需求量保持在较高水平的时间延续得较短。这就说明国土面积不同的国家对铁路货运的依赖程度是不同的，铁路货运的地位也是不同的。国土面积大的国家，将长期对铁路货运保持着较高的依赖性，铁路货运业长期保持着较高的地位。

我国疆域广阔、人口众多，资源分布不均和东西部地区经济发展极不平衡，决定了我国中长距离的货物运输有着巨大的需求。在全面实现工业化之前，能源产品、原材料、粮食、木材、钢铁、水泥等大宗货物仍是货物运输的主要货类，尽管从长远看，其比重有下降趋势，但大宗货物运输量仍将保持一个较高的水平。事实上，在早已进入后工业化阶段、公路运输非常发达的美国，大宗货物运输需求仍然非常旺盛，铁路仍然在大宗货物运输中发挥着不可替代的作用，目前美国铁路货运量前五位的货种分别是煤炭、化学品、农产品、非金属矿石和速冻食品，小汽车运量的70%、煤炭运量的65%、谷物及农产品运量的40%都靠铁路运输。铁路作为俄罗斯联邦交通运输的骨干方式，2004年承担了83%的货物周转量（不含管道运输）。因此，即便是在工业化目标实现之后，对于我国以及美国、俄罗斯这类国土面积辽阔的国家，铁路在地面大宗货物运输中依然具有其他运输方式不可取代的产业优势。

（二）结构性因素对铁路货运需求的影响力度逐渐增强

主要发达国家铁路货运需求增长量的历史变动趋势表明，各种结构性因素对铁路货运需求的结构性影响，即结构性增长，可能为正，也可能为负，并且具有先正向、后负向的特点。这就意味着，在铁路发展的历史进程中，铁路货运需求增长的变化趋势主要是由结构性影响因素决定的，其变化趋势与总量性影响因素无关。从未来一个时期看，产业转型升级、能源结构调整和利用方式变化、城市化空间格局变化、运输结构变化等结构性因素对我国铁路货运需求产生着越来越大的影响，且影响方向不一，有正有负。

1. 产业转型升级将促使促使铁路货运需求强度和增长速度逐步下降

随着我国经济进入到增速换挡、结构优化和动力转换的高质量发展阶段，在劳动力成本优势丧失、产能过剩问题严重、经济下行压力加大的背景下，只有加快产业转型升级，推动产业迈向中高端，提升产业核心竞争力，才能保持经济中高速增长，顺利实现全面建成小康社会目标。为此，我国产业政策的目标将从原来的"扩能增量"调整为"创新驱动、提质增效"。一方面，推进以科技创新引领的全面创新，加快培育高端装备制造业、新一代电子信息产业等战略性新兴产业和现代服务业发展；另一方面，按照由制造大国向制造强国迈进的目标，以提高质量和效益为中心，推动传统制造业结构优化和转型升级，提升我国产业在全球产业链分工中的地位，促进产业结构从中低端迈向中高端水平。

在产业转型升级过程中，产业发展将由规模扩张型向质量提升型转变，产业结构由能源原材料产业主导向高加工度化和技术密集化转变，这些转变必然伴随着产品结构的变化，推动制造业产品从低附加值转向高附加值升级、从粗加工向深加工升级、从劳动和资本密集向技术密集升级，产品体积小、重量轻、附加值高的特点日益明显。产品多样化和附加值提高，将导致工业发展对铁路的依赖程度下降，促使铁路货运需求强度和增长速度下降。

产业转型升级过程往往也伴随着产业空间布局的调整。当前，我国国内区域间的产业转移持续推进，呈现以下主要趋势：东部地区在向东北和中西部地区转移劳动密集型传统产业的同时，也加快向电子信息、机械、医药和汽车等高端产业转移；钢铁、有色金属、石化化工等能源原材料型产业呈现东中西部双向流动、优化布局的趋势，其中，向东部地区的转移布局主要是基于矿产原材料进口、生产过程中给排水需求及降低运输成本等因素考虑；考虑产品生命周期的缩短、定制化生产和降低运输成本等因素，部分龙头企业采取"区域化制造"战略，选择在销售地附近生产，优化区域布局，如上汽、北京现代、华晨、一汽大众等相继在重庆、成都、武汉、长沙、郑州等城市建成了相当规模的整车和零部件生产基地；东部产业转移的一大特点是以龙头企业和大企业为核心，实行组团式或产业链式整体转移，有着产业特色和配套产业基础的沿南北走向的京广线、京九线和东西走向的陇海线、长江产业带成为承接东部产业转移的主要区域。产业空间布局的这些新趋势一方面会减少部分货物如进口矿石、进口煤炭等的长距离运输需求，同时随着产业布局的更加分散、产品附加值的提高和电子商务的发展，各类适箱货物、快递货物、高技术货物、鲜活货物等的中长距离铁路运输需求也在不断增长。

2. 能源结构调整和利用方式改变对煤炭运输需求增长具有一定抑制作用

我国是以煤炭为主要能源的国家，目前煤炭在我国一次能源消费中的比重为63.7%，远高于世界平均29.2%的水平，而和发达国家相比，天然气、核能、再生能源等清洁能源的利用率还明显偏低。2015年世界主要国家一次能源消费结构见表1。为促进能源结构步优化、加大细颗粒物（PM2.5）治理力度、推进主要污染物减排，我国将加快推进能源结构调整，大力发展非化石能源，通过加快发展核电、水电、风电、太阳能发电等，替代燃煤发电，逐步降低煤炭在一次能源消费中的比重。预计到2020年，非化石能源消费比重达15%左右，天然气消费比重达10%左右，煤炭消费比重下降到58%左右。到2030年和2050年，煤炭在我国一次能源消费结构中的比重将进一步降低到50%和40%。

表1 2015年世界主要国家一次能源消费结构

国家	原油（%）	天然气（%）	原煤（%）	核能（%）	水力发电（%）	再生能源（%）	合计（Mtoe）
美国	37.3	31.3	17.4	8.3	2.5	3.1	2280.6
德国	34.4	21.0	24.4	6.5	1.4	12.5	320.6
法国	31.9	14.8	3.6	41.1	5.1	3.3	239.0

续表

国家	原油(%)	天然气(%)	原煤(%)	核能(%)	水力发电(%)	再生能源(%)	合计(Mtoe)
英国	37.4	32.1	12.2	8.3	0.7	9.1	191.2
俄罗斯	21.4	52.8	13.3	6.6	5.8	<0.05	666.8
日本	42.3	22.8	26.6	0.2	4.9	3.2	448.5
中国	18.6	5.9	63.7	1.3	8.5	2.1	3014.0
巴西	46.9	12.6	5.9	1.1	27.9	5.6	292.8
印度	27.9	6.5	58.1	1.2	4.0	2.2	700.5
世界总计	32.9	23.8	29.2	4.4	6.8	2.8	13147.3

注：Mtoe 为百万吨油当量。

数据来源：《BP Statistical Review of World Energy 2016》。

在减少煤炭消费总量的同时，我国煤炭利用方式也在发生变化，就地转化率不断提高，这将进一步抑制铁路煤炭运输需求增长。当前，国家正在大力推进煤电联营，鼓励低热值煤等资源综合利用电厂采取煤电一体化模式，以降低电力生产成本及减少低热值煤长距离运输。一些煤炭资源大省也在推进煤炭就地转化，变输煤为输煤化工产品。例如，新疆煤炭基地将结合哈密—郑州和准东—华东等疆电外送通道建设，配套建设大型、特大型一体化煤矿，满足电力外送用煤需要；重点打造准东、伊犁、吐哈、库拜、和克五大煤化工园区基地和乌鲁木齐甘泉堡、石河子、巴州煤化工产业集聚区，到 2020 年，煤资源转化率大幅提升，达到 40%~50%。此外，为解决能源资源地区分配不均的问题，我国将建设 9 条特高压输电线路，以输电代替输煤，根据测算，一条 1000 千伏特高压交流输电线路每年可从空中输送的电量折合原煤约 1500 万吨，显而易见，输电方式下大量煤炭被就地消化，从而减少了煤炭的长距离调运需求，对于铁路货运需求具有一定影响。

3. 以城市群为主体形态的城市化空间格局对货运需求具有重要影响

当前我国正处于城市化快速发展时期，人口加快向大城市及城市群地区集中。未来，我国要在东部地区逐步打造更具国际竞争力的城市群，在中西部有条件的地区培育壮大若干城市群，以城市群为重要载体和主体形态推进城镇化。由于我国国土面积辽阔，在人口向城市群集聚、呈现局部集中的同时，仍分散布局着大量的中小城市和小城镇，因此使我国城市化空间格局呈现出"局部集中、总体分散"的特点。这一特点对货运需求的影响表现在以下方面：

城市群是未来货运需求的主要增长点　城市群建设将推动城市规模扩大、旧城区扩建改造、城市基础设施及其他配套设施建设需求快速增长，由此带动相关原材料和基建产品运输需求的增长。同时，城市化过程中居民消费能力提高和消费升级，将极大带动汽车、家用电器等耐用消费品需求快速增长。因此，城市群地区作为未来我国货运需求的主要增长点，其大宗产品和制成品的运输需求还将持续增长。由于我国疆域辽阔，运距长，铁路凭借在运输能力和运输价格上的优势，在城市化过程中还将面临着一定的大宗货物运输需求和潜力较大的工业制成品运输需求。

东部城市群的高附加值货物运输需求快速增长　随着产业转型升级，高加工工业、高技术工业、服务业等产业将在东部城市群中占有更高的比重；同时，随着电子商务的发展，东部城市群居民的消费需求也将呈现持续快速增长态势。未来，由收入增长、新业态、消费升级等因素推动的高附加值货物运输需求将持续快速增长，其中东部城市群是增长的重点区域，铁路通过推出电商特快班列、高铁快运、特需列车等快捷货运产品，开展电商快递业务，能够凭借自身的速度和运价优势，从高附加值货物运输需求增长中获得新的业务增长点。

中西部城市群货运增长潜力较大　伴随"一带一路"、"海上丝绸之路"、"长江经济带"等战略的深入推进，我国全方位对外开放格局进一步稳固，对外贸易和投资的范围将进一步拓展，我国与中亚、高加索、东欧等内陆地区间的贸易将极大提升，大陆桥国际铁路货物联运量将快速增长，推动中西部中心城市的大陆桥国际铁路货物运输量快速增长。同时，中西部地区在城镇化发展、承接东部产业转移、建设产业基地等方面还有较大发展潜力，未来在大宗货物和工业制成品方面的运输需求还将进一步增长。由于地处内陆，铁路对于中西部地区城市化和承接产业转移具有重要支撑作用，因此，中西部城市群地区的铁路货运需求无论是在规模上还是增速上都具有较大的增长潜力。

4. 运输结构变化对铁路货运需求的影响持续存在

在经济总量和货物运输需求总量不变的条件下，各种运输方式之间的货运需求比例不同，必然会导致不同的铁路货物运输需求。从美、法、英等主要发达国家铁路发展的历史情况中可以看出，铁路货运分担率的演变趋势具有一定的共性特征。概括起来，这种演变的一般趋势为：铁路货运分担率的变化首先显示出快速上升的趋势，在达到一定的水平之后，上升趋势开始减慢，并逐步趋向停止，此时铁路货运分担率达到最高水平，在此之后，铁路分担率的变化表现为逐步下降趋势。铁路分担率的变化与铁路货运需求增速之间也具有较强的内在关联性，以美国为例，总体上看，美国铁路货运分担率在1920年左右达到最高水平，此后，随着公路汽车运输和管道运输比重的逐步扩大，铁路的分担率开始逐步下降。如果按货运需求增长增速将铁路发展历程进行阶段划分的话，1920年恰好也是美国铁路发展第Ⅱ阶段与第Ⅲ阶段的大致分界点，即铁路货运需求从较快增长向较慢增长转变的时间点；同时值得注意的是，1920年左右也是美国铁路里程达到最大值（约为407398公里）的时间点（关于铁路发展阶段的详细论述见本书专题报告一）。

从发达国家的情况来看，在铁路大建设时期基本结束、综合运输体系不断发展之后，铁路货运分担率（按货物周转量衡量）表现为三种趋势：第一种是以英国和日本为代表，铁路货运分担率持续下降至10%以下；第二种是以法国、德国为代表，铁路货运分担率逐步下降后，基本稳定在一定水平，如德国基本在16%~18%之间徘徊；第三种是以美国为代表，在20世纪80年代放松铁路管制之后，铁路运输出现了强劲复苏势头，铁路货运分担率在下降至20世纪80年代中期的历史低点（约35%左右）之后，又出现上升态势，目前稳定保持在40%左右的水平。

1980年以来，无论是以货运量还是货物周转量衡量，我国铁路货运分担率都呈现持续下降趋势，这主要是由于铁路建设滞后，而公路、水运、管道等其他方式快速发展，以及产业结构和产品结构不断调整等原因造成的，从总体上看符合运输结构发展的一般趋势。1998年以来，我国铁路建设逐步提速，铁路运输能力大幅提高，对经济发展的瓶颈制约明显缓解，特别是高速铁路建设，不仅极大提高了铁路在客运市场上的竞争力，而且为铁路开发高铁快运等新型运输产品提供了有利条件。未来，铁路货运分担率继续下降还是小幅回升主要取决于三方面因素：一是我国经济增长、工业化进程、产业转型等宏观发展环境对铁路货运需求增长的影响；二是铁路能否通过深化体制机制改革，实现运输服务创新升级，提升市场竞争力；三是其他运输方式在运输服务上的创新和市场竞争力情况。在乐观的情况下，我国铁路货运分担率可能会出现类似美国的情形，即：在大国经济、推进工业化和城市化、铁路市场竞争力提高等供需两方面的因素推动下，铁路货运分担率还将出现一定的回升势头并稳定在一个水平，铁路长期在货运领域发挥重要作用。

三、对我国铁路货运需求所处增长阶段的基本判断

（一）铁路货运需求增长的四个阶段

1. 铁路货运需求增长的四阶段划分

在经济和铁路发展的不同阶段，总量性和结构性需求增长对铁路货运需求增长的影响大小和方向有四种组合，按照组合的不同，可以将铁路发展的历史进程分为四个阶段，按时间先后顺序分别为第Ⅰ阶段、第Ⅱ阶段、第Ⅲ阶段和第Ⅳ阶段[1]。具体来说：第Ⅰ阶段，结构性影响为正向，且结构性影响大于总量性影响；第Ⅱ阶段，结构性影响为正向，且总量性影响大于结构性影响；第Ⅲ阶段，结构性影响为负向，且总量性影响大于结构性影响；第Ⅳ阶段，结构性影响为负向，且结构性影响大于总量性影响。铁路货运需求增长的四个阶段示意图见图7。

图7描绘的就是铁路货运需求增长曲线，其中：A点以前为第Ⅰ阶段，A、B两点之间为第Ⅱ阶段，B、C两点之间为第Ⅲ阶段，C点之后为第Ⅳ阶段。在第Ⅰ阶段，结构性影响因素为主导因素，铁路货运需求增长

---

[1] 关于铁路货运需求增长四阶段特征的论述详见本书专题报告一。

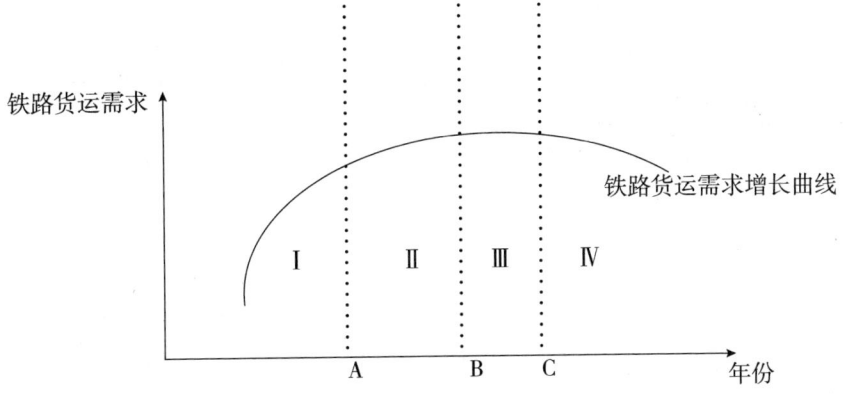

图7　铁路货运需求增长的四个阶段示意图

主要源于结构性变化,结构性需求的高速正向增长导致该阶段为铁路货运需求增长最快的阶段;在第Ⅱ和第Ⅲ阶段,总量性影响因素为主导因素,而结构性需求在第Ⅱ阶段的正向增长和在第Ⅲ阶段的负向增长分别加快和减弱了相应阶段的铁路货运需求增长速度,使这两个阶段分别称为铁路货运需求增长的较快和较慢阶段;在第Ⅳ阶段,结构性影响因素为主导因素,结构性需求快速负增长并超过总量性需求正向增长的影响,导致该阶段铁路货运需求处于缓慢下降阶段。

以上对铁路发展历程(也是铁路货运需求增长历程)的四阶段划分是王际祥(1996)利用英、法、美、德、日五个发达国家历史统计资料进行实证分析,并基于铁路货运需求增长受经济发展过程中的内在规律所支配,且自身也存在一定的规律性的基础上提出的。五国铁路四个发展阶段的划分如表2所示。

表2　五国铁路四个发展阶段的划分

国家	第Ⅰ阶段	第Ⅱ阶段	第Ⅲ阶段	第Ⅳ阶段
英国	1825—1870年	1871—1910年	1911—1929年	1930—
法国	1828—1880年	1881—1920年	1921—1970年	1971—
美国	1830—1890年	1891—1920年	1921—1980年	1981—
德国	1836—1900年	1901—1929年	1930—1960年	1961—

续表

国家	第Ⅰ阶段	第Ⅱ阶段	第Ⅲ阶段	第Ⅳ阶段
日本	1872—		1950—1970年	1971—

注：①对日本的分析数据时从1950年开始的，1950年仅表明日本已经处于第Ⅲ阶段，而非第Ⅲ阶段的起始点。②第Ⅰ阶段的起始时间为各国第一条铁路线开通的年度。

资料来源：王际祥.货运需求与经济发展［M］.北京：中国铁道出版社，1996.

由此可见，五个国家前三个阶段一般经历了100~140年。其中，英、法、美、德四国的第Ⅰ阶段和第Ⅱ阶段所经历的时间是比较接近的，两个阶段合计经历了80~90年。第Ⅲ阶段各国经历的时间差异较大，在20~60年之间。如前所述，第Ⅲ阶段经历时间的差异主要与国土面积和对铁路运输的依赖程度有关，国土面积较大、对铁路运输依赖程度较高的第Ⅲ阶段国家，如美国和法国，铁路货运需求量从一个较高的水平向最高的水平发展所用的时间（即第Ⅲ阶段）较长；相反，国土面积较小、对铁路运输依赖程度较低的国家，如英国和德国，铁路货运需求量从一个较高的水平向最高的水平发展所用的时间较短。

2. 铁路货运需求增长的四阶段与工业结构演变

工业结构演变的阶段与铁路货运需求增长的四阶段之间具有一定的对应关系。具体来说：铁路货运需求增长的第Ⅰ、Ⅱ阶段与工业结构演变过程的第一大阶段，即以原材料工业为主的发展阶段基本相对应；铁路货运需求增长的第Ⅲ阶段与工业结构演变过程的第二大阶段，即以高加工工业为主的发展阶段基本相对应；铁路货运需求增长的第Ⅳ阶段与工业结构演变过程的第三大阶段，即以高技术工业为主的发展阶段基本相对应。其中，若将以原材料工业为主的发展阶段进一步细分，则以冶金原材料工业为主的发展时期与铁路货运需求增长的第Ⅰ阶段相对应，以机械化学工业为主的发展时期与铁路货运需求增长的第Ⅱ阶段相对应。以上对应关系具体见图8。

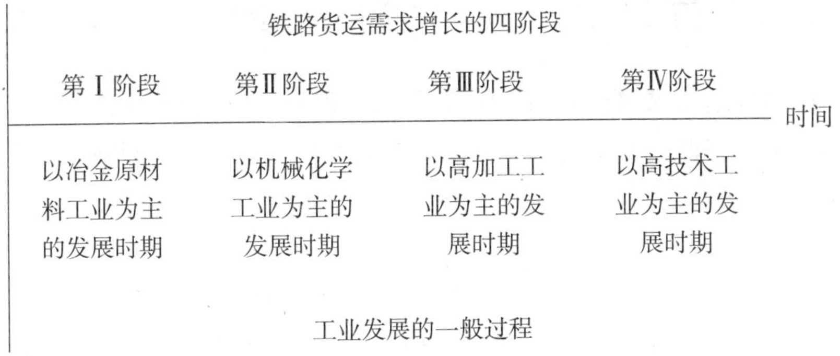

```
                    铁路货运需求增长的四阶段
        第Ⅰ阶段      第Ⅱ阶段      第Ⅲ阶段      第Ⅳ阶段
                                                              时间
        以冶金原      以机械化      以高加工工    以高技术工
        料工业为主    学工业为主    业为主的发    业为主的发
        的发展时期    的发展时期    展时期        展时期

                        工业发展的一般过程
```

图 8 工业发展进程与铁路货运需求增长四阶段的对应关系

上述对应关系将铁路货运需求增长过程与以工业化为中心的经济发展过程紧密地联系起来，从工业发展的角度证实和解释了铁路货运需求存在四个发展阶段的原因。需要指出的是，这一对应关系仅是一个示意性的关系，而不存在严格的对应意义。在实际中，由于各国工业发展的演变过程存在较大差异，不同的发展阶段之间经常是交叉在一起的，不存在严格的阶段划分。

上述对于铁路货运需求增长四阶段的划分有两个背景条件：一是主要发达国家的铁路基本上是在适应或超前的状态下发展起来的，其铁路货运需求增长过程同样也具有较自然成长的性质，基本上能够反映不同阶段的经济发展要求；二是这些国家已经完成了工业化过程，进入到后工业化阶段，并且都经历了经济持续增长和结构变革，其达到发达状态所经历的阶段和过程是大体相似的。我国铁路则在相当长的一段时期内处于发展滞后、运力不能有效满足运输需求的状况，铁路货运量不能充分反映铁路货运需求增长的实际情况。此外，我国是发展中国家，经济发展过程有自己的特点，不能完全照搬发达国家的相关情况，但是，有一点是不容否认的，那就是经济发展过程中的工业化过程是不能逾越的，中国的经济发展同样也要经历工业化过程。因此，借鉴发达国家不同经济发展阶段铁路货运需求的增长状况，分析探讨我国铁路货运需求与经济发展的关系，依然具有重要的理论和现实意义。

（二）当前及今后一个时期我国铁路货运需求所处增长阶段

铁路货运需求增长的四个阶段是经济发展的不同阶段在铁路货运领域的反映，因此，本报告对铁路货运需求所处增长阶段的判断主要是基于由产业结构所决定的经济发展阶段所做出的[1]。

1. 1950—1989 年：铁路货运需求增长处于第 II 阶段

刘伟博士在其《经济发展与结构转换》一书中，对于 20 世纪 50 年代以来中国的产业结构高度进行了考察和国际比较，其主要结论是：中国在 1952—1989 年阶段的就业结构高度、产值结构高度和工业结构高度大体上相当于主要发达国家 19 世纪末 20 世纪初的水平。苏敬之等在《国情与交通发展关系》专题研究报告中提出，中国 1987 年的就业结构与美国、联邦德国 19 世纪 80 年代相似，与法国 19 世纪 60 年代相似，与英国 19 世纪 80 年代以前的时期相似；就工业结构而言，我国的工业结构（1987 年）尚处在工业化进程的第一阶段——重工业化阶段的前期。

综合上述情况可见，中国在 19 世纪 50 年代至 80 年代这段时期，产业结构的高度大体上相当于主要发达国家 19 世纪末至 20 世纪初的水平。根据表 2 主要发达国家铁路发展的四个阶段的划分，主要发达国家在 19 世纪末和 20 世纪初均处在其铁路发展的第 II 阶段。可见，中国在 20 世纪 50~80 年代期间，铁路货运需求增长也大致处于第 II 阶段[2]。

从第 II 阶段延续的时间长度来看，主要发达国家的基本情况是：英、法两国经历了约 40 年；美、德两国经历了约 30 年。我国铁路发展的第 II 阶段所经历的时间约为 40 年，与主要发达国家的基本情况接近，比美国多 10 年左右。

---

[1] 有关我国经济发展阶段的研究众多，本报告对于我国经济发展阶段的判断和结论主要借鉴自其中有代表性的研究成果。

[2] 这一判断的前提是基于铁路货运增长处于自然成长状态，与经济发展过程是协调统一的。然而，由于 20 世纪 60~80 年代，我国铁路运力供小于求，严重滞后于经济发展的需要，铁路货运量增长率偏低，不能真实反映出铁路货运需求的实际增长情况。

2. 1990 年至今：铁路货运需求增长处于第Ⅲ阶段

（1）我国于 20 世纪 80 年代末 90 年代初进入铁路货运需求增长的第Ⅲ阶段。

由前述可知，铁路货运需求增长的第Ⅱ阶段与第Ⅲ阶段的本质区别就在于结构性影响和结构性需求增长的方向不同。在第Ⅱ阶段，结构性影响和结构性需求增长为正向，而在第Ⅲ阶段，结构性影响和结构性需求增长为负向。结构性需求增长为正向，主要意味着产业结构的变化是由铁路需求低的结构状态向需求高的结构状态变化；相反，则主要意味着产业结构的变化是由铁路需求高的结构状态向需求低的结构状态变化。可见，通过产业结构变化方向的考察就可以主要地把握结构性需求增长的方向状况，从而断定铁路货运需求增长是处于第Ⅱ阶段还是第Ⅲ阶段。

从产业结构变化的角度来看，我国产业结构从 20 世纪 80 年代开始已逐步发生根本性变化，并且确立了新的长期发展趋势。因为在 1978 年改革开放以后，政府的产业政策发生了根本性的变化，工业发展由过去优先发展重工业向优先发展轻工业的方向转变，同时第三产业的发展也受到了重视。认识和政策上的重大改变促使我国产业结构逐步发生了根本性、方向性的变化，主要表现在：在三大产业中，第二产业产值比重由过去的上升趋势转变化为下降趋势；在工业结构中，重工业的比重由过去的上升趋势转变为下降趋势，而轻工业比重由过去的下降趋势转变为上升趋势。[1] 由于第二产业所引致的铁路货运需求要高于第一产业和第三产业，在工业内部，重工业所引致的铁路货运需求又高于轻工业，我国产业结构不断向高级化方向发展，必然导致铁路货运的结构性需求增长方向发生相应变化，即由正向增长逐步转变为负向增长，于是，铁路货运需求增长也相应地由需求增长的第Ⅱ阶段逐步过渡到第Ⅲ阶段。因此，基于产业结构的变化，可以认为：20 世纪 80 年代，我国铁路货运需求增长开始由第Ⅱ阶段逐步过渡到第Ⅲ阶段，并于 80 年代末 90 年代

---

[1] 我国这一阶段的工业化并非是一个市场主导的工业化，而是实行"优先发展重工业"战略的结果。在市场主导的工业化过程中，工业化初期轻工业比重较高，之后比重持续下降；工业化中期，钢铁、水泥、电力等能源原材料工业比重较大，之后开始下降。

初进入铁路货运需求增长的第Ⅲ阶段。

（2）我国铁路货运需求增长的第Ⅲ阶段将延续至2030年前后。

如前所述，主要发达国家铁路货运需求增长的第Ⅰ、Ⅱ阶段的长度是比较接近的，前两个阶段合计经历了80~90年，第Ⅲ阶段长度的差异则很大，变化范围在20~60年间。各国第Ⅲ阶段经历时间的差异主要与国土面积和对铁路运输的依赖程度有关。就国土面积和对铁路运输的依赖程度而言，我国与美国最为接近，美国第Ⅲ阶段的长度为60年，若简单类比，我国第Ⅲ阶段的长度大约也要延续60年左右。如从20世纪90年代初算起，则我国铁路货运需求增长的第Ⅲ阶段大约要延续到2050年。

然而，由于我国工业化面临着前所未有的新的时代特征，决定了我国的工业化道路和时间与发达国家走过的工业化道路有较大不同。一是全球化使得国际产业分工转变为产业链的垂直分工，发达国家主要从事研发、设计、品牌以及管理组织，这些环节多属于服务业，使其服务业比重更高；而发展中国家特别是新兴经济体主要从事加工和组装，这些环节多属于制造业，其制造业比重也更高。这样，就在一定程度上偏离了经典理论的"标准结构"。二是产业分工细化，服务业不断地从制造业部门分离出来，形成了独立且服务于制造业的服务业新门类，出现了大量的独立设计、研发、创意公司，使得相关的服务业得到快速发展。此外，专业分工的细化产生了对生产性服务业的大量需求。例如，对第三方物流、商务咨询等服务需求的快速增长。最后，现代产业形态还出现了制造业服务化的特点。这样，就使得后起国家的工业与服务业的内涵与几十年前先行工业化国家有所区别，出现拐点的时间也有偏差。三是后发国家工业化过程中具有后发优势，后发国家工业化过程中面临着更为宽广的技术选择，出现了消费结构升级、城市化等需求层面以及新技术等供给层面叠加影响工业主导产业的现象，使得工业化进程在时间上被高度压缩。英国、美国完成工业化分别花了200年、135年，而日本、韩国仅分别花了65年、33年。四是我国的工业化过程与"第三次工业革命"相叠加，在提升改造传统产业的同时也面临着加快发展现代装备制造业、电子信息产业、生物医药产业等新兴产业和现代服务业的任务，同时还面临着发达国家重振制造业和大力发展实体经济为核心的"再工业化"战略的挑战，使我国工业化进程增加了一些"变数"。

《中国制造2025》行动纲领制定了"三步走"实现制造强国的战略目标，第一步，力争用十年时间，迈入制造强国行列。到2020年，我国基本实现工业化，制造业大国地位进一步巩固，制造业信息化水平大幅提升。到2025年，制造业整体素质大幅提升，创新能力显著增强，全员劳动生产率明显提高，"两化"（工业化和信息化）融合迈上新台阶。第二步，到2035年，我国制造业整体达到世界制造强国阵营中等水平。创新能力大幅提升，重点领域发展取得重大突破，整体竞争力明显增强，优势行业形成全球创新引领能力，全面实现工业化。第三步，新中国成立一百年时，制造业大国地位更加巩固，综合实力进入世界制造强国前列。制造业主要领域具有创新引领能力和明显竞争优势，建成全球领先的技术体系和产业体系。从这一行动纲领看，2035年是我国全面实现工业化的目标时间节点。

由我国工业化发展趋势可知，从当前至2030年前后的十多年时间是我国产业结构调整和转型升级的关键期，传统制造业、重化工业、原材料工业在工业结构中的比重将逐步降低，高端装备制造业、新材料、新能源、生物医药、新一代信息技术等战略新兴产业在工业结构中的比重将逐步提高。由于产业升级和结构调整任务艰巨，且在这一过程中还面临着发达国家"再工业化"战略的挑战，因而我国产业转型升级不可能在短时期内完成，从这一角度讲，我国铁路货运需求仍将处于低速增长阶段，不会过早地结束上升趋势。因此，预计我国铁路货运需求增长的第Ⅲ阶段将延续至2030年前后，从1990年算起将持续约40年时间。

总体来看，当我国铁路货运需求增长趋势是与经济发展阶段，尤其是工业化进程紧密相关的，铁路货运需求增长的快与慢、正增长与负增长，主要取决于产业结构尤其是工业结构的变化情况。即便是在全面实现工业化之后，疆域广阔、人口众多、资源分布不均等基本国情也决定了我国长期对铁路货运保持着较高的依赖性；同时，新兴产业和服务业发展也会催生新的铁路货运需求，铁路货运需求不会出现大幅度、快速下降的局面，而是从最高水平逐步、缓慢下降，最终可能会类似美国那样稳定在一定的市场分担率水平上。

四、我国铁路货运需求发展趋势分析

（一）铁路货运总需求估算

1. 2020 年铁路货运需求估算

从发达国家铁路发展历程来看，铁路货运需求弹性系数呈逐阶段递减趋势，在第Ⅲ阶段，铁路货运需求弹性系数变化范围在 1~0 之间。五国铁路各发展阶段的需求弹性系数情况见表 3。

表 3　五国铁路各发展阶段的需求弹性系数情况

国家	第Ⅰ阶段	第Ⅱ阶段	第Ⅲ阶段	第Ⅳ阶段
英国	2.74	1.50	0.28	−0.58
法国	6.14	1.48	0.61	−0.22
美国	5.83	1.67	0.21	−0.68
德国	2.09	1.98	0.51	−0.24
日本	—	—	0.19	−0.60

资料来源：王际祥. 货运需求与经济发展 [M]. 北京：中国铁道出版社，1996.

2006—2013 年，我国铁路货运需求弹性系数为 0.408[1]，在 1~0 之间。截至 2016 年 10 月，我国铁路发送货物 26.4 亿吨，全年有望达到 32 亿吨，全社会铁路货运量可达到 36.5 亿吨左右。"十三五"期间，随着重化工业大发展阶段基本结束，铁路货运需求弹性系数将进一步下降。粗略估算，"十三五"期间铁路货运需求弹性系数在 0.2~0.3 之间，按照 GDP 年均增速 6.5% 计算，到 2020 年铁路货运需求可达 38.6 亿~41.9 亿吨。

---

[1] 由于我国铁路在很长时期内运力处于供小于求的状态，用货运量计算的货运需求弹性系数并不能真正反映铁路货运需求与经济增长之间的关系。20 世纪末 21 世纪初以来，随着铁路建设提速，货运量与货运需求之间的偏差逐步得到纠正。因此本报告在计算第Ⅲ阶段铁路货运需求弹性系数时，以 2006—2013 年作为计算年度。

2. 2030年铁路货运需求估算

2020—2030年是我国经济和产业结构升级的关键期，也是我国全面实现工业化的攻坚阶段。随着传统制造业、重化工业、原材料工业在工业结构中的比重逐步降低，高端装备制造业、新材料、新能源、生物医药、新一代信息技术等战略新兴产业在工业结构中的比重逐步提高，我国铁路货运需求强度和弹性系数进一步降低，增速进一步放缓。粗略估算，2020—2030年铁路货运需求弹性系数在0.2~0.25之间，按照GDP年均增速4.5%计算，到2030年铁路货运需求可达44.7亿~45.8亿吨。

（二）大宗货物运输需求发展趋势分析

1. 煤炭运输需求趋势

（1）近期铁路煤炭运输需求趋势。

"十三五"期间影响铁路煤炭运输需求的主要因素有：

一是经济中高速增长和产业转型升级背景下煤炭消费需求可能出现零增长甚至是负增长。"十三五"期间我国经济运行将保持"L"形走势，总需求低迷和产能过剩并存的格局难以出现根本改变，新的增长点正在孕育过程中，经济增长很难回到高增长态势，造成能源消费增速下降。我国将着力改造提升传统产业和培育发展新兴产业，推动产业结构调整优化。工业结构逐步向高加工度化和技术密集化升级，主要体现在精深加工制造业和中高技术密集度产业发展加快，在工业中的比重不断提升，而高耗能产业的发展速度将大幅放缓，在工业中的比重不断降低，煤炭等大宗原材料的需求趋于平缓甚至可能出现下降。

二是污染物治理和能源结构优化对煤炭消费需求增长形成较大制约。为加大细颗粒物（PM2.5）治理力度，推进主要污染物减排，我国将在京津冀、长三角、珠三角和山东城市群开展煤炭消费总量控制试点，到2020年，京津冀鲁四省市煤炭消费比2012年净削减1亿吨，长三角和珠三角地区煤炭消费总量负增长。未来，我国能源结构进一步优化，非化石能源发电量快速增长。"十三五"期间核电将快速增长，到2020年核电装机容量要达到5800万千瓦，较2015年翻一番。同时，水电、风电、太阳能发电也将保持快速增长，对燃煤发电的替代效应进一步显现。到 2020 年，煤炭在我国一次能源消费中的比重有望下降至 58% 左右。

三是煤炭行业将继续推进化解过剩产能。根据最近发布的《煤炭工业发展"十三五"规划》，"十三五"期间煤炭行业将继续推行去产能政策，着力化解煤炭过剩产能，每年将化解淘汰过剩落后产能 8 亿吨左右，同时通过减量置换优化布局每年增加先进产能 5 亿吨左右。预计到 2020 年，我国煤炭产量能够控制在 39 亿吨左右。

四是国际原油市场供过于求的局面需要较长时间来化解，国际油价近几年将维持低位，这有利于公路保持较低运输成本，公路运输对铁路的分流作用仍将持续，铁路面临的运输市场环境不容乐观。

综上分析，我国煤炭消费量在 2013 年或已达到峰值（42.2 亿吨），"十三五"期间，在经济增速放缓、产业结构调整、煤炭行业去产能等发展形势下，煤炭产量和消费量呈现供需双弱局面，铁路煤炭运输需求增长乏力，出现微幅增长的可能性较大，预计"十三五"期间铁路煤炭运输需求在 20 亿吨上下浮动。

（2）中长期铁路煤炭运输需求趋势。

铁路煤炭运输需求增长受到总量和结构两大因素的影响，二者分别对铁路煤炭运输需求增长产生着正向影响和负向影响。

随着我国经济持续发展，未来我国煤炭消费量可能会稳定在一个水平上，同时不排除出现短期的恢复性增长。主要正向影响因素包括：经济增长将会带来能源需求继续增长；我国城镇化进程尚未完成，电力、钢铁等需求尚未见顶；资源禀赋决定了煤炭在我国能源消费中的主体地位不会改变；煤炭清洁利用、煤炭化工发展，带动煤炭需求增长。考虑我国煤炭安全生产和生态承载力条件的产量上限约为 38 亿吨原煤，加上部分煤炭进口，40 亿~42 亿吨的煤炭消费规模或将成为我国煤炭需求上限。

但是从中长期来看，结构性因素对煤炭消费需求和运输需求增长的抑制作用将逐步显现，主要体现在以下方面：

一是推动产业转型升级、迈向中高端势在必行。推动产业转型升级、迈向中高端是避免我国产业空心化、保持经济中高速增长、跨越中等收入陷阱的必然要求。为此，我国将着力推动产业发展由规模扩张型向质量提升型转变，工业结构由能源原材料产业主导向高加工度化和技术密集化转变，经济发展模式由重工业带动型向先进制造业、高技术产业和现代服务业支撑型转变。中长期来看，产业转型升级对能源消费增长的抑制作用将加快显现，我国能源消耗强度还将进一步降低。同时，我国产品结构也将发生明显变化，高附加值货物比重不断提高，能源、原材料等大宗货物比重则不断下降。

二是节能减排和能源结构优化将抑制煤炭消费需求增长。根据中美气候变化联合声明，我国计划2030年左右二氧化碳排放达到峰值，且将努力早日达峰，并计划到2030年，非化石能源占一次能源消费比重提高到20%左右。在经济保持中高速增长、产业转型升级顺利推进、节能减排政策严格执行的低碳发展情景下，我国煤炭消费量有可能在2019年左右达到峰值，碳排放峰值有望提前至2025年，煤炭占一次能源的比重进一步下降至60%以下。

三是煤炭利用方式也在发生变化，就地转化率不断提高。国家正在稳步推进煤电基地建设，鼓励煤电一体化开发，在中西部煤炭资源富集地区建设若干大型坑口电站。我国将在近期建设9条特高压输电线路，以输电代替输煤，预计可减少煤炭跨区域长距离调运1亿吨以上。远期随着"五纵五横"特高压输电线路建设，输电对煤炭运输的替代作用将进一步显现。

2013年、2014年、2015年我国煤炭产运系数分别为0.630、0.592和0.533，煤炭产运系数的下行趋势明显。从中长期看，在上述结构性影响因素的作用下，煤炭产运系数还有进一步下降的可能。按2030年我国煤炭消费量大致在40亿吨左右水平和煤炭产运系数在现有水平基础上下降10%的情景考虑，铁路煤炭运输需求量约为19亿吨。

2. 钢铁及冶炼物资运输需求趋势

（1）钢铁行业及运输总需求发展趋势。

近期趋势 综合考虑我国钢铁行业产能和需求情况，估计"十三五"末期我国钢铁行业产量在7.5亿吨左右，约为当前产量的93%。若产运系数不变，则钢铁及冶炼物资运输需求也将降为当前运量的93.3%，约为32.6亿吨。短期内，钢铁生产力分布格局主要受去产能政策影响，空间分布结构不会有太大改变，伴随着铁矿石对外依存度的持续走高，预测内陆长距离铁矿石运输下降比例将超过粗钢产量降幅；在中西部发展进入加速期之后，中西部地区的钢铁制成品消费增加，由东向西的长距离钢铁产品运输降比将小于产量降比；伴随着钢铁出口的不断增加，远洋钢铁运输将逐渐增加。

中长期趋势 根据发达国家钢铁消费需求与经济发展"S"形规律，综合考虑我国工业化、城市化的实际进程，我国粗钢产量正处于下降通道，但由于我国中西部地区城镇化和工业化还有较大空间，降速将明显慢于发达国家，至2030年将维持在7亿吨左右的产量。产运系数不变的前提下，钢铁及冶炼物资运输需求约为30.5亿吨。由于面向中西部地区城镇化的钢铁消费需求仍将较多，主要消费市场将在中西部，钢铁制成品向中西部调运需求将较大。

（2）铁路冶炼物资运输需求发展趋势。

未来，铁路货运组织改革、公路治超和多式联运发展等利好因素将推动铁路货运需求及服务供给水平提升。综合考虑粗钢产量、大宗物资运输供给侧政策影响和铁路冶炼物资发送量与粗钢产量相关关系等，预计2020年钢铁及有色金属、金属矿石和非金属矿石的铁路发送量约为6亿吨，在"十三五"期间会呈现先下行再回升的势头。2030年，铁路钢铁及有色金属、金属矿石和非金属矿石发送量约为5.6亿吨，约为2014年水平的90%。从运输分布的发展变化看，中西部地区钢材消费需求增长较快，自东向西的中长距离钢铁及有色金属运输需求将逐渐增加，并伴有铁路钢铁平均运输距离增大。

3. 建筑材料运输需求发展趋势

（1）建材行业及运输总需求发展趋势。

近期趋势 按照我国去产能工作总体部署和"十三五"时期的宏观经济、城镇化发展预期，近期水泥行业总体低迷趋势仍将维持。考虑全社会固定资产仍然将保持10%左右增速，大量基础设施项目具有促投资、稳增长任务，水泥需求量仍将保持高位。预计"十三五"末期，我国水泥行业总体产量可能较当前稍有增长或基本持平，在25亿吨左右。按此推算，我国建筑材料运输需求总量接近当前水平，并继续以中短距离运输为主，但运输重心逐渐向中西部地区转移。

中长期趋势 随着我国经济发展和城镇化、工业化速度放缓，预计我国中长期水泥需求将有所下降，但下降过程将比较缓慢。考虑到中西部与东部地区之间的人均累积水泥消费量的差距较大，中西部地区的水泥产销量会有所稳定并小幅上升，东部地区逐渐下降，产销格局调整过程加快。预计2030年我国水泥生产量在10亿~15亿吨之间，全社会建筑材料运输需求降至约当前水平的同等比例。

（2）铁路建筑材料运输需求发展趋势。

铁路水泥发送量一直与水泥全行业产量相关性较小，多年稳定在3500万吨左右，近期水泥消费逐渐向中西部转移，而该地区铁路密度相对落后于东部，但综合公路治超政策相抵等因素，预计2020年约为3000万吨；铁路矿物性建筑材料发送量始终与水泥产量高度相关，预计2020年铁路矿物性建筑材料发送量1.1亿吨，较2014年下降7.6%；铁路木材运输量主要与国内木材砍伐量有关，国内木材砍伐的限制政策日趋严格，国外木材依赖度逐渐提高，导致木材铁路运输需求继续下降，并在2020年后稳定在1000万吨水平。预计2020年我国矿物性建筑材料、水泥和木材的铁路发送量为1.6亿吨左右。

中长期，铁路建筑材料运输需求将继续下行，但2030年难以触底，届时铁路矿物性建筑材料发送量6000万吨、水泥1500万吨、木材1000万吨，三类合计8500万吨。

4. 粮食运输需求发展趋势

（1）粮食行业及调运需求发展趋势。

近期趋势 近期国内粮食产量增加潜力有限，国内经济放缓导致粮食深加工产品消费需求疲软，调减玉米种植面积等因素减少过剩供给，近期国际粮食进口规模和国内粮食消费可能有一定的增长，但潜力有限，预计2020年粮食产量6亿~6.5亿吨，粮食消费量介于7亿~7.5亿吨，粮食调运需求将有小幅增长。

中长期趋势 中长期，我国人均口粮消费量与当前水平将相近，国内饲料、工业用粮的需求较近期可能有所增长，但限于国内粮食生产能力难再增加，且粮食品种结构调整（降低高产的玉米种植面积）可能降低粮食总产量。预计中长期粮食产量仍旧在 6 亿~6.5 亿吨之间，粮食消费量在 7.5 亿吨左右，粮食调运需求基本保持稳定。

（2）铁路粮食运输需求发展趋势。

考虑到人均口粮消费、土地产出的稳定性，工业和饲料用粮增长有限，以及公路治超政策带来的铁路与公路运粮相比的价格竞争优势，预计 2020 年前铁路粮食运输基本与 2013 年相近，维持在 1.0 亿吨左右。中长期，铁路粮食发送量将基本稳定或稍有增长，2030 年全路粮食发送量在 1.0 亿吨左右，期间粮食进口增加，国内粮食产量就地加工比例、华东和东南沿海粮食加工企业的对外依存度提高，全路粮食平均运输距离有所下降。

（三）铁路集装箱、零担和快运快递需求发展趋势分析

1. 未来铁路集装箱和快运需求发展的影响因素

（1）相关制造业持续稳定快速增长为铁路"白货"运输发展提供重要基础。

从工业销售产值增速来看，医药、金属制品、通用设备、电气机械和器材、电子设备等与耐用消费品强相关的行业仍保持 10%~15% 的高位运行态势，而农副食品加工、烟酒茶、纺织服装、皮革制品及制鞋等与日用消费品相关的行业也基本在 8%~10%。这些制造业工业销售产值的持续快速增长，可以有力地促进零散"白货"社会物流需求的稳定增长。

（2）制造业布局和对外开放格局向内陆区域纵深延展有助于铁路深度融入多式联运链条。

自 2003 年后，我国部分制造业呈现"北上西进"特征，产业梯度转移的趋势有所显现。特别是，食品轻纺、电子信息产业、非金属矿物制品产业、机械制造业等行业向中西部地区转移的趋势较为明显。此外，伴随内陆地区对外开放程度的提高，一批内陆开放高地建设取得较大成

效。2000—2014年，我国中西部地区的进出口总额和出口额占比分别提升了5%和10%。未来，伴随全方位对外开放格局的构建和区域联动协调发展，我国制造业和对外开放格局向内陆省份延伸的趋势将进一步增强，这有利于发挥铁路长距离运输的优势，促进铁水联运、国际铁路联运的发展。

（3）交易及流通方式变革促进快运需求旺盛。

近十几年来，我国电子商务取得飞速发展，与之相伴生的电商物流也呈现爆炸性增长态势。2003—2015年，依托互联网信息技术的网上零售交易总额由39.1亿元增长至3.9万亿元，增长了近1000倍，占全社会消费品零售总额的比重由0.1%上升至12.9%。电子商务的发展不仅带来交易方式的转变，也使得传统的流通格局发生深刻变化。越来越多的制造企业追求零库存、高时效。2007—2015年，年快递业务量由12亿件增长至207亿件，年均增速达42.8%。未来，伴随互联网与制造业、商贸流通、运输物流等行业的深度融合发展，快运需求仍将保持旺盛需求态势，这为铁路拓展快运服务提供了广阔的空间。

（4）公路治超政策的深入实施有助于促进长距离公路货运量向铁路转移。

我国公路货运市场以中小规模企业经营为主。长期以来，众多公路货运企业通过超载、超限等不规范的竞争手段，压低运价水平，不仅产生了巨大的社会成本，也在一定程度上扰乱了运输市场的竞争秩序。2016年8月，交通运输部、公安部联合发布《超限运输车辆行驶公路管理规定》（交通运输部令2016年第62号），以前所未有的力度从车型标准化、运输监管、信用体系等各方面全方位加强公路"治超"。根据交通运输部与国家统计局于2008年联合组织开展的全国公路水路运输量专项调查估算，全国营业性货运车辆在800公里以上的货运量超过10亿吨。伴随治超相关政策的深入实施，将有助于将长距离公路货运量向铁路转移。

（5）运输需求及增速较快的区域主要集中在三大经济圈和中西部内陆开放高地。

根据目前制造业、外向型经济的总体布局的结构特点及未来发展趋势，并结合铁路调整运输组织模式的重点区域，未来铁路"白货"的运输需求仍将主要集中在京津冀、长三角、珠三角等三大经济圈以及重庆、四川、河南、湖北等内陆开放高地。在此基础上，向三大经济圈周边省份拓展。此外，大连、天津、唐山、青岛、连云港、上海、宁波—舟山、厦门、深圳等沿海港口的集装箱铁水联运需求，以及新疆、甘肃等地的国际集装箱铁路联运需求的增速会相对较快。

2. 铁路集装箱运输需求发展趋势

（1）近期运量预测（2020年）。

以目前集装箱日均装车数约达到日均总装车数的10%左右为预测基础，预计2020年集装箱日均装车数约达到日均总装车数的15%左右，考虑到集装箱装车载重量较低，预计2020年其货运量约占铁路货运总量的10%，即突破4亿吨。此外，根据2020年铁路集装箱保有量达到200万TEU的规划目标，以每标箱年平均周转10次估算，预测2020年，集装箱发送箱量约达到2000万TEU，以每标箱平均载货量约18吨计算，发送吨数约达到3.6亿吨。综合两种预测思路，取中值约为3.8亿吨。

此外，根据"一带一路"建设工作领导小组办公室发布的《中欧班列建设发展规划（2016—2020年）》，2020年，中欧班列（含至中亚地区的班列）将达到5000列。以每列80TEU估算，2020年，中欧班列集装箱运输量将达到40万TEU，以每标箱5~6吨净载重计算，发送吨数达到200万~240万吨。

（2）中长期运量预测（2030年）。

伴随我国产业结构转型升级的进一步发展，预计2020—2030年，铁路货运总量的年均增速为2.0%~2.5%，2030年铁路货运量达到49亿~51亿吨。伴随全社会货物集装化程度的提高、铁路市场化改革的深化和集装箱运输业务的进一步成熟完善，未来集装箱运量比重约可占到铁路货运总量的20%，即2030年约达到9亿吨。考虑到货源结构向轻质化转变，以平均每标箱12吨计算，2030年集装箱发送箱量约可达到7500万TEU。

3. 零担货物运输需求发展趋势

（1）近期运量预测（2020年）。

自2015年开始，铁路部门以零散货物快运和批量零散货物快运等突破性模式来开展零担运输业务。2016年5月份，零散货物快运日均发送量超过12万吨，同比增长184%。以全年日均发送量10万吨估算，预计全年应超过3500万吨。同期，批量货物快运日均装车超过7900车，同比增长57%。以全年日均装车7000车，每车30吨估计，全年可超过7600万吨。考虑到集装箱运量中约有20%为批量零散货物，据此估计重复统计运量为2800万吨。此外，还有一定比例的批量零散货物采用整车运输方式。由此，粗略估计，2016年批量零散货物快运量为3800万吨。基于此，综合估计，零担货运量为7300万吨。考虑到零担业务组织模式基本稳定以及未来批量零散货物入箱运输比重还可能有所提升等因素，预测2020年零担运输量约达到1亿吨。2016—2020年的年均增速约为8%。

（2）中长期运量预测（2030年）。

考虑到未来铁路零担业务组织模式的进一步成熟，特别是班列化、快速化运输的大力发展，零担运输业务仍可保持较快增速，但平均载重会有所下降，2030年，零担运输量约可达到3亿吨。

4. 铁路快运量和快递运输需求发展趋势

（1）近期运量预测（2020年）。

铁路快运量 如前述分析所示，2016年，零散货物和批量零散货物快运量约可突破1亿吨。按照2016—2020年年均8%的增速预测，2020年约可达到1.5亿吨。

快递业务量 根据邮政行业预测，2020年我国快递业务量将达到500亿件。目前，铁路占全国快递业务总量的比重约为3%。考虑到高速铁路建设加快，铁路运输部门依托高铁成网的规模经济优势，有望在2020年将该比重提升至5%。据此估计，2020年，铁路快递业务量约可达到25亿件左右。

（2）中长期运量预测（2030年）。

铁路快运量 伴随高附加值货物对运输时效性和完整性需求的进一

步提升，以及铁路快运业务的完善成熟，按照 2020—2030 年年均 10% 的增速预测，2030 年，铁路快运量约可达到 3.9 亿吨。

快递业务量　据物流业内专家预测，我国快递业务量在未来 10 年仍可保持年均 20% 的增速，据此估计 2020—2030 年，我国快递业务量保持年均 15% 的增速，则 2030 年将突破 2000 亿件；届时，铁路快递业务量占比约可达到 20%，业务量规模约为 40 亿件。

五、主要结论及对铁路发展的若干启示和措施建议

（一）主要结论

本报告关于铁路货运需求发展现状和趋势的主要结论如下：

1. 导致近几年铁路货运需求下降的主因是国内外经济周期性下行

近几年铁路货运需求呈下降趋势是短期因素和长期因素叠加所造成的。短期因素主要是：全球经济陷入深度调整，我国宏观经济进入经济周期下行区间，大宗原材料、能源等物资需求低迷；公路等运输方式对铁路运输构成了分流和替代；铁路经营机制不能及时适应市场需求变化和竞争形势。长期因素主要是：我国重化工业阶段基本结束，传统产业发展乏力，经济发展的新动能尚在培育之中。

考虑到我国重化工业阶段刚刚进入尾声，产业转型升级尚处于启动阶段，现阶段对于铁路货运需求的影响还比较微弱。而铁路货运需求受经济周期的影响较大，与经济走势具有较高的正相关性。因此，总体判断，造成 2011 年以来铁路货运需求增速下降的主因是国际国内经济周期性下行，在国内外经济触底回升的情况下，铁路货运需求不排除出现恢复性增长。

2. 当前到 2030 年，我国铁路货运需求将保持低速增长态势，集装箱等在货运结构中的比重持续提高

从未来一个时期看，经济增长、能源消费需求增长、基本建设投资增长、完成工业化进程、大国特色等因素对我国铁路货运需求增长的总

量性影响将持续存在,铁路货运需求正向增长的动因依然比较强劲。产业转型升级、能源结构调整和利用方式变化、城市化空间格局变化、运输结构变化等结构性因素对我国铁路货运需求的影响逐步增强,且影响方向不一,有正有负。产业转型升级是一个长期、渐进的过程,难以在短时期内完成,其对铁路货运需求增长的抑制作用不可能立竿见影,而是在较长时期内逐步显现,影响力度逐步增强。同时,到 2030 年,煤炭在一次能源消费中的比重仍达 50% 左右,主体地位不会变化。因此,产业结构转型和能源结构转型均具有长期性,对铁路货运需求的抑制作用也主要体现在远期。

总体来看,当前到 2030 年,推动铁路货运需求正向增长的力量要强于使其负向增长的力量,我国铁路货运需求仍将处于低速增长阶段,不会过早地结束上升趋势。预计我国铁路货运需求增长的第Ⅲ阶段将延续至 2030 年前后,从 1990 年算起将持续约 40 年时间。

在货运需求总量增长的同时,随着产业结构调整、新型产业和新兴业态的发展、居民消费结构升级,各类"白货"运输需求持续快速增长,铁路货运需求结构变化更为显著。预测 2030 年,铁路集装箱发送量为 9 亿吨,占比为 20%,较 2020 年上升 10 个百分点;零担发送量为 3 亿吨,占比为 7%,较 2020 年上升 4 个百分点;煤炭和冶炼物资发送量为 24.6 亿吨,占比为 54%,较 2020 年下降 11 个百分点。对我国 2020 年及 2030 年铁路货运需求估算情况见表 4。

表 4 2020 年及 2030 年铁路货运需求估算

货类	2020 年		2030 年	
	铁路发送量（亿吨）	占比（%）	铁路发送量（亿吨）	占比（%）
煤炭	20	50	19	42
冶炼物资	6	15	5.6	12
建筑材料	1.6	4	0.85	2
粮食	1	3	1	2
集装箱	3.8	10	9	20
零担货物	1	3	3	7

注:2020 年、2030 年铁路发送量分别按 40 亿、45 亿吨计算。

3. 长期来看，铁路货运需求可能从最高水平逐步缓慢下降，最终稳定在一定的市场分担率水平上

我国铁路货运需求增长趋势是与经济发展阶段，尤其是工业化进程紧密相关的，铁路货运需求增长的快与慢、正增长与负增长，主要取决于产业结构尤其是工业结构的变化情况。在我国经济和产业完成转型升级任务、全面实现工业化之后，铁路货运需求增长可能会由正转负，进入下降阶段。

但是，即便是进入后工业化阶段，疆域广阔、人口众多、资源分布不均等基本国情也决定了我国长期对铁路货运保持着较高的依赖性，同时，新兴产业和服务业发展也会催生新的铁路货运需求，铁路货运需求不会出现大幅度、快速下降的局面，而是从最高水平逐步、缓慢下降，最终可能会类似美国那样，铁路货运分担率稳定在一定的水平上，铁路长期在货运领域发挥重要作用。

4. 铁路货运格局近期保持基本稳定，中长期有望出现显著改变

经济高质量发展阶段是一个全面、持久、深刻变化的时期，是一个优化、调整、转型、升级并行的过程。近期来看，我国经济和产业结构调整、区域发展和对外开放格局难以实现大的转变，特别是铁路应对"白货"运输需求特点的运输组织和经济组织的系统性变革，还存在诸多制约因素，铁路货运的需求结构，尤其是货运量意义上的运量结构，将基本保持稳定状态，这也就意味着大宗货物仍将在铁路货运需求中占有主体地位，"白货"的运量规模和比重难以实现量级上的突变。从中长期看，伴随我国产业转型升级和铁路供给侧结构性改革基本到位，运输市场秩序日益规范完善，铁路"白货"运输的比重，特别是运输收入意义上的比重将出现显著变化，有望接近乃至超过传统大宗"黑货"运输，成为铁路运输和物流收入的重要来源。

（二）对铁路发展的若干启示

1. 铁路货运总体上已步入供需结构调整期

从供给侧看，伴随大规模铁路建设的持续推进，我国铁路运输能力实现了大幅增长。2015年我国铁路总运力约为55亿吨，其中铁路煤炭运输总能力达到30亿吨。根据最新颁布的《中长期铁路网规划》，到2025年我国铁路网规模将在进一步增长至17.5万公里，较2015年增长5.4万公里，到2030年不排除路网规模继续有所扩大的可能。由此可见，随着铁路网规模进一步扩大，铁路运输能力还将有大幅度提升。

从需求侧看，我国铁路货运需求增长的第Ⅲ阶段将延续至2030年前后，即从当前至2030年，铁路货运总需求仍然保持增长，但增幅会有明显下降，基本为低幅增长状态。主要发达国家铁路发展在进入到第Ⅳ阶段以后，除美国通过市场化改革实现了铁路复兴以外，其他国家的铁路货运需求均出现了明显下降，尽管在下降过程中有回升趋势，但都未恢复到第Ⅲ阶段的最高水平。

因此综合供需两方面来看，在铁路运输能力大幅提高、货运需求低速增长的情况下，今后我国铁路发展的主要矛盾不再是供需总量失衡，而是供给能否有效满足需求结构的变化，即铁路运输服务能否主动、灵活适应货运需求的变化，提高运输效率和服务质量，在稳定大宗"黑货"运输的同时，将新增的"白货"运输需求吸引到铁路，提高铁路的市场竞争力，将铁路的市场分担率稳定在相对较高水平。

2. 在推进铁路建设的同时更应注重提高铁路运输服务水平和运营效率

发达国家在铁路发展的第Ⅰ、第Ⅱ阶段，支撑铁路货运需求增加的主要是路网规模的扩大，而在进入第Ⅲ阶段以后，铁路货运需求的增加主要是依靠铁路运输密度的提高来支撑，不再是依靠路网规模的扩大来承担。这说明随着货运需求增幅的减缓和铁路网达到一定规模，铁路发展的主要方式将由扩大规模转变为提高路网运输密度。20世纪美国货运改革后，尽管铁路网规模逐步缩减，但铁路货运业的劳动生产率大幅度提高，1980—2010 年，单位公里货运收入从 90 万美元增长到 224 万美元，单位公里货运周转量从 513 万吨增长到 1286 万吨，单车周转量增长 3 倍，能源效率增长 1 倍，市场份额逐步上升并稳定在 40% 左右。

我国铁路建设长期滞后于经济社会发展，自 20 世纪 90 年代末以来的铁路大建设实际上带有一定的"补课"性质。近年来，工业化、城镇化发展和铁路供给增加进一步催生和诱发了新的运输需求，铁路供求矛盾总体缓解的同时仍存在较为突出的结构性矛盾。因此，适当扩大路网规模，充分满足经济社会发展所产生的多样化运输需求，仍然是今后一段时期铁路发展的重要任务之一。

针对铁路货运需求的发展趋势和新特点，未来推进铁路建设应注意以下两点：一是新建铁路以满足客运需求为重点，既有普速铁路释放的运力主要满足货运需求；二是鉴于城市群地区是未来货运需求的主要增长点、东部城市群的高附加值货物运输需求快速增长这一发展趋势，在加快客运专线、城际铁路建设的同时，可考虑通过既有线技术改造、开行高铁快运专列等方式来更好地满足快捷货运需求。在推进铁路建设的同时，应将铁路的发展重点转到提高铁路运输服务水平和运营效率上来，通过深化体制机制改革，提高铁路运输服务供给的针对性、灵活性和有效性，确保铁路在供需结构调整期顺利实现服务转型升级。

3. 应加快深化铁路行业供给侧结构性改革，以提高铁路市场竞争力

铁路运输能力大幅增长和货运需求结构变化，既是铁路行业深化货运组织改革、转变传统运输组织方式的一个重要发展契机，同时也使铁路的管理体制机制面临着严峻考验。若固守原有的货运组织理念和模式，则铁路很可能因为不能适应运输需求的变化、公路等其他运输方式的替代分流效应等原因失去发展的动力，陷入经营困境。在我国铁路货运总体上已步入供需结构调整期之际，以"稳黑增白"为目标的货运组织改革，不应当仅仅是促进铁路货运量止跌企稳的权宜之举，而更应当是作为深化铁路行业供给侧结构性改革、支撑和引领经济高质量发展阶段的长效机制。

铁路供给侧结构性改革的核心是重构运输经营管理组织模式，这就意味着要围绕市场竞争和提升一体化运输链条效率的要求，对传统铁路

运输经营管理组织模式进行重构，让国铁参与市场竞争所需要的市场营销理念、产品开发模式、运价形成机制、交易实现手段等一系列基本要素融入整个组织肌体，进而激发系统内部各组成部分的市场活力。这就要求铁路行业不仅仅要针对新时期经济发展和货运需求特点，大力改善以时效性和完整性为重点目标的货运组织改革，更要深入推进以构建现代企业制度为重要内容的市场化改革进程。只有在运输生产组织和经济组织两个方面共同发力，齐头并进，才能真正完成铁路供给侧结构性改革任务，实现支撑和引领经济发展的目标。

（三）对铁路发展的若干措施建议

1. 加快铁路运输企业向现代物流企业转型，提高运营效率和市场竞争力

中长期来看，同铁路网规模的持续扩张相比，铁路货运需求增长前景难以令人乐观，特别是以煤炭为主的大宗货物运输需求，将在保持一段时期的低速增长后出现下降，若铁路运输部门不能有效将集装箱、快运、快递等新增货运需求吸引到铁路，则铁路市场分担率和运营效益将不可避免地明显下滑。

因此，在货运需求尚未进入下降通道之前，铁路运输企业应利用"窗口期"抓紧建立和完善适应市场需求的运营机制，加快由传统运输企业向现代物流企业转型的步伐，主动对接市场，以运输组织创新和服务升级来提升运营效率和市场竞争力。主要的途径包括：一是通过合理规划物流网络布局、加快铁路货运场站向现代物流中心转型、构建接取送达服务体系、强化物流信息化建设等途径，提升铁路物流基础设施水平和综合物流服务能力。二是加快发展物流基地，积极吸引资产雄厚、铁路货运经验丰富和市场网络相对发达的综合物流企业，参与铁路物流基地及其他场站设施建设、物流服务提供的合营合作。三是加快技术装备研发和升级，大力开展集装箱班列、冷链运输、快速鲜活货物列车、快件运输、驮背运输等多种形式的多式联运服务，延伸运输服务链，积极融入综合物流体系。四是深化铁路市场化改革，通过网运分离、推进现代

企业制度建设、放开铁路竞争性业务领域的价格管制和准入限制、引入竞争机制等措施，构建若干专业化运输企业，落实铁路运输企业市场主体地位，从体制机制上促进铁路市场化发展。

2. 推进铁路大宗货物运输服务升级

长期来看大宗货物仍在铁路货运中占有较高比重，以提高铁路运输服务的便捷性、灵活性为中心推进铁路大宗货物运输服务升级，是确保铁路稳定大宗货物运输的重要举措。具体措施包括：

一是完善铁路与港口、重点企业的联络线和接驳运输组织。进一步完善港口联络线和大宗物资产销企业联络线，提高铁路大宗物资运输最后一公里服务水平；通过有效连接港口和生产企业，优化铁路运输组织，提高铁路在进口矿石、煤炭、粮食等货物中短距离疏港运输中的比重；通过专用线的运输组合和大宗物资末端接驳运输组织优化，增强铁路与公路相比在便捷和灵活性方面的竞争优势。

二是加强铁路与上游企业的联动。煤炭、矿石、粮食等大宗物资是工业生产和国家安全的基础，也是易受国家宏观经济政策影响的行业。因此，铁路部门应主动与大宗物资上游企业建立沟通机制，尽量平抑运输需求波动，减小大宗物资运输需求的时间不均衡性。同时应更加紧密地对接国家宏观经济和产业政策，做好运能适度储备和运输组织，保障国家重点物资的应急运输和战略调运需求。

三是降低煤炭等大宗物资的物流成本。通过建设储配物流中心、打造煤炭一体化供应链、加强煤炭物流信息化建设等措施，进一步降低煤炭等大宗物资物流成本，以准时制运输、直达班列和定制化服务为核心推进大宗物资运输服务升级。

3. 创新集装箱、快运快递等货物运输组织模式

按照提升一体化运输链条效率的要求，建立适应市场需求的运输经营管理机制，创新集装箱、快运、快递等货物运输组织模式，不断提高铁路在"白货"运输上的市场竞争力。

一是打造综合服务平台，完善系统业务功能。利用各种信息技术手段，

进一步优化业务受理渠道，积极引导客户采用更便捷的信息化受理方式；拓展多种支付手段，尽快在全路推广实施电子支付方式，提高客户交费的便利性、安全性；研究实行垫付运费业务，吸引客户通过铁路发货；改善铁路服务形象，加强客户信息管理，提升客户体验；完善电子商务系统运费试算功能，提供更加准确的运费计算结果；增加信息采集源点，完善车站办理条件、停限装、集装箱预订、实时查询等相关功能；加快接取送达业务基础信息库建设，实现全路接取送达能力信息共享，为发到两端形成有效沟通机制提供信息技术支持。

二是健全货运代理制度，大力发展集货网络。加强与物流企业、货运代理的合作，建立利益共享的机制，充分利用社会企业的集货能力，广泛吸引零散货源；建立健全物流发展的激励考核机制，充分调动和提高各铁路局开展物流业务的积极性；建立完善跨局沟通协作机制，明确发到站之间沟通内容、流程、标准以及仲裁方式，提高接取送达服务质量及作业标准，避免因到站服务质量问题导致货源流失。

三是优化运价浮动机制，提升价格竞争能力。建立规范的运价浮动机制，在充分考虑市场竞争需要的同时，明确浮动责任主体、权限、管理方式和程序，避免随意性和寻租现象；强化基于运距的竞争性运价策略，增强铁路运价在中短运距的竞争力和灵活性，短距离运输放开运价下浮权限，中距离运输放宽运价下浮幅度；下放接取送达起码里程标准及其计费规则的权限，由车站根据周边货源及企业分布、短途运输市场等现状申报接取送达业务合理的起码里程，铁路局审批确定，并按照递远递减原则，根据市场条件进行优化设计；适度调整亏吨货物计重策略，系统分析确定亏吨严重的货物品类，在保证盈利和满载的前提下，分品类、分运距研究每车基价或底价，建立铁路和客户以合理方式共同分担亏吨成本的计重规则。

四是优化货物运到时限，提升全程服务水平。根据市场对运到时限的不同需求，结合运力资源利用情况，设计特快、快速、普速等不同速度等级的货运产品，针对客户个性化需求提供定制式服务；在保证运输安全的前提下，根据线路允许速度与车辆构造速度的范围，适当提高货车运行速度，减少途中运行时间；探索实行准时生产制，要制定相应的作业时间标准，提高装卸站的作业质量，优化技术站作业方案，缩短中间作业时间；通过整合货票系统、确报系统、运行图系统等信息资源，监控货物在途运行情况；针对货运全过程的承运、装车、途中运行、中转、卸车作业，健全货运、车务部门的考核机制。

（执笔人：樊桦）

参考文献

[1] 王际祥. 货运需求与经济发展［M］. 北京：中国铁道出版社，1996.

[2] 铁道部科学技术司. 国外交通运输发展的综合问题研究［M］. 大连：大连海事出版社，1994.

[3] 韩彪. 交通运输发展理论［J］. 工业技术经济，2008（5）.

[4] 于春荣，张智文. 铁路货物运输需求的建模与经济分析［J］. 工业技术经济，2008（5）.

[5] 苏敬之，等. 国情与交通运输发展关系［R］. 内部报告，1990.

[6] 冯飞，王晓明，王金照. 对我国工业化发展阶段的判断［J］. 中国发展观察，2012（8）.

[7] 张辉. 新常态下我国产业结构转型与升级［OL］.［2015-03-11］. http://finance.sina.com.cn/review/jcgc/20150311/183921698990.shtml.

[8] 黄汉权，盛朝迅. 加快构建产业转型升级的五大支柱［OL］.［2015-12-24］. http://theory.people.com.cn/n1/2015/1224/c49154-27969882.html.

[9] 申光，等. 铁路白货运输市场业务拓展分析［J］. 物流工程与管理，2015（37）.

[10] 崔忠亮. 铁路快运体系的发展对策及其市场化启示［J］. 物流技术，2015（34）.

[11] 贾永刚，等. 铁路快运班列组织优化及营销对策探讨［J］. 铁道货运，2014（8）.

[12] 美国铁路发展及改革历程［OL］.［2015-08-17］. 铁道论坛，http://bbs.railcn.net/thread-1512686-1-1.html.

Railway Freight Demand under the Economic Transition and Upgrading

专题报告

专题报告一	铁路货运需求的影响因素和阶段性特征
专题报告二	我国铁路货运量发展变化的实证研究
专题报告三	发达国家铁路货运需求演变情况及其特点
专题报告四	铁路大宗物资运输需求发展趋势研究
专题报告五	铁路集装箱及快运需求发展趋势研究

专题报告一

铁路货运需求的影响因素和阶段性特征

> **内容提要** 本报告首先分析铁路货运需求的含义和基本特征，然后将影响铁路货运需求的主要因素划分为总量性因素和结构性因素，其中：总量性因素包括国民经济发展规模、国民经济增长速度、能源工业发展规模、基本建设投资规模和经济地理因素等，由这些总量因素变化所造成的铁路货运需求增长为"总量性增长"；结构性因素包括产业结构和空间布局、能源结构、空间布局和利用方式、城市化空间格局、运输结构等，由这些结构因素变化所造成的铁路货运需求增长为"结构性增长"。最后，根据总量性增长和结构性需求增长对铁路货运需求增长的影响大小和方向的不同组合，将铁路货运需求增长历程划分为四个阶段，阐述工业结构演变、铁路网规模演变、铁路网运输密度等与铁路货运需求变化之间存在的对应关系，从而系统揭示铁路货运需求增长随经济社会发展所呈现出的阶段性特征。

一、铁路货运需求的含义和基本特征

（一）铁路货运需求的含义

1. 运输需求

运输需求是运输市场产生和发展的基础，也是伴随人类生产和生活活动所产生的最基本、最古老的一种需求。比照经济学对需求的定义，运输需求是指在一定的时期内、一定的价格水平下，社会经济生活在货物与旅客空间位移方面所提出的具有支付能力的需要。运输需求必须具备两个条件,即具有实现位移的愿望和具备支付能力,缺少任一条件,都不能构成现实的运输需求。也就是说,运输需要并不必然就构成运输需求,只有具备支付能力的运输需要,才能使潜在的运输需求转化为现实的运输需求。运输需求包含以下六项要素:

运输需求量 通常用货运量和客运量来表示,用来衡量说明客货运输需求的数量与规模。

流向 即货物或旅客发生空间位移的走向,表明货流、客流的起始地和目的地。

运输距离 指货物或旅客发生空间位移的起始地和目的地之间的距离。

运输价格 指运输单位重量或体积的货物和运送每位旅客所需的运输费用。

运输时间 指货物或旅客发生空间位移时从起始地到达目的地所需的时间,运输时间一般与运输距离和运输速度有关。

运输需求结构 即按不同货物种类、不同旅客出行目的或不同运输距离等对运输需求进行的分类。

2. 铁路运输需求

铁路、公路、水运、民航和管道五种运输方式共同构成了交通运输业。因此,按照不同的运输行业,运输需求可以分为铁路运输需求、公路运输需求、水运运输需求、民航运输需求和管道运输需求五大类。

铁路运输需求指在一定的时期内、一定的价格水平下,一个国家或地区产生的具有支付能力的铁路货物及旅客空间位移需要。同样地,形成铁路运输需求也必须具备两个条件:一是具有实现货物和人员通过铁路进行空间位移的愿望,二是货主和旅客必须具有支付能力,只有具备支付能力的空间位移需要,才能成为现实的铁路运输需求。

3. 铁路货运需求

根据运输对象的不同,铁路运输需求又可分为铁路货运需求和铁路客运需求。对照之前的定义，铁路货运需求是指在一定的时期内、一定的价格水平下，一个国家或地区产生的具有支付能力的铁路货物空间位移需要。

从货类来看，铁路货运需求主要分为大宗货物运输需求和非大宗货物运输需求，前者是包括煤炭、矿石、钢铁、建材等在内的传统的铁路"黑货"运输需求，后者则是包括工业制品、鲜活易腐货物、农副土特产品、饮料烟草、文教用品等在内的"白货"运输需求。

从运输目的和运输性质来看，大部分铁路货运是货主与铁路运输企业之间作为供需双方的市场行为，一小部分运输如抗震救灾物资运输、军用物资运输等，属于铁路运输企业为满足经济社会特殊需要所提供的公益性运输服务，这部分运输需求不在本报告研究范围之内。

（二）铁路货运需求的特征

1. 派生性

派生性（或者说引致性、衍生性）是运输需求区别于一般商品需求最重要的特征。运输需求是各种社会经济活动所派生出来的需求，就铁路货运需求而言，货主提出货物空间位移要求的目的并不在于位移本身，而是为了实现某种生产目的，那些生产活动是本源需求，完成货物空间位移只是实现本源需求的一个必不可少的环节。因此，相对于铁路货运需求而言，社会生产活动是本源需求，铁路货运需求是由社会生产活动派生出来的引致性需求。这一重要特征提示我们，在研究铁路货运需求时，必须以社会生产活动为基础，通过研究二者之间的内在关系来揭示铁路货运需求发展演变的客观规律。

2. 规律性

铁路货运需求源自社会生产活动，而社会经济的发展具有一定的规律性，因此铁路货运需求的发展演变也具有一定的规律性。尽管就单个货主或不同货类而言，运输需求受到运输偏好、运输条件等个性因素的影响，个体间的需求行为具有较大的差别，但是从全社会整体来看，铁路货运需求的发展变化与社会经济的发展阶段密切相关，总体上呈现出较为明显的规律性特征。

3. 不平衡性

铁路货运需求在时间、空间上均具有一定的不平衡性。如，在时间上，电力需求旺盛、粮食外运季节等时间段的货运需求与平时的货运需求具有很大的不平衡性；在空间上，由于资源分布、产业发展等方面往往存在着空间布局上的差异，导致资源集聚地与下游需求地、资源调出地区与调入地区、制造业基地与消费地之间的货流强度明显偏高，使货运需求在空间上存在着不平衡性。

4. 异质性

异质性是指就不同的货物种类而言，货主对于运输时间、运输速度、运输价格、频次等的要求不同，从而在运输方式的选择上存在着差异。例如，高附加值货物对运输价格有较强的承受能力，而大宗低值货物对运输价格的敏感程度就相对较高。

5. 可替代性

同样是提供空间位移服务，各种运输方式之间原本就具有一定的可替代性。随着运输新技术的发展，各种运输服务的差异化程度逐渐缩小，运输方式之间的竞争也日趋激烈，使得运输方式之间的替代性有增强的趋势。例如，在大宗货物方面，水运在运输能力和价格方面的优势突出，对铁路运输的替代作用明显；又如，公路运输凭借其在速度、便捷性、服务等方面的优势，也对铁路运输产生了一定的分流和替代。

（三）对若干概念的辨析

1. 铁路货运需求量与铁路货运需求水平

铁路货运需求受多种因素影响，运输价格、货主的运输需要和偏好、相关运输服务的价格、运输企业服务质量等因素都可能对其产生不同的影响。铁路货运需求量考察的是其他因素不变，货运需求与运输价格之间的关系，这种关系反映在平面坐标图中就形成了铁路货运需求曲线，如图1所示。

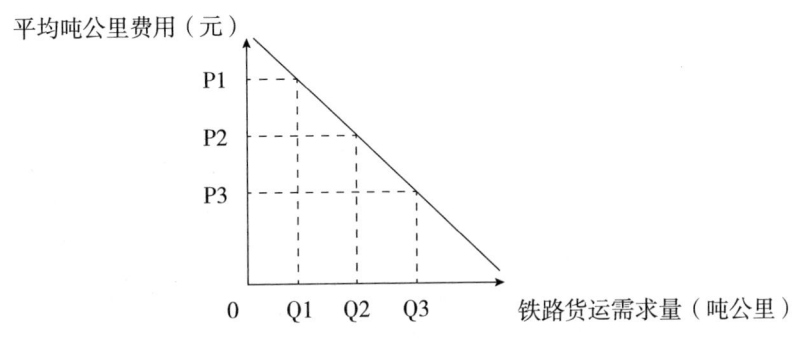

图1 铁路货运需求曲线

如图1所示，铁路货运需求曲线反映的是其他条件不变的情况下货运需求量与运输价格之间的关系，它可以表述为在不同的运输价格水平下货主愿意并且有能力购买的铁路货运服务量，也可以理解为货主愿意为各种数量的铁路货运服务支付的价格，即货运需求价格。与一般商品的需求曲线相似，铁路货运需求曲线也是一条向右下方倾斜的曲线，这就意味着货运需求量与运输价格之间存在着反向变动关系，即：当其他条件不变时，运输价格水平越高，货运需求量越低，反之，运输价格水平越低，货运需求量越高。

如果铁路运输价格保持不变，而货主的运输需要和偏好、替代运输服务的价格、运输企业服务质量等因素发生了变化，整条需求曲线就会水平移动，这种由运输价格以外的因素所引起的铁路货运需求的变动，称为铁路货运需求水平的变动。铁路货运需求水平的变化如图2所示。

如图2所示，其中铁路货运需求曲线 D_0 是在货主的运输需要和偏好、替代运输服务的价格、运输企业服务质量等因素保持不变的条件下画出来的。现在假定货主运输需要增加，或替代运输服务的价格提高、铁路运输服务质量提升对货主的吸引力增大等情况发生，在该种运输服务价

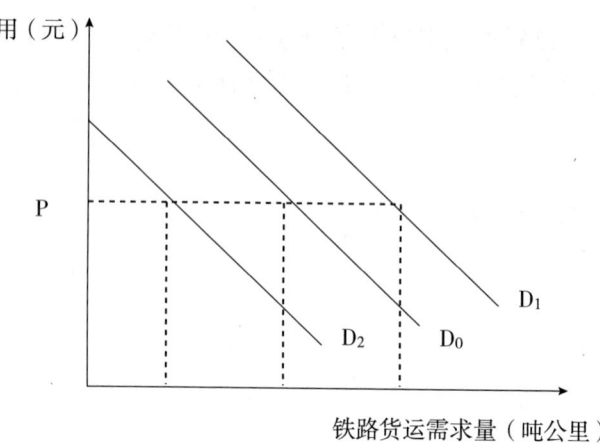

图 2　铁路货运需求水平的变化

格不变的情况下，铁路货运需求曲线会向右移至 D_1 的位置；相反，如果货主运输需要下降，或替代运输服务的价格下降，货主对铁路运输服务的偏好降低等情况发生，则铁路货运需求曲线会向左移至 D_2 的位置。这意味着在同样的运输价格水平下，货主比以前购买的铁路货运服务的数量增加或减少了，即铁路货运需求水平增加或下降了。

因此，要正确理解铁路货运需求的概念，必须区分货运需求量和货运需求水平。前者是指不同价格水平下货主愿意并能够购买的铁路运输服务的数量；后者是指同一价格水平下货主愿意并能够购买的铁路运输服务的数量。与此相应地，必须明确区分两种货运需求的变动：一种是在其他条件不变时由铁路运输服务本身的价格变动所引起的需求变动，称之为铁路货运需求量的变动，它表现为沿着一条既定的铁路货运需求曲线的移动；另一种是在铁路运输服务本身的价格保持不变的情况下，由诸如货主运输需要、偏好、替代运输服务价格、铁路运输服务质量等因素引起的需求变动，可称为铁路货运需求水平的变动，它表现为整个客货运需求曲线的水平移动。

在没有特别说明的情况下，本报告所指的铁路货运需求增长均指货运需求水平的增长，即在铁路运输服务本身的价格保持不变的情况下，由诸如货主运输需要、偏好、替代运输服务价格、铁路运输服务质量等因素引起的铁路货运需求的变动。

2. 铁路货运需求量与铁路货运量

如前所述，铁路货运需求量是指在不同的运输价格水平下货主愿意并且有能力购买的铁路货运服务量，而铁路货运量是指在一定时间内铁路运输企业完成运输的货物数量。铁路货运需求能否得到满足，以及满足的程度如何，或者说铁路货运需求量能否转化为铁路货运量以及转化程度如何，主要取决于铁路货运能力的大小。

根据铁路货运能力的不同，铁路货运量与铁路货运需求量之间存在如下关系：

当铁路货运供给能力＞需求时，铁路货运量＝铁路货运需求量；

当铁路货运供给能力＝需求时，铁路货运量＝铁路货运需求量；

当铁路货运供给能力＜需求时，铁路货运量＜铁路货运需求量。

以我国铁路运输业为例，过去相当长一段时期，我国铁路运输能力紧张，长期处于供不应求状态，在这种情况下，有相当一部分运输需求没有得到满足，因此铁路货运量反映的只是铁路运输企业完成的运输作业量，并不能完全反映全社会对于铁路货运的真实需求。近年来，随着铁路建设提速和运输能力迅速提升，铁路运输供求矛盾得到根本缓和，货运能力甚至出现了一定的富余，在此情况下，铁路货运量可视为全社会铁路货运需求的真实反映。

二、铁路货运需求的主要影响因素

铁路货运需求是一种引致性需求，影响铁路货运需求的因素是十分广泛而又复杂的。自然资源、地理条件、国土面积、国民经济发展水平（或规模）、产业结构、工业结构、生产布局、能源工业发展规模及结构、运输结构、社会状况、政治状况、经济政策等，都或多或少地对铁路货运需求产生影响。本专题的研究目的主要是厘清铁路货运需求与经济社会发展之间的关系。以此为着眼点，可以将影响铁路货运需求的主要因素划分为总量性因素和结构性因素两大类，以区分不同因素对铁路货运需

求增长所产生的影响[1]。

（一）影响铁路货运需求的总量性因素

总量性因素是指反映整个国民经济发展水平（或规模）的宏观数量指标，在一定的经济结构因素条件下，不同的国民经济总量会产生不同的铁路货运需求，国民经济总量变化对于铁路货运需求的影响可称为"总量性影响"，所造成的铁路货运需求增长可称为"总量性增长"。影响铁路货运需求的总量性因素包括：

1. 国民经济发展规模

国民经济发展规模通常用 GDP 表示，该指标反映了一个国家或地区所有常驻单位在一定时期内生产的所有最终产品和劳务的市场价值，是衡量一个国家或地区总体经济状况的重要指标。在经济结构保持不变的情况下，经济总量的增长意味着社会经济活动更加活跃、生产部门产量扩大和经济规模进一步扩张，这些都将带来原材料和产成品运输求的增加，并促使铁路运输需求不断增长。

抛开经济的短期波动，从长期来看，在要素投入增加、科学技术创新、全要素增值率提升等因素作用下，一个国家或地区的总产出和经济发展规模呈现不断增长的趋势，在经济总量增长的带动下，全社会货物运输需求也呈现不断增长态势，作为重要的货运服务部门，铁路货运需求实际上也保持不断增长的状态。当然，随着经济结构和运输结构的变化，经济规模扩展对铁路货运需求的边际推动作用有递减的趋势。也就是说，当一个国家或地区的经济发展水平达到一定阶段以后，单位 GDP 所产生的铁路货运需求（即铁路货运强度，下文还有详述）有递减的趋势。国民经济发展规模与铁路货运需求之间的关系如图 3 所示，可以看出，铁路货运需求曲线是一条向右上方倾斜的曲线，但随着国民经济发展规模

---

[1] 本报告对铁路货运需求影响因素、铁路货运需求增长的四阶段划分的理论框架均参考王际祥所著的《货运需求与经济发展》一书，以下不再一一标注。

不断扩大，其斜率不断减小。这就意味着在一定时期，铁路货运需求增长存在着一个"拐点"。

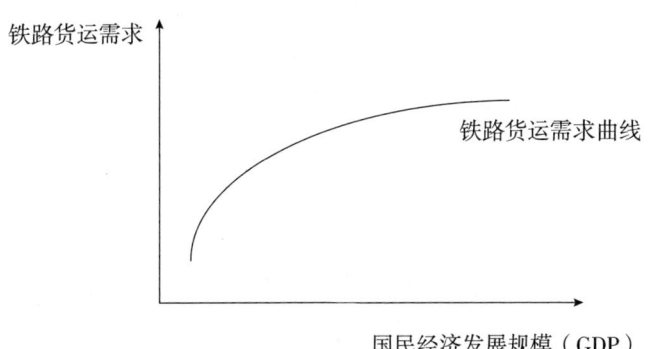

图3 铁路货运需求与国民经济发展规模之间的关系

2. 国民经济增长速度

国民经济具有周期性波动的特点，经济活动沿着经济发展的总体趋势所经历的有规律的扩张和收缩就形成了经济周期。每一个经济周期都可以分为上升和下降两个阶段。上升阶段也称为繁荣，最高点称为顶峰。顶峰也是经济由盛转衰的转折点，此后经济就进入下降阶段，即衰退。衰退严重则经济进入萧条，衰退的最低点称为谷底。当然，谷底也是经济由衰转盛的一个转折点，此后经济进入上升阶段。经济从一个顶峰到另一个顶峰，或者从一个谷底到另一个谷底，就是一次完整的经济周期。因此，经济周期反映了国民收入或总体经济活动扩张与紧缩的交替或周期性波动变化，也是GDP增长率上升和下降的交替过程。

在经济周期波动的扩张阶段，宏观经济环境和市场环境处于活跃状态。这时，市场需求旺盛，企业处于较为宽松有利的外部环境中，订货饱满，商品畅销，生产趋升，社会总产出快速增长。经济扩张有利于带动全社会货运需求及铁路货运需求的增长，并且由于企业会更早地认识到经济波动的来临，从而更快地重新安排采购和运输，因此，运输部门作为经济的现行部门对经济周期的反应敏感度较高，货运需求的增长通常先于经济总量的增长，且其增长幅度往往高于经济总量的增长幅度。

反之,当经济处于周期波动的紧缩阶段,宏观经济环境和市场环境处于低迷状态,市场需求萎缩,订货下降,商品滞销,生产收缩,社会总产出快速下降。在此不利环境下,货运需求的下降通常先于经济总量的下行,且表现出更大的下降幅度。

发达国家的实践也验证了国民经济增长速度对于铁路货运需求的影响。以美国为例,1981—2011年美国铁路货运周转量年增长率的波动幅度明显大于GDP年增长率的波动幅度,并且GDP增长率存在4个V形变化区段,分别为1981—1984年、1989—1992年、1999—2004年和2006—2010年,在这些时间段铁路货运周转量增长率的变化趋势基本也是V形。这说明,铁路货运需求存在周期性变化,并且铁路货运需求的波动幅度大于经济周期的波动幅度。英国、德国的数据也支持这一结论。

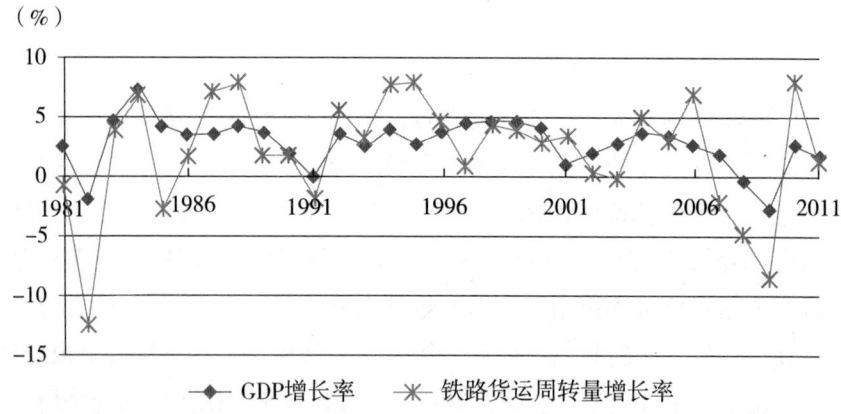

图4 美国GDP增长率与铁路货运周转量增长率变化趋势图

注:GDP增长率和铁路货运周边周转量增长率单位为%,其中GDP增长率数据来源于世界银行。

国民经济增长速度与铁路货运需求之间的关系可以用图5表示,其中,实线表示的是国民经济增长波动曲线,虚线表示的是铁路货运需求增长波动曲线,可以看出,铁路货运需求与国民经济增长之间具有正相关关系,但是铁路货运需求波动幅度往往大于同期国民经济的波动幅度。

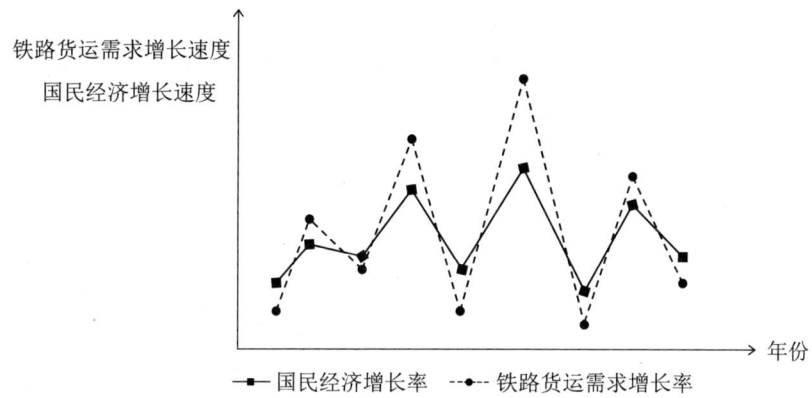

图 5　铁路货运需求与国民经济增长速度之间的关系

3. 能源工业发展规模

以煤炭为代表的能源燃料是（或曾经是）各国铁路货运的主要货类，各国发展实践也证明，铁路货运的兴衰与能源工业的发展密不可分。工业化经济发展与能源消费的相关经验和规律表明，在工业化高速发展的重工业化时期，单位 GDP 的能源消耗水平和人均电力消费水平远高于工业化初期的水平。当一个国家或地区的工业化进入重型化阶段，单位 GDP 的能源消耗水平及电力消费水平会快速上升，由此带动重工业主要产品产量和原材料的消耗激增，尤其是能源燃料的快速增长。当一个国家或地区的工业化进入后期及后工业化阶段，随着产业结构升级和能源结构的调整，单位 GDP 的能源消耗水平下降，人均电力消费水平保持在相对稳定的水平，能源工业发展规模也处于相对稳定的状态，此时，由于大宗能源产品运输需求下降，推动铁路货运需求增长的动力发生了改变，铁路货运需求增幅将趋缓乃至下降。

在清洁能源大规模开发利用之前，能源和电力需求的增长主要依靠传统的火力发电，因此，发电量的规模与铁路煤炭运输需求乃至整个铁路货运需求之间往往有着较为明显的相关关系。以我国为例，我国是以煤炭为主要能源的国家之一，其中电力行业的煤炭消费量占国内煤炭消费总量的绝大部分。1980—2014 年，我国发电量由 3093 亿千瓦时增长至 56496 亿千瓦时,铁路货运量由 111279 万吨增长至 381334 万吨,二者的相关系数为 0.9886,说明二者之间存在着明显的相关关系。从年度增长率来看,二者基本呈现相同的增降趋势,发电量快速增长阶段,铁路货运量同样呈现快速增长,反之亦然。1980 年以来我国铁路货运需求与发电量增长趋势见图 6。

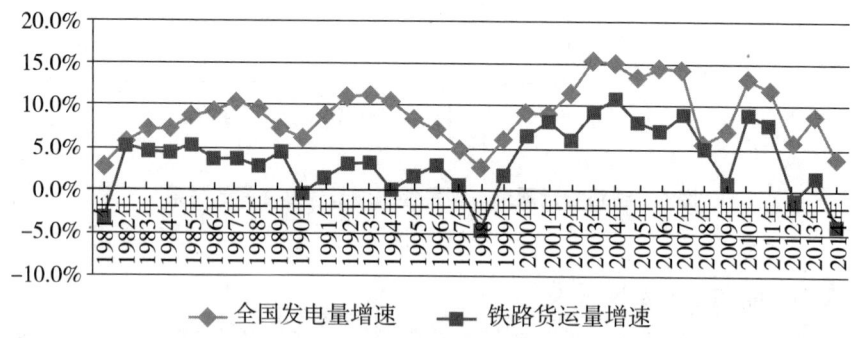

图 6　1980 年以来我国铁路货运需求与发电量增长趋势

资料来源:《中国统计年鉴》。

能源工业发展规模与铁路货运需求之间的关系如图 7 所示,其中,实线表示的是能源工业发展规模曲线,虚线表示的是铁路货运需求增长曲线。可以看出,在能源工业快速发展阶段,往往伴随着铁路货运需求

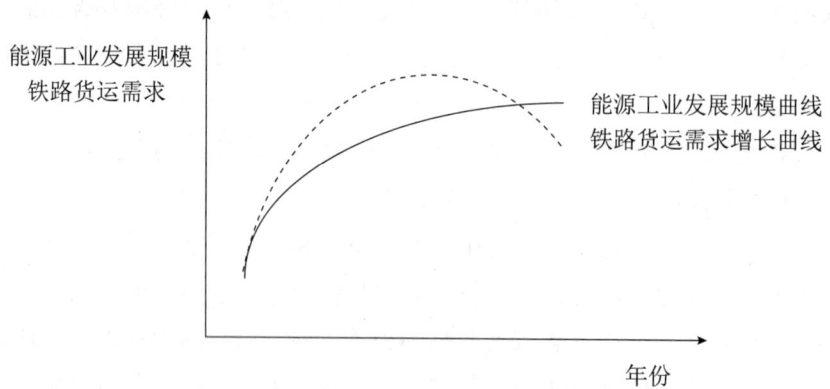

图 7　铁路货运需求与能源工业发展规模之间的关系

的快速增长，但是随着能源工业发展进入平稳阶段，在产业结构、能源消费结构等因素的作用下，铁路货运需求增幅将明显放缓乃至可能出现负增长。这同样意味着在一定时期，铁路货运需求增长存在着由快转慢、由正转负的"拐点"。

4. 基本建设投资规模

除煤炭以外，在铁路货运结构中占有较大比重的矿石、钢材、矿建材料、水泥和木材等货物的运输需求，对于铁路货运需求的增减同样具有重要影响。这些货物都是基础设施的主要材料，其需求与工业化和城市化带来的基建投资需求直接相关，且大多表现出相似的规律。长期来看，影响这些货物需求变化最主要因素就是工业化和城市化带来的基础设施建设（如机场、码头、道路、铁路、城市轨道交通等）和住房需求的扩张。在经济发展的起步和加速阶段，工业化和城市化步伐都在不断加快，因而这些投资建设类货物的需求也随之快速增长；而随着工业化的趋于完成和城市化接近稳定阶段，这些投资建设类货物的需求也逐步达到峰值；随后随着工业化的完成和城市化的稳定，投资建设类货物的需求会有所下降。这就是通常所归纳的投资建设类货物需求的"倒U形"规律——需求先是快速增长到峰值，然后再下降至稳定阶段。

美国、日本、德国、英国、韩国、巴西等发达国家及新兴经济体的历史经验表明，人均钢材产量和人均GDP之间均呈现出"倒U形"规律，即人均钢材产量随人均GDP的增长呈现出先增长、后下降的趋势。从国际经验来看，当工业化趋于完成和城市化步伐放缓，水泥消费也将达到峰值。根据对美国、德国、法国、日本等发达国家水泥消费量的分析，可以发现当人均累计水泥消费量达到12~14吨、年人均水泥消费达到600~700公斤时，水泥消费逐渐达到饱和，消费总量和人均消费量开始呈缓慢下滑的趋势。我国各省的人均水泥消费量也呈现出类似的规律。

可以认为，基本建设规模及其决定的矿石、钢材、矿建材料、水泥和木材等货物需求与铁路货运需求之间具有较为明显的相关关系。以我国为例，基本建设投资一直是推动我国经济增长的重要动力。1980—2015年，我国全社会固定资产投资由911亿元增长至562000亿元，铁路货运量由107673万吨增长至381334万吨。从年度增长率来看，1980—1999年间，铁路货运量增速较为平稳，与固定资产投资规模变化趋势不尽一致，这主要是由于我国铁路长期处于运力紧张状态，运输需求不能充分转化为运输量所致；2000年以来，随着铁路运力的快速增长，铁路货运量增速与固定资产投资增速表现出明显的相关性，尤其是2011年以来，二者增速均出现明显的下行趋势。1980年以来我国铁路货运需求与固定资产投资增长趋势见图8。

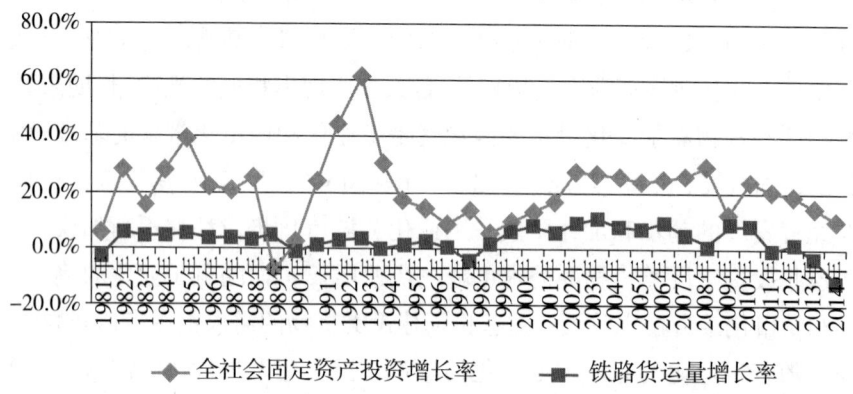

图8　1980年以来我国铁路货运需求与固定资产投资增长趋势

资料来源：《中国统计年鉴》。

再看我国粗钢产量与铁路货运量之间的关系。自20世纪80年代以来，我国粗钢产量基本呈现持续增长态势，2015年粗钢产量8.04亿吨，同比下降2.3%，34年来首次负增长。铁路货运量呈现出基本相同的增长趋势，经过30余年的持续增长后，自2014年开始出现下降。利用二者历史数据所做的相关分析表明，粗钢产量与铁路货运量之间的相关系数为0.977，二者之间存在着明显的相关关系。1980年以来我国铁路货运需求与粗钢产量增长趋势见图9。

和能源工业发展规模与铁路货运需求之间的关系类似，基本建设投资规模与铁路货运需求之间的关系可以用图10表示，其中实线表示的是基本建设投资规模曲线，虚线表示的是铁路货运需求增长曲线。可以看出，在基本建设投资规模快速增长阶段，往往伴随着铁路货运需求的快速增

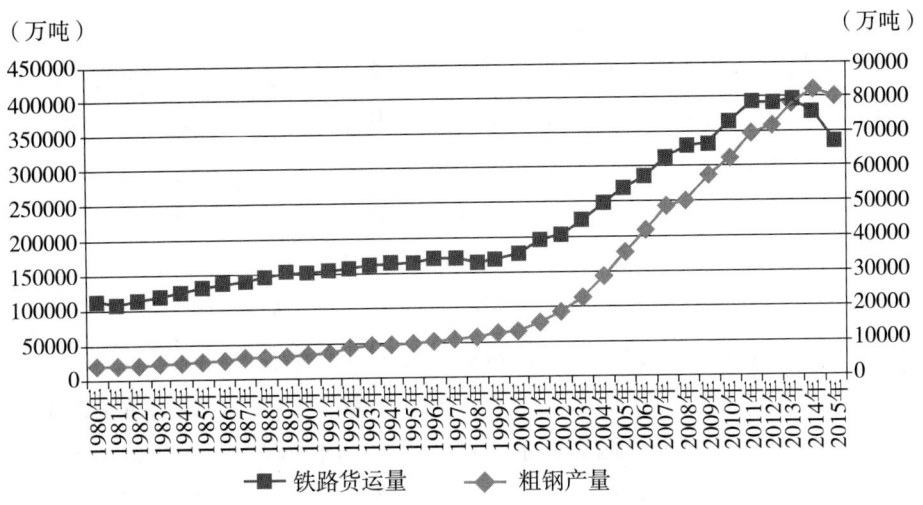

图9　1980年以来我国铁路货运需求与粗钢产量增长趋势

资料来源：《中国统计年鉴》。

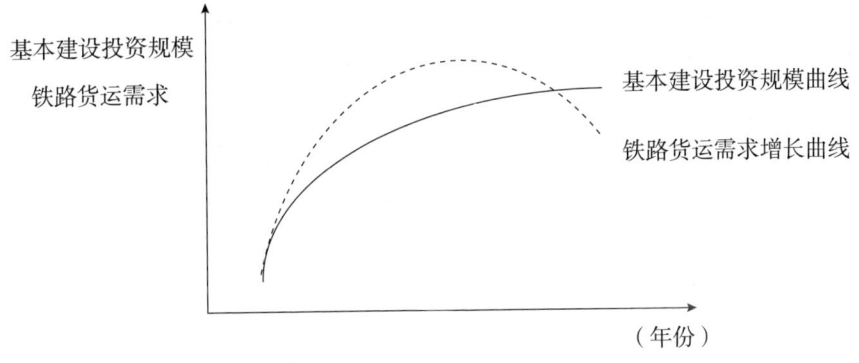

图10　铁路货运需求与基本建设投资规模之间的关系

长；随着基本建设投资规模进入平稳阶段，在基础设施趋于完善、产业结构升级、城市化趋于稳定等因素的作用下，矿石、钢材、矿建材料、水泥和木材等大宗物资需求保持平稳，铁路货运需求增幅将明显放缓；当一国基本建设投资规模进入稳中有降的阶段，铁路货运需求将随之下降。这同样意味着在一定时期，铁路货运需求增长存在着由快转慢、由正转负的"拐点"。

5. 经济地理因素

从各类经济地理因素来看，对于铁路货运需求总量具有最大影响的是一个国家的国土面积。这是由于国土面积较大时，远距离运输的货物需求大大提升，而铁路作为陆地上运输成本最低的交通方式之一，使其在陆地货运中具有充分优势。从美国、法国、德国、英国的铁路发展历史来看，国土面积较大的国家，如美国和法国，铁路货运需求量从一个较高的水平向最高的水平发展所用的时间较长，而从最高水平逐步下降的速度相对较慢，也就是说，铁路货运需求量保持在较高水平的时间延续得较长。相反，国土面积较小的国家，如英国和德国，铁路货运需求量从一个较高的水平向最高的水平发展所用的时间较短，而从最高水平逐步下降的速度相对较快，也就是说，铁路货运需求量保持在较高水平的时间延续得较短。这就说明国土面积不同的国家对铁路货运的依赖程度是不同的，铁路货运的地位也是不同的。国土面积大的国家，将长期对铁路货运保持着较高的依赖性，铁路货运业长期保持着较高的地位。

就铁路货运而言，美国与我国的情况最为接近和最具参考价值。20世纪80年代以来，美国货运改革后，铁路运价有了较强竞争优势，铁路货运量和货运周转量不断提升，屡创新高。2010年铁路货运周转量较1980年上升了70%，随着铁路货运量的增加，铁路货运在货运市场中的份额稳步提升，目前稳定保持在40%左右。目前，美国铁路营业里程约22.4万公里，其中7家一级铁路公司拥有线路总里程约15万公里，占美国铁路总里程的67%，其中9.93万公里的线路为繁忙干线，约占一级铁路公司线路总里程的66%。煤炭、化工与合金原料、农产品货物运输所占比例分别为47.2%、9.8%、8.2%。据美国交通部的数据，2012年美国铁路的平均货运距离达到了1566公里，明显高于我国铁路平均货运距离（722公里）。

我国疆域广阔、人口众多、资源分布不均和东西部地区经济发展极不平衡，从而决定了我国中长距离的货物运输有着巨大的需求。目前我国总体上仍处于工业化中期向后期过渡阶段，中西部地区的工业化水平还较为滞后，全面实现工业化尚需时日。我国的发展阶段决定了能源产品、原材料、粮食、木材、钢铁、水泥等大宗货物仍是货物运输的主要货类，尽管从长远看，其比重有下降趋势，但大宗货物运输量仍将保持在一个较高的水平。事实上，在早已进入后工业化阶段、公路运输非常发达的美国，大宗货物运输需求仍然非常旺盛，铁路仍然在大宗货物运输中发挥着不可替代的作用，目前美国铁路货运量排前五位的货种分别是煤炭、化学品、农产品、非金属矿石和速冻食品，小汽车运量的70%、煤炭运量的65%、谷物及农产品运量的40%都靠铁路运输。铁路作为俄罗斯联邦交通运输的骨干方式，2004年承担了83%的货物周转量（不含管道运输）。因此，即便是在工业化目标实现之后，对于我国以及美国、俄罗斯这类国土面积辽阔的国家，铁路在地面大宗货物运输中依然具有其他运输方式不可取代的产业优势。

（二）影响铁路货运需求的结构性因素

结构性因素是指反映国民经济发展结构特点的指标，在一定的总量因素条件下，不同的国民经济结构会产生不同的铁路货运需求，国民经济结构变化对于铁路货运需求的影响可称为结构性影响，所造成的铁路货运需求增长可称为结构性增长。影响铁路货运需求的结构性因素包括：

1. 产业结构和空间布局
（1）产业结构。
产业结构是指国民经济各生产部门之间的构成和相互关系，产业结构变化的趋势和特点代表和决定着整个经济结构变化的趋势和特点。由于不同产业的货物运输需求是不一样的，因此，在一定的产业总规模条件下，产业结构的变化必然会引起货物运输总需求的变化。

货物运输需求的最大来源在于工业部门，由于工业部门与货物运输需求特别是铁路货物运输需求之间存在着非常密切的联系，在考察产业结构演变对铁路货运需求的影响时，应重点分析工业部门结构演变。根据发达国家工业结构演变的一般规律，可将整个工业结构的演变过程分为三个阶段：第一阶段，以原材料工业为主的发展阶段；第二阶段，以高度加工工业为主的发展阶段；第三阶段，以高技术工业为主的发展阶段。

其中，第一阶段又可进一步分为三个时期，分别为以纺织工业为主的发展时期、以冶金原材料为主的发展时期、以机械化学工业为主的发展时期。由于工业化不同阶段的主导产业是不同的，不同产业对铁路的依赖程度又不同，因此，不同阶段的铁路货运需求状况也必然不同。

◎以原材料工业为主的发展阶段：铁路货运需求快速增长。

铁路的兴建和发展是与冶金原材料产业相伴发展的。当工业化进入以原材料工业为主的发展时期，采掘工业、冶金工业、机械工业、化学工业等成为支柱产业，工业结构演变的主导趋势由轻工业向重化工业发展，即"重化工业化趋势"。由于这些工业发展需要运输的基本上是矿石、煤、钢铁、机械、石油、化工原料等体积大、重量大、附加值低的大宗货物，因此该阶段是工业发展对铁路的依赖性最强、铁路货运需求上升最快、铁路货运需求强度最高的发展阶段，这一阶段的铁路货运需求量无论在绝对量还是相对量上都增长迅速，铁路货物运输需求强度始终表现出上升的趋势。

◎以高加工工业为主的发展阶段：铁路货运需求增速下降。

进入以高加工工业为主的发展阶段，工业发展结构演变的主导趋势是"高加工度化"，工业产品的加工程度大为提高，其产品附加值比初级产品相应地增加，产品品种、货物运输需求向多样化方向发展，工业发展对原材料的依赖程度逐步减小。产品的多样化和工业发展对原材料依赖程度的减小，导致铁路货物运输需求在总运输需求中的比重下降，而产品附加值的提高，又进一步促使铁路货运需求强度下降。这一阶段，由于工业生产规模仍在扩大，推动铁路货运需求继续上升，但上升速度逐步减慢。该阶段与以原材料为主的阶段相比，铁路货运需求增长速度下降，铁路货运需求强度下降。

◎以高技术工业为主的发展阶段：铁路货运需求下降。

工业化进入以高技术为主的发展阶段后，以制造业为主的加工工业的加工程度仍在进一步深化，同时以高技术为主的工业部门如电子工业、计算机工业、新能源工业、新材料工业、生物化学工业、空间技术工业等迅速发展。这些工业部门所生产的产品比重迅速增加，并且这些产品一般具有体积小、重量轻、附加值高的特点，整个经济发展对原材料的依赖程度更为下降，导致工业发展对铁路的依赖程度下降，铁路货物运输在总需求中的比重进一步下降。同时，由于此阶段工业生产的扩大主要是以内涵性扩大为主，导致铁路货物运输需求量开始下降，铁路货运需求增长速度出现负值。工业产品附加值的增加，又进一步促使铁路货物运输强度下降。该阶段与前两个阶段相比，工业发展对铁路的依赖程度明显降低，铁路货运需求在总需求中的比重和铁路货运需求强度也明显降低，铁路货运需求表现出总量下降、增长速度为负值的特点。

　　铁路货运需求和产业结构的关系如图11所示。图11反映了工业化不同阶段，不同的产业结构下铁路货运需求的增长特点。不难看出，产业结构的演变对于铁路货运需求的绝对值增长和增幅具有显著的影响：在以原材料工业为主的发展阶段，铁路货运需求快速上升；在以高加工工业为主的发展阶段，铁路货运需求继续上升，但增速较前一阶段明显下降；在以高技术工业为主的发展阶段，铁路货运需求的绝对值开始下降。需要指出的是，在实践中，各国工业发展的演变过程存在很大差异，并且工业化的不同阶段并非截然分开，经常是交叉进行，严格的阶段划分并不存在。但图11仍然能从理论上较好地解释铁路货运需求与产业结构之间的内在关系。

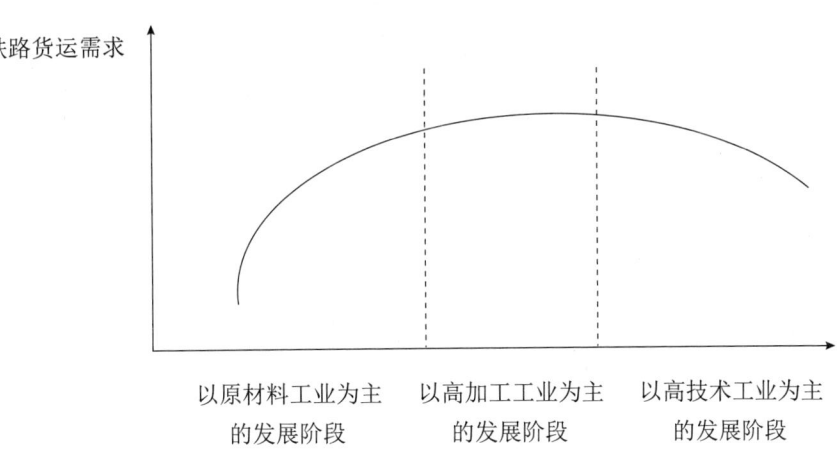

图11　铁路货运需求与产业结构之间的关系

（2）产业空间布局。

一国产业的空间布局和联系，需要运输作为基础，来实现原材料和产成品的空间位移。产业空间布局特征决定了区域间货物运输量的大小，决定了交通运输网络布局和主导运输方式的选择。美国和日本是两个交通运输网比较完善的发达国家，它们的产业空间布局和运输网布局特征之间的关系很好地反映了产业空间布局对货物运输需求和铁路运输发展的重要影响。

美国 美国幅员辽阔，国土面积居世界第四位。平原面积广阔，占国土面积的70%以上，产业分布几乎不受地理条件限制，使美国的东、中、西部分别形成了不同主导产业为主的经济空间结构。从产业空间布局看，以东北沿海地区和五大湖地区的港口和工业城市经济圈为核心，形成了全美主要的工业"制造产业带"，集中了全国2/3的制造业职工和3/4的制造业产值；中部、西北和山区集中了全美农场数的81.6%、农用耕地的90.6%、农业产出的90.0%，成为美国的主要农业和采掘业聚集区。这种产业空间分布格局，需要其他地区向东北地区长距离运送原料产品，再从东北地区向其他地区长距离运送加工产品，区域间物资交换量大，这就要求必须具备良好的运输条件，所以，美国的运输网长度是世界最长的。同时，由于国土面积大、运距长，所以在货物运输方面，铁路发挥了巨大作用。另一方面，由于制造业产品需要运往全国各地，为提高货物的送达速度，铁路与公路、水运的联运在美国非常发达。

日本 日本是一个岛国，总面积为37.7万平方公里，只有美国的4%。日本地理条件的另一个特点是平原面积狭窄，仅占国土面积的24%。战后日本根据国土资源和人口状况，形成了以都市圈为中心、以大城市为骨干的城市化和工业化发展道路，在三大城市圈形成了三个比较独立的制造业中心。日本都市圈经济的最大特点是，都市圈内各城市间的分工与合作非常密切，但三大都市圈之间的经济联系却不发达。三大都市圈的产业结构比较接近，经济相互独立，互补性小，区域之间的货物交流量小。由于产业空间布局上具有同构性，产业分工基本被限制在城市圈内部，因此公路运输成为日本货物运输的主力。

就我国而言，从国土面积和产业布局特点来看，我国与美国更为接近。我国国土面积辽阔，能源、原材料、农业等基础产业主要分布在中西部地区，而加工工业、制造业、高新技术产业更多集中于东部沿海地区，这种产业空间布局特征决定了大量能源、矿产资源、农产品及加工产品在东中西部之间进行交换，产生了大规模的长距离货运需求。由于我国国土面积广阔，大宗区际货物交流需要依托于铁路这种运量和成本优势明显的运输方式来实现，以满足能源、原材料、大宗农产品（粮食、棉花等）和工业产品的长距离调运需求，因此铁路运输需求规模大、强度高，经济发展和货运体系对铁路运输的依赖程度较高。

2. 能源结构、空间布局和利用方式

（1）能源结构。

在一定的能源消费总量下，能源结构尤其是消费结构的不同对于铁路货运需求的影响是存在显著差异的。由于资源禀赋、发展阶段和发展理念的不同，目前世界各国的能源消费结构存在很大差异。2015年世界主要国家一次能源消费结构见表1。如表1所示，发达国家中，美国、德国的一次能源消费结构中煤炭的消费比重相对较高，其中美国煤炭总消耗量的93%左右用于火力发电，2/3的煤炭完全或部分经过铁路运输；德国是世界主要产煤国之一，也是铁路运输非常发达的国家，煤炭是德国铁路运量最大的货物。日本2010年核电在一次能源消费中占比为13%，受2011年福岛核电事故影响，日本核电消费占比基本归零，原煤消费量大幅上升。在发展中国家中，煤炭在我国和印度的能源消费结构中占有非常高的比重，煤炭占我国铁路运量的比重约为60%，是铁路货运第一大货类；印度铁路则承担了全国近2/3的货运量，铁路货运量的90%是煤、铁矿、肥料、水泥、石油、谷类、钢制品等原料性产品。

表1 2015年世界主要国家一次能源消费结构

国家	原油（%）	天然气（%）	原煤（%）	核能（%）	水力发电（%）	再生能源（%）	合计（Mtoe）
美国	37.3	31.3	17.4	8.3	2.5	3.1	2280.6
德国	34.4	21.0	24.4	6.5	1.4	12.5	320.6
法国	31.9	14.8	3.6	41.1	5.1	3.3	239.0

续表

国家	原油（%）	天然气（%）	原煤（%）	核能（%）	水力发电（%）	再生能源（%）	合计（Mtoe）
英国	37.4	32.1	12.2	8.3	0.7	9.1	191.2
俄罗斯	21.4	52.8	13.3	6.6	5.8	<0.05	666.8
日本	42.3	22.8	26.6	0.2	4.9	3.2	448.5
中国	18.6	5.9	63.7	1.3	8.5	2.1	3014.0
巴西	46.9	12.6	5.9	1.1	27.9	5.6	292.8
印度	27.9	6.5	58.1	1.2	4.0	2.2	700.5
世界总计	32.9	23.8	29.2	4.4	6.8	2.8	13147.3

注：Mtoe 为百万吨油当量。

数据来源：《BP Statistical Review of World Energy 2016》。

因此，可以看出，一次能源结构中原煤及消费比例较高的国家，煤炭运输需求规模大，从而对铁路货运的依赖程度较高；原煤消费比例较低的国家，煤炭运输需求规模小，对铁路货运的依赖程度较低。

（2）能源空间布局。

在一定的能源消费总量和能源结构下，能源生产和消费在空间布局上的不一致就会造成能源产品的跨区调运需求。并且由于能源禀赋是相对稳定的，由资源禀赋差异引发的运输需求将是长期的、不易改变的。

我国是煤炭生产与消费大国，煤炭资源空间分布特点决定了铁路煤炭运输需求具有规模大、运距长的特点。我国煤炭生产主要集中在山西、内蒙古、陕西、河南、贵州、山东和安徽等七省区，其煤炭产量占全国总量的 70% 以上。消费方面，华东、中南和晋陕蒙宁地区是我国煤炭消费的主要地区，占煤炭消费总量的近 70%。同时由于"十五"以来，钢铁、石化等重化工业加快向沿海、沿江地区布局，华东和中南地区又成为我国能源消费增长最快的地区之一。由于煤炭生产和消费空间布局存在着严重的不一致，华东、中南、西南等地区存在的能源产消缺口均需通过从晋陕蒙宁等能源主产地调运或以进口的方式解决，形成了我国煤炭"北煤南运"、"西煤东运"的基本格局，每年的煤炭调运量巨大。从煤炭运输的平均运距来看，国家铁路煤炭平均运距为 622 公里，水路煤炭平均运距为1255公里，公路煤炭平均运距为179公里，也反映出煤炭调运需求巨大的特点。

（3）能源利用方式。

在一定的能源消费总量和能源结构下，不同的能源利用方式对于能源的运输方式选择和运输需求规模也具有重要影响。特别是在煤电为主的电源结构下，输煤、输电两种运输方式对于铁路货运需求的影响存在显著差异。

以我国西煤东送为例。在输煤方式下，为满足东部地区终端电力需求，需要经过送端集运站装卸和运输、输煤铁路干线运输、中转港口装卸、海运、受端港口装卸、受端电厂煤炭运输等诸多环节，才能将煤炭长距离运输到东部地区燃煤电厂发电，这一输送方式的特点是链条长、环节多、煤炭运输量大，铁路作为输煤方式中的重要组成部分，是实现西煤东送的骨干运输方式。输电方式下，则是在西部煤电基地发电并通过输电线路将电力直接送往东部地区，特点是"一站直达"，减少了大量中间环节。根据测算，建设一条1000千伏特高压交流输电线路，可减少原煤调运量1500万吨。显而易见，输电方式下大量煤炭被就地消化，从而减少了煤炭的长距离调运需求，对于铁路货运需求的影响是十分巨大的。我国"三西"地区至中东部地区输煤和输电流程如图12所示。

3. 城市化空间格局

不同的城市化发展模式及其所决定的人口分布特征对于一国交通运输客货需求规模和主导运输方式的选择具有重要影响。美国和日本不同的城市化发展模式就很好地反映了这一影响。

在长期发展过程中，美国形成了一种以中小城市为主体的分散式城市化模式。从城市人口来看，50万人口以下的中小城市一直是美国城市化的主体。20世纪50年代以来，美国人口在300万以上的大城市一直稳定地保持在2个的水平，100万~300万人口组别的城市有7个。而人口在50万以下的中小城市构成了美国城市金字塔的巨大底座，城市个数约占美国最大的100个城市的77%，人口则占最大的100个城市的61.4%。由于城市的平均规模较小，分布较为分散，需要依靠高密度的公路网将

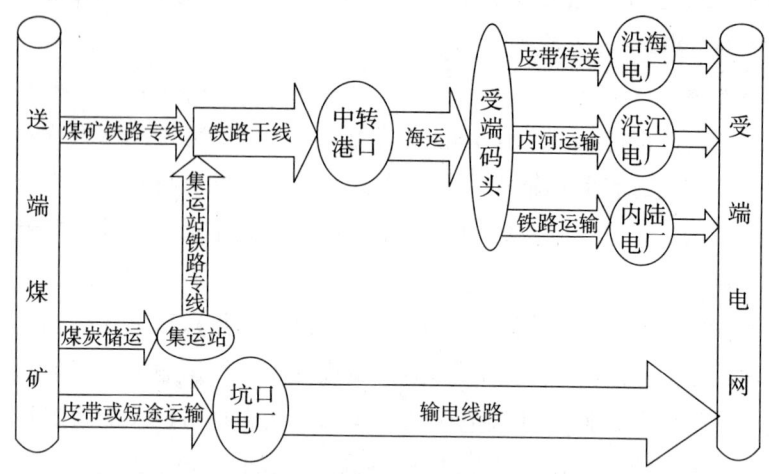

图 12 输煤和输电流程示意图

资料来源：国家发展改革委综合运输研究所课题组．能源运输通道体系建设研究［R］．

其连接起来，加之美国国土面积辽阔，人均收入水平高，所以在客运方面形成了居世界前列的公路网和航空运输网，并形成了"汽车+飞机"的客运模式，在货运方面则形成了庞大的铁路网和公路网，并形成了"铁路+公路+水路"的联合运输模式。

与美国相反，日本走的是以都市圈为主体的集中式城市化模式。日本人口和经济高度集中于平原地区的东京、阪神、名古屋三大都市圈。日本总务省发表的调查结果显示，2007 年 8 月，日本三大都市圈的人口首次超过了全国人口的一半，达到 6353.9 万人，为全国人口的 50.01%。日本城市中大城市所占的比重高，2005 年有 100 万人口以上的大城市 12 个，200 万人口以上的大城市 4 个，日本 60.4% 的人口居住在人口在 50 万以上的大城市。由于人口高度密集在都市圈地区，人均资源占有水平低，且国土面积狭小，因此日本客运选择了以高速铁路作为其主导运输方式，货运则以公路和海运为主要运输方式。

我国的人口分布特点和国情决定了我国城市化道路具有局部集中和总体分散的特点。局部集中，一方面是指人口主要分布在东部沿海地区，以黑龙江黑河与云南腾冲连线为分界线，东南国土面积占全国的43%，而人口约占全国人口的94%，西北地区面积占全国面积的57%，人口却只占全国人口的6%左右，即有由东南到西北方向随海拔高度的增加人口密度呈阶梯递减的趋势，而这种趋势还正在加强；另一方面是指人口将加快向城市群地区集中，当前我国正处于城市化快速发展时期，我国"十二五"规划已提出，要以大城市为依托，以中小城市为重点，逐步形成辐射作用大的城市群，要在东部地区逐步打造更具国际竞争力的城市群，在中西部有条件的地区培育壮大若干城市群。目前，依托城市群推进城镇化已成共识，在我国未来城镇化发展中，城市群将是重要载体和主体形态。

从城市化空间格局来看，我国将形成京津冀（环渤海）、长江三角洲、珠江三角洲三个特大城市群，哈长、辽中南、山东半岛、中原、长江中游、海峡西岸、北部湾、成渝、关中、兰西等大城市群，以及若干区域性城市群。这些城市群地区将成为下一阶段我国城市化发展的重点，同时也将成为带动我国社会经济发展的增长极。

由于我国国土面积辽阔，在人口向城市群集聚、呈现局部集中的同时，仍分散布局着大量的中小城市和小城镇，因此使我国城市化空间格局呈现出"局部集中、总体分散"的特点。这一特点对货运需求的影响表现在：

城市群是未来货运需求的主要增长点 城市群建设将推动城市规模扩大、旧城区扩建改造、城市基础设施及其他配套设施建设需求快速增长，由此带动相关原材料和基建产品运输需求的增长。同时，城市化过程中居民消费能力提高和消费升级，将极大带动汽车、家用电器等耐用消费品需求快速增长。因此，城市群地区作为未来我国货运需求的主要增长点，其大宗产品和制成品的运输需求还将持续增长。由于我国疆域辽阔，运距长，铁路凭借在运输能力和运输价格上的优势，在城市化过程中还将面临着一定的大宗货物运输需求和潜力较大的工业制成品运输需求。

东部城市群的高附加值货物运输需求快速增长 随着产业转型升级，高加工工业、高技术工业、服务业等产业将在东部城市群中占有更高的比重，同时，随着电子商务的发展，东部城市群居民的消费需求也将呈现持续快速增长态势。根据天猫公布的数据，"2016天猫双11全球狂欢节"总交易额1207亿，同比增长32.3%，其中交易额前10的省份广东省、浙江省、江苏省、上海、北京、山东省、四川省、湖北省、福建省、河南省中，7个位于东部地区。可以预见，由收入增长、新业态、消费升级等因素推动的高附加值货物运输需求将持续快速增长，其中东部城市群是增长的重点区域，铁路通过推出电商特快班列、高铁快运、特需列车等快捷货运产品，开展电商快递业务，能够凭借自身的速度和运价优势，从高附加值货物运输需求增长中获得新的业务增长点。

中西部城市群货运增长潜力较大 伴随"一带一路"、"海上丝绸之路"、"长江经济带"等战略深入推进，我国全方位对外开放格局进一步稳固，对外贸易和投资的范围将进一步拓展，我国与中亚、高加索、东欧等内陆地区间的贸易将极大提升，大陆桥国际铁路货物联运量将快速增长，推动中西部中心城市的大陆桥国际铁路货物运输量快速增长。同时，中西部地区在城镇化发展、承接东部产业转移、建设产业基地等方面还有较大发展潜力，未来在大宗货物和工业制成品方面的运输需求还将进一步增长。由于地处内陆，铁路对于中西部地区城市化和承接产业转移具有重要支撑作用，因此，中西部城市群地区的铁路货运需求无论是在规模上还是增速上都具有较大的增长潜力。

4. 运输结构

运输结构主要是指各种运输方式之间的货运需求比例关系。显然，在经济总量和货物运输需求总量不变的条件下，各种运输方式之间的货运需求比例不同，必然会导致不同的铁路货物运输需求。

从美、法、英等主要发达国家铁路发展的历史情况中可以看出，铁路货运分担率的演变趋势具有一定的共性特征。概括起来，这种演变的一般趋势为：铁路货运分担率的变化首先显示出快速上升的趋势，在达到一定的水平之后，上升趋势开始减慢，并逐步趋向停止，此时铁路货运分担率达到最高水平，在此之后，铁路分担率的变化表现为逐步下降趋势。以美国为例，美国各种运输方式城间货物周转量比重见表2，从表2中所列数据来看，美国铁路货运周转量分担率在1916年已达到相当高的水平，此后铁路货运分担率表现出了逐步下降的总趋势；公路汽车运输在1929年已占有一定的比重，且表现出快速上升的趋势；管道运输在1916年也占有一定的比重，且于1929年后也表现出了上升的趋势。总体上看，美国铁路货运分担率在1920年左右为最高水平时期，在此之后，随着公路汽车运输和管道运输比重的逐步提升，铁路的分担率开始逐步下降。

表2 美国各种运输方式城间货物周转量比重

单位：%

年份	铁路	公路	湖泊	河流	管道	航空
1889	69.5					
1916	77.2	-	18.4	-	4.4	-
1929	74.9	3.3	16.0	1.4	4.4	-
1939	62.4	9.7	14.0	3.7	10.2	0.002
1945	67.3	6.5	13.9	-	12.3	0.009
1950	56.2	16.3	10.5	4.9	12.1	0.03
1960	44.1	21.7	7.6	9.2	17.4	0.06
1970	39.8	21.3	5.9	10.5	22.3	0.2
1980	37.5	22.3	3.9	12.5	23.6	0.2
1985	36.4	24.8	3.1	12.5	22.9	0.3

资料来源：铁道部科学技术司.国外交通运输发展的综合问题研究[R].

基于发达国家铁路发展的历史演变情况可以归纳出铁路货运需求增长与运输结构（亦可用铁路货运分担率代替）之间的关系，即铁路货运需求增长率的大小和方向取决于运输结构的变化程度和变化方向。当运输结构向着有利于铁路货运需求增加的方向变化时，或者说，当铁路货运需求在总货运需求中的比例向着扩大的方向变化时，铁路货运需求增长率就为正值，反之就为负值。在一定的变化方向条件下，当运输结构变化程度大时，则铁路货运需求增长率的绝对值就大，反之则小。铁路货运分担率上升阶段又可分为快速上升阶段和缓慢上升阶段，这一时期，铁路货运需求总量是呈现上升趋势的；在铁路货运分担率下降的初始阶段，铁路货运需求增长率转为负，但铁路货运需求总量继续增长，呈现低速增长态势,当在铁路货运分担率保持一段时期的下降趋势之后,铁路货运需求总量最终也呈现负增长态势。铁路货运需求与铁路市场分担率之间的关系见图13。

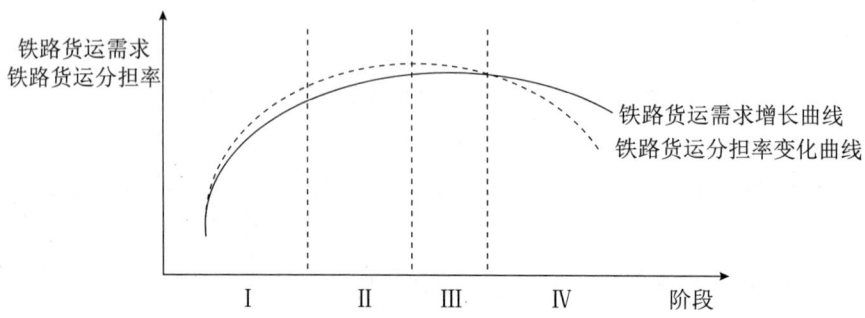

图13　铁路货运需求与铁路市场分担率之间的关系

如图13所示,其中,实线表示铁路货运需求增长曲线,虚线表示铁路市场分担率变化曲线。可以看出,在阶段Ⅰ,铁路市场分担率快速上升,铁路货运需求也呈现快速上升趋势;在阶段Ⅱ,铁路市场分担率缓慢上升,铁路货运需求增速也趋缓;在阶段Ⅲ,铁路市场分担率开始下降,铁路货运需求增速非常缓慢,但绝对量仍呈现增长态势;在阶段Ⅳ,铁路市场分担率加快下降,铁路货运需求下降,呈现负增长态势。

(三)小结

综上可知,影响铁路货运需求的主要因素可以划分为总量性因素和结构性因素两大类。因为在一定的经济结构因素条件下,不同的国民经济总量会产生不同的铁路货运需求,同时,在一定的总量因素条件下,不同的国民经济结构也会产生不同的铁路货运需求。

主要发达国家铁路货运需求增长量的历史变动趋势表明,铁路货运需求的总量性增长累计值呈现持续上升的趋势,这就意味着经济发展及相关能源工业和基本建设规模的扩张对铁路货运需求起着恒定的推动作用,它是铁路货运需求增长的正向动力,始终促使着铁路货运需求的增加；而各种结构性因素对铁路货运需求的结构性影响，即结构性增长，可能为正也可能为负，并且具有先正向、后负向的特点。这就意味着，从理想的状态讲，在铁路发展的历史进程中，铁路货运需求增长的变化趋势主要是由结构性影响因素决定的，其变化趋势与总量性影响因素无关。在现实情况中，总量性因素和结构性因素对铁路货运需求的影响一般是同时存在的，铁路货运需求增长的大小和方向是两股力量共同作用的结果。但是在不同的发展阶段，通常有一个居于主导地位，另一个居于相对次要地位，由此决定了各发展阶段影响铁路货运需求的主导因素不同，并进一步决定了各阶段铁路货运需求增长的主要动力和增长速度的不同。

三、铁路货运需求增长的四阶段特征

前述的影响因素分析初步反映出，铁路货运需求增长随经济社会发展具有一定的阶段性特征。下面进一步阐述铁路货运需求增长的四阶段特征，以及工业结构演变、铁路网规模演变、铁路网运输密度等与铁路货运需求变化之间存在的对应关系。

（一）铁路货运需求增长的四个阶段

在经济和铁路发展的不同阶段，总量性和结构性需求增长对铁路货运需求增长的影响大小和方向有四种组合，按照组合的不同，可以将铁路发展的历史进程分为四个阶段，按时间先后顺序分别为第Ⅰ阶段、第Ⅱ阶段、第Ⅲ阶段和第Ⅳ阶段。各阶段总量性和结构性需求增长对铁路货运需求增长的影响大小和方向如表3所示，具体来说：第Ⅰ阶段，结构性影响为正向，且结构性影响大于总量性影响；第Ⅱ阶段，结构性影响为正向，且总量性影响大于结构性影响；第Ⅲ阶段，结构性影响为负向，且总量性影响大于结构性影响；第Ⅳ阶段，结构性影响为负向，且结构性影响大于总量性影响。

表3　四个阶段总量性和结构性需求影响方向和大小的理论特征

	影响方向		影响大小比较	
	总量性	结构性	总量性	结构性
第Ⅰ阶段	正	正	小	大
第Ⅱ阶段	正	正	大	小
第Ⅲ阶段	正	负	大	小
第Ⅳ阶段	正	负	小	大

资料来源：王际祥．货运需求与经济发展［M］．北京：中国铁道出版社，1996．

由四个阶段总量性和结构性需求影响的方向和大小，可以得出不同阶段总量性需求、结构性需求以及铁路货运需求的变化趋势为：在第Ⅰ阶段和第Ⅱ阶段，总量性需求、结构性需求以及铁路货运总需求均为上升的变化趋势；在第Ⅲ阶段，总量性需求上升，但结构性需求下降，由于此阶段总量性影响大于结构性影响，铁路货运总需求仍呈上升趋势；在第Ⅳ阶段，总量性需求上升，结构性需求下降，由于此阶段结构性影响大于总量性影响，铁路货运总需求呈现下降趋势。四个阶段三种需求量变化趋势的理论特征见表4。

表4　四个阶段三种需求量变化趋势的理论特征

	总量性需求	结构性需求	铁路货运总需求
第Ⅰ阶段	上升	上升	上升
第Ⅱ阶段	上升	上升	上升
第Ⅲ阶段	上升	下降	上升
第Ⅳ阶段	上升	下降	下降

资料来源：王际祥．货运需求与经济发展［M］．北京：中国铁道出版社，1996．

四阶段铁路货运需求增长的趋势见图14。

图14描绘的就是铁路货运需求增长曲线，其中：A点以前为第Ⅰ阶段，A、B两点之间为第Ⅱ阶段，B、C两点之间为第Ⅲ阶段，C点之后为第Ⅳ阶段。在第Ⅰ阶段，结构性影响因素为主导因素，铁路货运需求增长主要源于结构性变化，结构性需求的高速正向增长导致该阶段为铁

路货运需求增长最快的阶段；在第Ⅱ和Ⅲ第阶段，总量性影响因素为主导因素，而结构性需求在第Ⅱ阶段的正向增长和在第Ⅲ阶段的负向增长分别加快和减弱了相应阶段的铁路货运需求增长速度，使这两个阶段分别成为铁路货运需求增长的较快和较慢阶段；在第Ⅳ阶段，结构性影响因素为主导因素，结构性需求快速负增长并超过总量性需求正向增长的影响，导致该阶段铁路货运需求处于缓慢下降阶段。

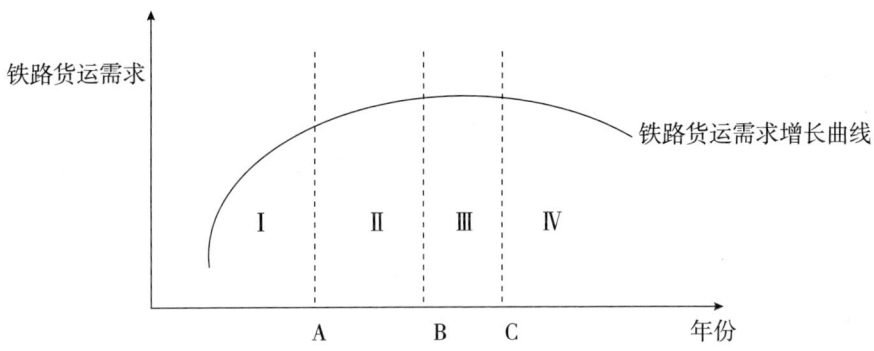

图 14　铁路货运需求增长的四个阶段示意图

以上对铁路发展历程（也是铁路货运需求增长历程）的四阶段划分是王际祥（1996）利用英、法、美、德、日五个发达国家历史统计资料进行实证分析，并基于铁路货运需求增长受经济发展过程中的内在规律所支配，且自身也存在一定的规律性的基础上提出的。这一划分的背景条件是实行市场经济的发达国家，这些国家已经完成工业化过程，进入到后工业化阶段，并且都经历了经济持续增长和结构变革，其达到发达状态所经历的阶段和过程是大体相似的。英、法、美、德、日五国铁路四个发展阶段的划分如表 4 所示，前三个阶段时间跨度状况如表 5 所示。

表 4　五国铁路四个发展阶段的划分

国家	第Ⅰ阶段	第Ⅱ阶段	第Ⅲ阶段	第Ⅳ阶段
英国	1825—1870 年	1871—1910 年	1911—1929 年	1930—
法国	1828—1880 年	1881—1920 年	1921—1970 年	1971—
美国	1830—1890 年	1891—1920 年	1921—1980 年	1981—

续表

国家	第Ⅰ阶段	第Ⅱ阶段	第Ⅲ阶段	第Ⅳ阶段
德国	1836—1900年	1901—1929年	1930—1960年	1961—
日本	1872—		1950—1970年	1971—

注：（1）对日本的分析数据是从1950年开始的，1950年仅表明日本已经处于第Ⅲ阶段，而非第Ⅲ阶段的起始点。（2）第Ⅰ阶段的起始时间为各国第一条铁路线开通的年度。

资料来源：王际祥．货运需求与经济发展［M］．北京：中国铁道出版社，1996．

表5　五国铁路前三个发展阶段的时间跨度

单位：年

国家	第Ⅰ阶段	第Ⅱ阶段	第Ⅲ阶段	总跨度
英国	45	40	20	105
法国	52	40	50	142
美国	60	30	60	150
德国	64	30	30	124
日本	-	-	-	98

注：对日本的分析数据是从1950年开始的，1950年仅表明日本已经处于第Ⅲ阶段，而非第Ⅲ阶段的起始点。

资料来源：王际祥．货运需求与经济发展［M］．北京：中国铁道出版社，1996．

由此可见，上述五个国家前三个阶段一般经历了100~150年。其中，英、法、美、德四国在第Ⅰ阶段和第Ⅱ阶段所经历的时间是比较接近的，两个阶段合计经历了85~94年；第Ⅲ阶段各国经历的时间差异较大，在20~60年之间。如前所述，第Ⅲ阶段经历时间的差异主要与国土面积和对铁路运输的依赖程度有关，国土面积较大、对铁路运输依赖程度较高的第Ⅲ阶段国家，如美国和法国，铁路货运需求量从一个较高的水平向最高的水平发展所用的时间（即第Ⅲ阶段）较长；相反，国土面积较小、对铁路运输依赖程度较低的国家，如英国和德国，铁路货运需求量从一个较高的水平向最高的水平发展所用的时间较短。

需要指出的是，铁路货运需求增长历程四阶段划分理论既是对发达国家发展历程总结归纳的结果，同时也是一种理论假说，是建立在铁路货运需求增长理想运动轨迹的基础之上的。实践中，铁路的发展和需求变动还受一些随机性、突发性或难以预料的因素影响，导致铁路货运需求实际运动曲线较大幅度地偏离其理想运动曲线。

另一个需要引起注意的问题是，根据该理论，在发达国家完成工业化、铁路发展进入第Ⅳ阶段后，铁路货运需求将进入负增长阶段。但是，从各国的实践来看，近二三十年以来，铁路货运需求在下降到历史低点后，均呈现出不同幅度的再次上升态势。如1987—2000年，美国铁路货运量增长了172%，近些年仍呈现较快增长态势；英国铁路货运周转量在1993年下降至历史低点后，1994年出现转折，开始转变为总体上升趋势；德国铁路货运量自2000年起、铁路货运周转量自1993年起也先后进入上升期。除美国外，目前英国和德国的铁路货运需求仍明显低于其历史峰值。由于发达国家铁路货运需求再次上升的时间段相对较短，尚不能判断这一现象是一个长期下降阶段中的短期反弹现象，还是由于技术、制度等因素变化导致铁路货运需求的全面恢复性增长，因此还不能断言铁路货运需求增长历程四阶段划分理论存在问题。在铁路货运需求增长研究领域，该阶段划分理论仍然不失为一个较为系统的理论分析框架。

（二）铁路货运需求增长的四阶段与工业结构演变

前文对工业化不同阶段、不同的产业结构下铁路货运需求的增长特点进行了分析，不难看出，工业结构演变的阶段与铁路货运需求增长的四阶段之间具有一定的对应关系。具体来说：铁路货运需求增长的第Ⅰ、Ⅱ阶段与工业结构演变过程的第一大阶段，即以原材料工业为主的发展阶段基本相对应；铁路货运需求增长的第Ⅲ阶段与工业结构演变过程的第二大阶段，即以高加工工业为主的发展阶段基本相对应；铁路货运需求增长的第Ⅳ阶段与工业结构演变过程的第三大阶段，即以高技术工业为主的发展阶段基本相对应。其中，若将以原材料工业为主的发展阶段进一步细分，则以冶金原材料工业为主的发展时期与铁路货运需求增长的第Ⅰ阶段相对应，以机械化学工业为主的发展时期与铁路货运需求增长的第Ⅱ阶段相对应。以上对应关系可以用图15表示。

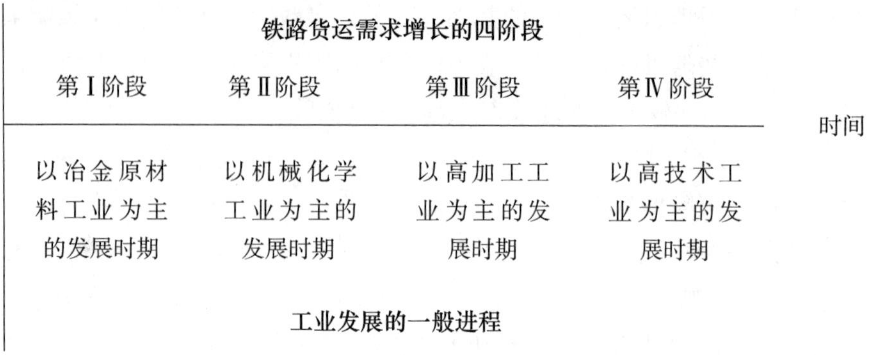

铁路货运需求增长的四阶段				
第Ⅰ阶段	第Ⅱ阶段	第Ⅲ阶段	第Ⅳ阶段	时间
以冶金原材料工业为主的发展时期	以机械化学工业为主的发展时期	以高加工工业为主的发展时期	以高技术工业为主的发展时期	

工业发展的一般进程

图15　工业发展进程与铁路货运需求增长四阶段的对应关系

上述对应关系将铁路货运需求增长过程与以工业化为中心的经济发展过程紧密地联系起来，从工业发展的角度证实和解释了铁路货运需求存在四个发展阶段的原因。需要指出的是，这一对应关系仅是一个示意性的关系，而不存在严格的对应意义。在实践中，由于各国工业发展的演变过程存在较大差异，不同的发展阶段之间经常是交叉在一起的，不存在严格的阶段划分。

（三）铁路货运需求增长的四阶段与铁路网演变

1. 铁路货运需求增长的四阶段与铁路网规模演变

从英、美、法等主要发达国家铁路路网的有关资料来看，其路网演变的过程存在着一定的规律性，一般可分为三个时期：

第一个时期为路网扩张时期。此阶段铁路建设规模迅速扩大，铁路里程迅速增加，此阶段结束时，全国性路网基本形成。

第二个时期为路网最大时期。在全国性路网基本形成的基础上，铁路建设继续进行，铁路里程继续增加，但路网增长速度已大为减缓，在此状态下逐步达到最大里程，之后铁路里程开始少量缩减。从总体上讲，此阶段整个路网里程接近最大值水平。

第三个时期为路网缩减时期。铁路网规模进一步减少，此阶段的路网里程与最大里程相比明显减少。

若以需求增长的四阶段为出发点来看铁路网演变过程，可发现各阶段铁路网规模演变的一般情况如下：

第Ⅰ阶段：铁路建设起步，建设规模迅速扩大，里程迅速增加。此阶段是路网扩张速度最快阶段，全国性路网初具规模。

第Ⅱ阶段：路网规模进一步扩张，但扩张速度大为减慢。此阶段结束后全国性最大路网规模已经形成。

第Ⅲ阶段：在全国性最大路网规模的基础上，保持一定时期的缓慢变化之后，路网规模开始逐步缩减。

第Ⅳ阶段：路网规模保持进一步缩减趋势。此阶段路网规模与最大路网相比已明显减少。

将上述铁路网规模演变的三个时期与需求增长的四阶段相联系，可以发现二者之间大致存在着如下对应关系：路网扩张时期与需求增长的第Ⅰ和第Ⅱ阶段前期基本相对应；路网最大时期与需求增长的第Ⅱ阶段后期和第Ⅲ阶段前期基本相对应；路网缩减时期与需求增长的第Ⅲ阶段后期和第Ⅳ阶段基本相对应。这一基本对应关系如图16所示。

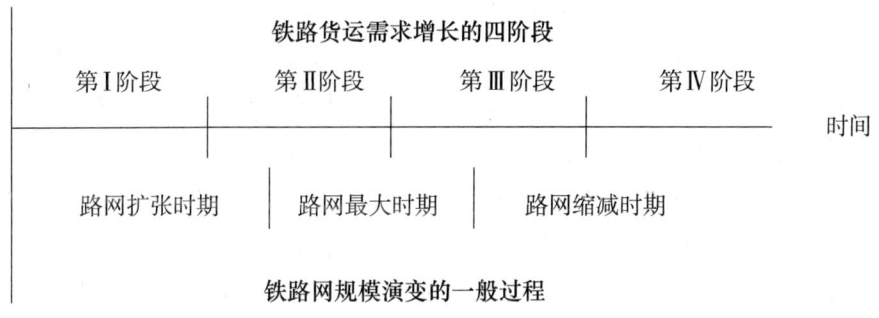

图16 铁路网规模演变与铁路货运需求增长四阶段的对应关系

以美国为例。美国铁路网规模演变与需求增长四个阶段的对应关系见图17。如图17所示，在美国铁路发展的第Ⅰ阶段（1830—1890年），美国铁路里程快速增长；第Ⅱ阶段（1891—1920年），铁路网继续增长，但增速减缓，铁路里程在1919年左右达到最大值，为407398公里；第Ⅲ阶段（1921—1980年），路网在保持了一段时期的较高水平后，于20

世纪 30 年代开始出现下降；第Ⅳ阶段（1981 年至今），路网规模持续缩减，到 1985 年为 234584 公里，仅是最大路网里程的 57.6%。

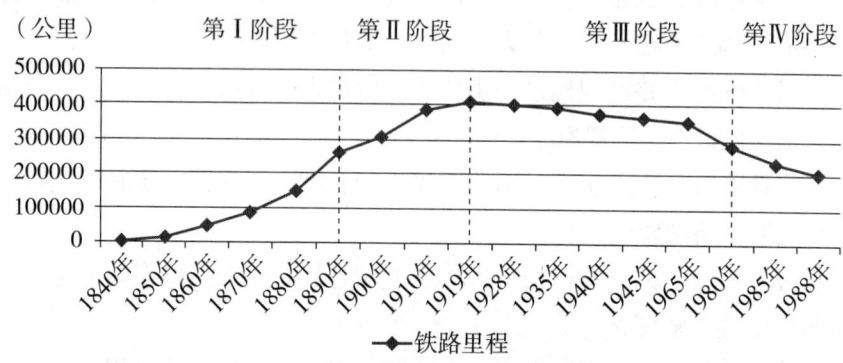

图 17　美国铁路网规模演变与需求增长四阶段的对应关系

2. 铁路货运需求增长的四阶段与铁路网运输密度演变

由前述可知，在铁路货运需求增长的第Ⅱ阶段末，主要发达国家全国性最大路网规模已形成，在第Ⅲ阶段后期和第Ⅳ阶段，路网规模逐步缩减。而铁路货运需求在第Ⅲ阶段仍保持进一步增加，进入第Ⅳ阶段才开始下降。这就产生了一个问题：在全国性最大路网规模基本形成以后，铁路主要靠什么方式来支撑货运需求的进一步增加？显然，在路网总量维持基本不变的情况下，铁路所依靠的只有提高运输密度。

美国铁路网里程于 1919 年达到最大值，此后路网里程逐步缩减，而 1919 年至第Ⅲ阶段末的 1980 年其货运量仍在不断增加。1919 年美国铁路换算运输密度为 1.50 百万换算吨公里/公里，到 1980 年该指标提高至 4.73，是 1919 年的 3.15 倍。法国铁路路网于 1937 年达到最大值，此后，路网里程逐步缩减，而从 1937 年至第Ⅲ阶段末的 1970 年间，法国铁路货运量却仍在进一步增加。法国铁路 1937 年的换算运输密度为 1.38 百万换算吨公里/公里，1970 年该指标提高至 3.07，是 1937 年的 2.22 倍。德国铁路网里程于 1910 年左右达到最大值，此时的换算运输密度为 1.65 百万换算吨公里/公里，到第Ⅲ阶段末的 1960 年，运输密度提高至 3.10，是 1910 年的 1.88 倍。

由此可见，在铁路发展的第Ⅰ、第Ⅱ阶段，支撑铁路货运需求增加的主要是路网规模的扩大，而在进入第Ⅲ阶段以后，铁路货运需求的增加主要是依靠铁路运输密度的提高来支撑，而不再是依靠路网规模扩大来承担。这也说明随着货运需求增幅的减缓和铁路网达到一定规模，铁路发展的主要方式将由扩大规模转变为提高路网运输密度。

（执笔人：樊桦）

参考文献

[1] 王际祥. 货运需求与经济发展［M］. 北京：中国铁道出版社，1996.

[2] 铁道部科学技术司. 国外交通运输发展的综合问题研究［M］. 大连：大连海事出版社，1994.

[3] 韩彪. 交通运输发展理论［J］. 工业技术经济，2008（5）.

[4] 于春荣，张智文. 铁路货物运输需求的建模与经济分析［J］. 工业技术经济，2008（5）.

[5] 肯尼斯·巴顿. 运输经济学［M］. 北京：商务印书馆，2002.

[6] 荣朝和. 西方运输经济学［M］. 北京：经济科学出版社，2002.

[7] 孙启鹏. 运输需求的本质和特征［J］ 综合运输，2007（8）.

[8] 荣朝和. 论运输化［M］. 北京：中国社会科学出版社，1993.

[9] 国家发改委综合运输研究所课题组. 能源运输通道体系建设研究［D］. 2014.

专题报告二

我国铁路货运量发展变化的实证研究

> **内容提要** 本报告以1980年至今的铁路货运量发展趋势为分析基础，首先，定量分析了铁路货运总量、主要货类运量和货运量结构的变化趋势；其次，从货运总量和煤炭、矿石、钢铁等主要货类两个维度定量分析了铁路货运流量流向的总体特点；再次，通过测算铁路货运强度、货运需求弹性等指标研究了铁路货运量与经济增长的相关性，通过测算产运系数等指标定量定性结合研究了铁路货运量与产业发展的相关性；最后，根据铁路货运量与自身发展、与公路发展、与港口发展三个层次，研究了铁路货运量与综合运输体系发展的相关性，并得出相应主要结论。

一、我国铁路货运量演变趋势

（一）货运总量变化趋势

1. 铁路货运量和货运周转量变化趋势

总的来看，改革开放后，我国铁路货运量与货运周转量总体变化联动，呈现稳步增长趋势，但在2012年出现拐点。分阶段来看，铁路货运量和货运周转量在经过改革开放之初几年的徘徊后，1981—1996年基本稳定增长，但受1997年亚洲金融危机的影响，1997—1999年出现低速甚至负增长，2000—2011年伴随经济高速发展得以迎来迄今为止增速最快的时期，而随着经济进入高质量发展阶段和铁路涨价等原因，2012年至今呈现加速下行趋势。

1980—2015年我国铁路货运量及货运周转量变化趋势分别见图1、图2。

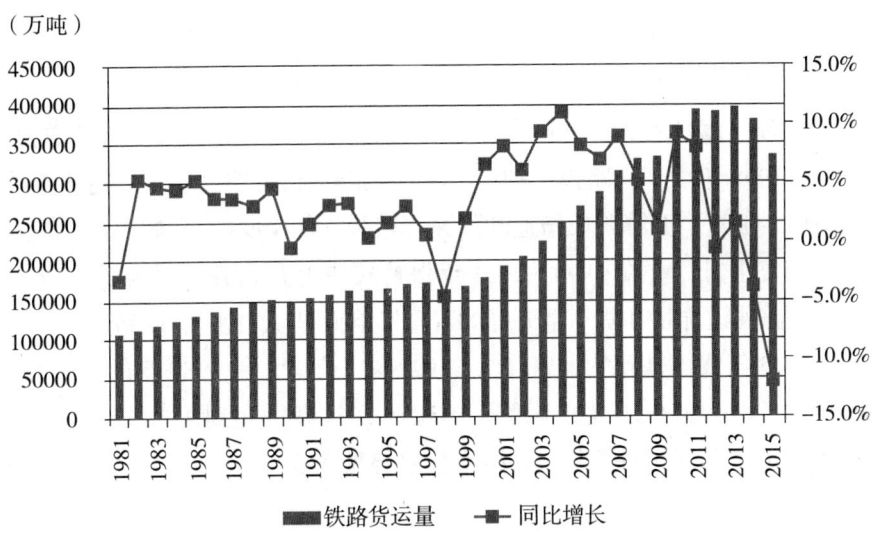

图1　1980—2015年我国铁路货运量变化趋势

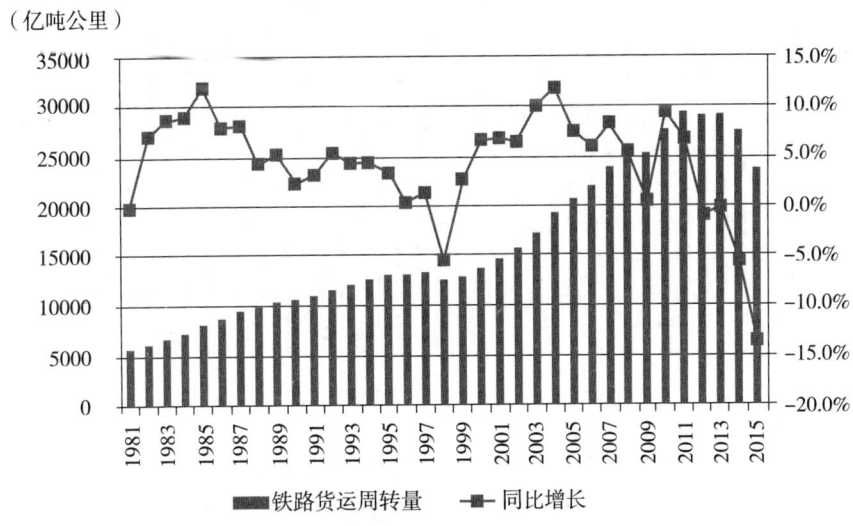

图2　1980—2015年我国铁路货运周转量变化趋势

2015年完成铁路货运量为335801万吨、货运周转量23754亿吨公里,分别是1980年的3倍和4.2倍,年均增长率分别为3.2%和4.2%。其历史峰值分别出现在2013年和2011年,分别为396697万吨和29466亿吨公里。

2. 铁路货运密度变化趋势

总的来看,我国铁路货运密度呈现出"两升两降"的阶段,但第二次升降幅度都更大。分阶段来看,1981—1993年基本保持稳步增长,1994—1998年由于铁路投产加快、亚洲金融危机等原因出现长达5年的下降期,但这个升降阶段增速和降速都较缓。从1999年开始,铁路货运密度恢复上升,并在1999—2011年保持较快上升态势,而从2011年至今受铁路建设加快和货运量下降的双重影响而呈现加速下行趋势。

2015年我国铁路货运密度为32922吨/公里,是1980年的1.57倍,年均增长率为1.3%,历史峰值则出现在2011年,达到45385吨/公里。1980—2015年我国铁路货运密度变化趋势见图3。

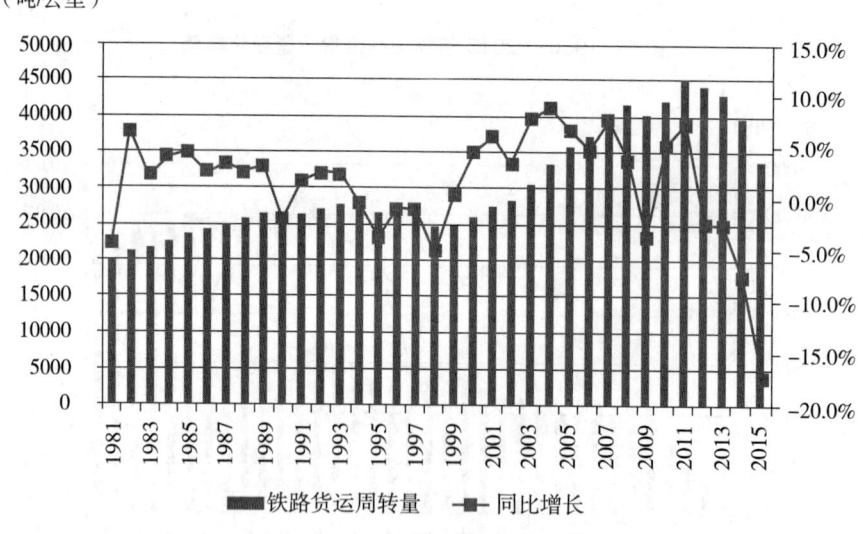

图3 1980—2015年我国铁路货运密度变化趋势

注:为使结果更加精确,计算货运密度的铁路营业里程已刨除高铁营业里程。

（二）主要货类运量变化趋势

1. 煤炭

总的来看，我国铁路煤炭运量与铁路总货运量变化趋势类似。分阶段来看，2000年以前，铁路煤炭运量波动较小，2000年以后则呈快速增长趋势，但2012年成为拐点。2015年完成铁路煤炭发送量约200000万吨，是1980年的4.8倍，年均增长率4.6%，历史峰值是2013年的232222万吨。1980—2015年我国铁路煤炭发送量变化趋势见图4。

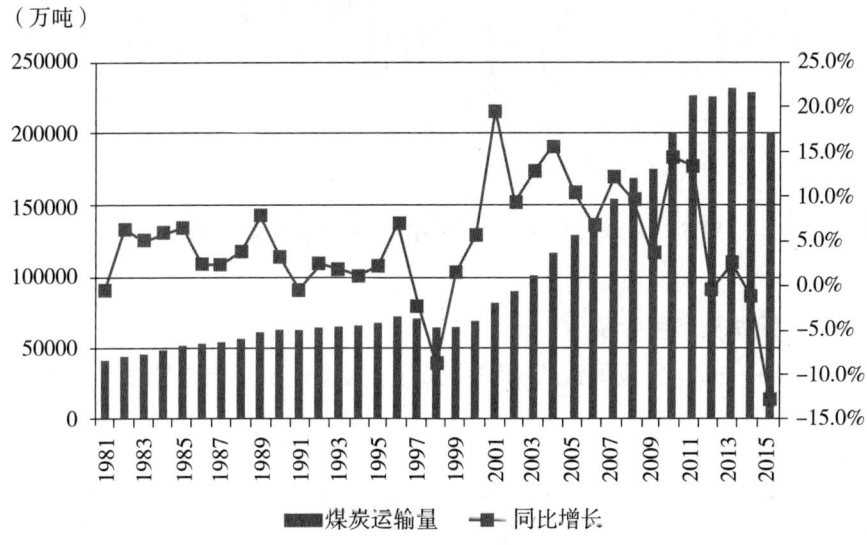

图4　1980—2015年我国铁路煤炭发送量变化趋势

2. 金属矿石

总的来看，我国铁路金属矿石运量与铁路总货运量变化趋势类似，但在1999年前后并未出现负增长。分阶段来看，除了在1981年前有同比下降的情况出现外，我国铁路金属矿石运量在2011年前一直保持增长态势，2011年开始出现负增长，虽然2012—2013年有小幅回升，但2014年后呈现加速下降趋势。2014年完成铁路金属矿石发送量39281万吨，是1980年的6.7倍，年均增长率5.7%，历史峰值是

2013 年的 42774 万吨。1980—2015 年我国铁路金属矿石发送量变化趋势见图 5。

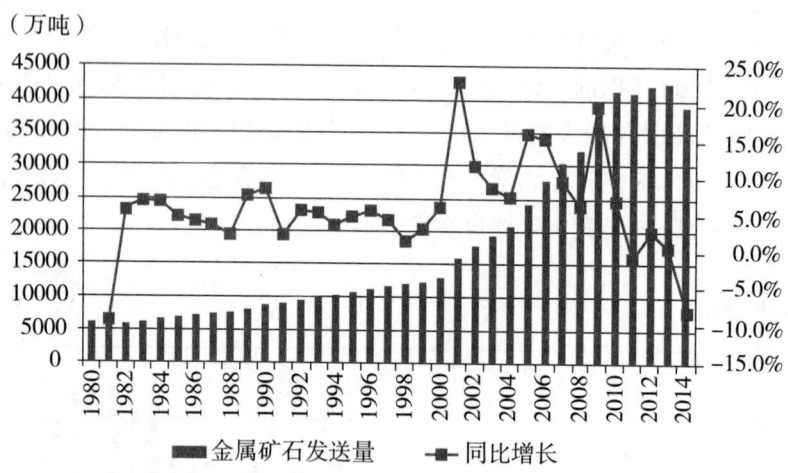

图 5　1980—2014 年我国铁路金属矿石发送量变化趋势

3. 钢铁及有色金属

1980—2014 年我国铁路钢铁及有色金属发送量变化趋势见图 6。

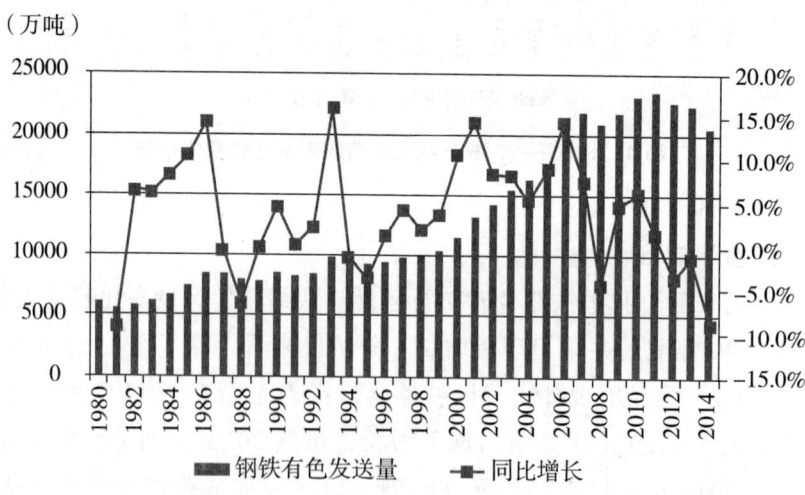

图 6　1980—2014 年我国铁路钢铁及有色金属发送量变化趋势

总的来看，我国铁路钢铁及有色金属运量与铁路总货运量变化趋势类似，但负增长周期更多。分阶段来看，我国铁路钢铁及有色金属运量在1987—1989年、1994—1995年、2012年以后三个阶段出现了负增长，但1999年亚洲金融危机期间保持正增长。2014年完成铁路钢铁及有色金属发送量20480万吨，是1980年的3.4倍，年均增长率3.6%，历史峰值是2011年的23545万吨。

4. 矿建材料

总的来看，我国铁路矿建材料运量呈"V"形趋势。分阶段来看，我国铁路矿建材料运量在2003年前总体呈下降趋势，2003年之后总体呈上升趋势，但上升幅度更缓。2014年完成铁路矿建材料发送量12509万吨，仅为1980年的79%，年均增长率为-0.7%，历史峰值即为1982年的15843万吨。1980—2010年我国铁路矿建材料发送量变化趋势见图7。

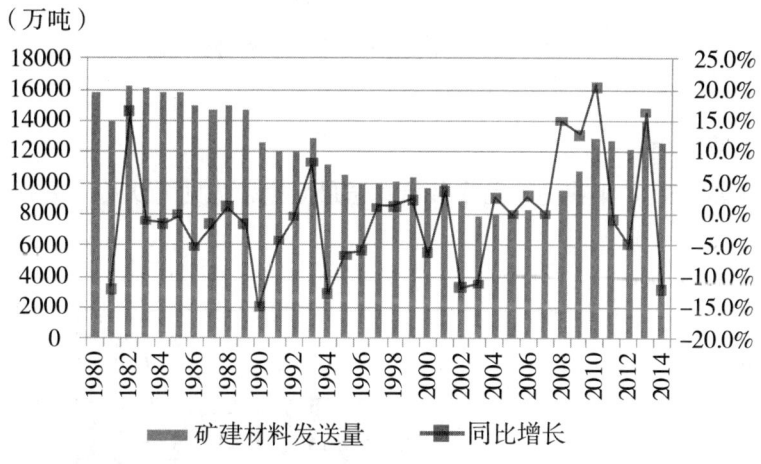

图7　1980—2014年我国铁路矿建材料发送量变化趋势

5. 粮食

总的来看，我国铁路粮食运量与铁路总货运量变化趋势类似，但波动幅度更大。分阶段来看，1994年前保持上升趋势，1994—2001年波动较剧烈，2001—2008年保持上升趋势，2008年后进入下行区间。2014

年完成铁路粮食发送量 8720 万吨，是 1980 年的 2.8 倍，年均增长率 3%，历史峰值为 2008 年的 12462 万吨。1980—2014 年我国铁路粮食发送量变化趋势见图 8。

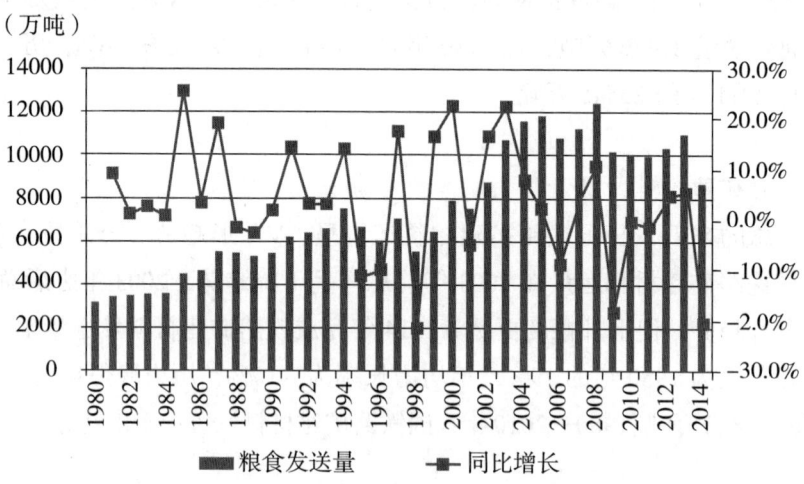

图 8　1980—2014 年我国铁路粮食发送量变化趋势

6. 集装箱

1993—2014 年我国铁路集装箱发送量变化趋势见图 9。

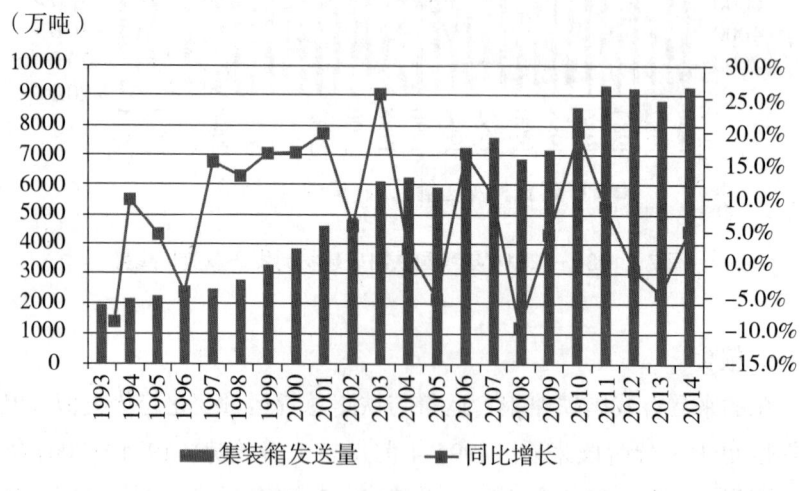

图 9　1993—2014 年我国铁路集装箱发送量变化趋势

总的来看，我国铁路集装箱运量总体呈上升趋势。分阶段来看，除了在2005年、2008年、2012—2013年等个别年份出现同比下降的情况外，我国铁路集装箱运量总体呈上升趋势。2014年完成铁路集装箱发送量9281万吨，是1980年的4.7倍，年均增长率7.7%，历史峰值为2011年的9351万吨。

7. 小结

从各货类变化趋势来看，煤炭、金属矿石、钢铁及有色金属、粮食等大宗货类与总货运量变化趋势较为吻合，而矿建材料、集装箱等货类与总货运量变化趋势则有较大区别。其中矿建材料较为特殊，呈"V"形，且是唯一一种与改革开放初相比运量没有提升的货类；而集装箱等"白货"在各货类运量普遍下降期呈现出"不降反升"的态势，且在进入经济高质量发展阶段后，运量还能保持一定增长。

（三）货运量结构变化趋势

总的来看，煤炭、金属矿石、钢铁及有色金属、矿建材料、粮食和集装箱六大货类占铁路总货运量在2000年以前较为稳定，保持在65%左右；而在2000年后连续14年上升，2014年达到83.8%。其中，煤炭、金属矿石两大大宗货类占比持续提升，2014年达到峰值70.4%。

煤炭一直是铁路运输第一大货类。从煤炭占比来看，1980—1996年缓慢上升，在1996—2000年亚洲金融危机期间有所下降，2000年之后开始快速上升，2014年突破60%，达到峰值60.1%，2015年小幅下降。在进入经济高质量发展阶段后，煤炭运量占比仍持续走高，直到2015年才略有下降，说明铁路总货运量降幅快于煤炭运量。

从金属矿石占比来看，1980—1989年基本保持稳定，1990年后开始稳步上升，并在这个阶段超过矿建材料成为铁路运输第二大货类，2009年达到峰值11.7%，2009年后占比连续下降，运量下降先于且快于总货运量下降，2014年占比为10.3%。

从钢铁及有色金属、粮食、集装箱占比来看，三种货类占比都较为稳定，峰值分别出现在 2006 年的 7.1%、2003 年的 4.8%、2004 年的 2.5%，2014 年的占比分别为 5.4%、2.3%、2.3%，钢铁及有色金属是第三大货类。

从矿建材料占比来看，基本呈下降趋势，从 1980 的年的 14.2% 下降到 2014 年的 3.3%。

1980—2014 年我国铁路主要货类结构变化趋势见图 10。

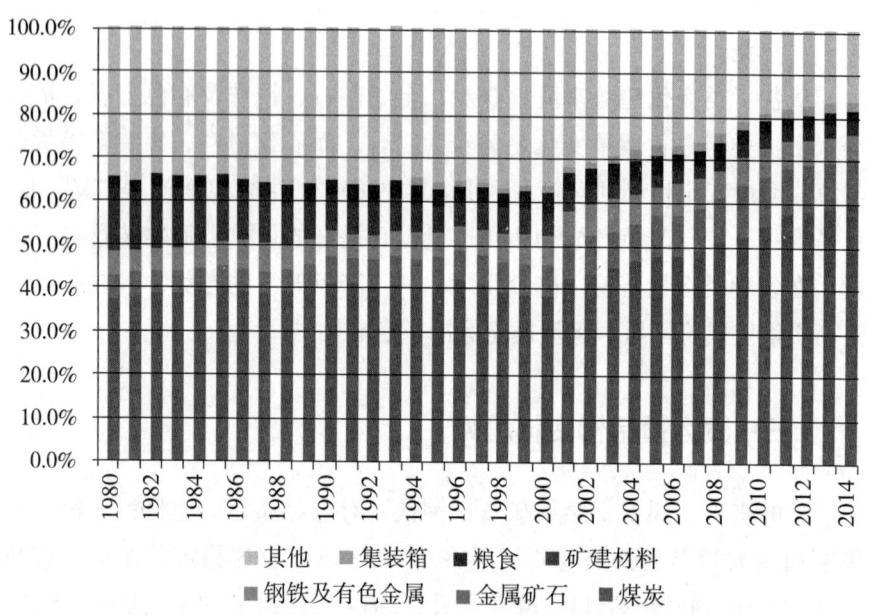

图 10　1980—2014 年我国铁路主要货类结构变化趋势

二、我国铁路货运流量流向特点

（一）货运流量流向总体特点

1. 平均运距

总的来看，我国铁路货运平均运距"先升后稳"。分阶段来看，我国铁路货运平均运距在 1980—1995 年连续快速上升，从 1980 年的 514 公里上升为 1995 年的 786 公里，并达到历史峰值，表明随着长距离、大容量的铁路干线建设，区域联系的范围越来越大，联系越来越密切。

1996—2010年波动范围很小,区域间经济联系趋于稳定;从2011年开始有所下降,出现一定中短途化特征。2015年我国铁路货运平均运距707公里,与1990年水平基本相同。1980—2015年我国铁路货运平均运距变化趋势见图11。

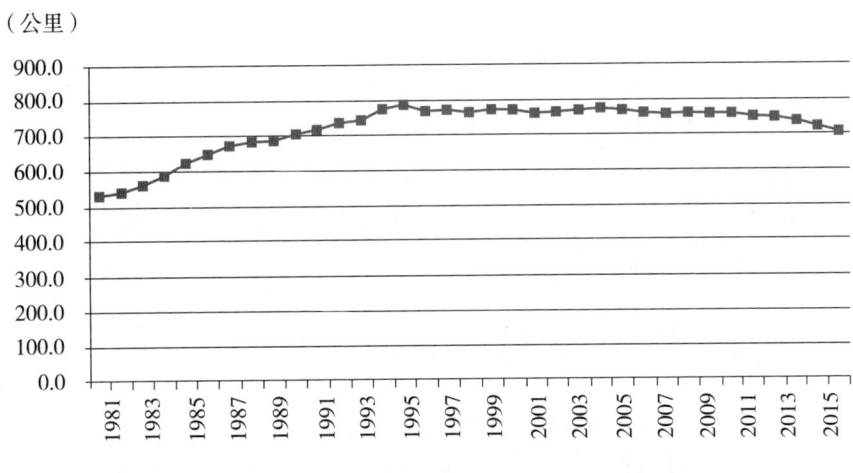

图11　1980—2015年我国铁路货运平均运距变化趋势

2. 流量流向

总的来看,近年我国铁路货运交流总体呈现"由西向东、由北向南"的特点。长期以来,我国铁路运输以煤炭、金属矿石等大宗货类为主,因此铁路货运交流与大宗物资尤其是煤炭、金属矿石的流量流向特点较为类似。以2013年为例,在铁路发送量超亿吨的省份中,约80%的货物是向东向南发送。

分省来看,2013年铁路发送量超亿吨的共有山西、内蒙古、山东、河北、辽宁、黑龙江、河南、安徽、陕西9个省份,共发送21.6亿吨,占国家铁路发送量的67.3%。其中,山西、内蒙古是发送量最大的两个省,分别发送6.8亿吨、4.3亿吨,显著高于其他省份,两省发送量即占国家铁路发送量的34.8%,超过全国的1/3。2013年部分省份铁路发送量及向东向南发送量情况见表1,部分省份省内发送量情况见表2。

表 1　2013 年部分省份铁路发送量及向东向南发送量

省份	铁路发送量（万吨）	其中：向东及向南（万吨）	向东及向南发送量占比（%）
合　计	216176	171984	79.6
山　西	68463	60999	89.1
内蒙古	43354	42570	98.2
山　东	19359	7531	38.9
河　北	19349	12459	64.4
辽　宁	17817	12314	69.1
黑龙江	13657	10670	78.1
河　南	11610	7961	68.6
安　徽	11566	7673	66.3
陕　西	11001	9807	89.1

资料来源：《2013 年全国铁路统计资料汇编》。

表 2　2013 年部分省份铁路发送量及省内发送量

省份	铁路发送量（万吨）	其中：省内发送量（万吨）	省内发送量占比（%）
合　计	261434	78578	30.1
山　西	68463	3720	5.4
内蒙古	43354	10485	24.2
山　东	19359	7327	37.8
河　北	19349	9405	48.6
辽　宁	17817	12663	71.1
黑龙江	13657	6929	50.7
河　南	11610	3663	31.6
安　徽	11566	6135	53.0
陕　西	11001	2273	20.7
天　津	8345	4303	51.6
广　东	8234	1922	23.3
四　川	7698	4080	53.0
新　疆	7259	2137	29.4

续表

省份	铁路发送量（万吨）	其中：省内发送量（万吨）	省内发送量占比（%）
广 西	6916	2444	35.3
江 苏	6806	1092	16.0

资料来源：《2013年全国铁路统计资料汇编》。

（二）主要货类流量流向特点

1. 煤炭

从发送情况看，我国铁路煤炭发送主要集中在山西、内蒙古地区，共占我国铁路煤炭发送量的56%。从到达情况看，铁路煤炭到达集中在环渤海地区，主要是通过大秦、朔黄等铁路干线运输至环渤海的沿海港口下水，运至南方港口，环渤海地区煤炭到达量占全国的61.6%。2013年主要省份铁路煤炭发送到达量情况见表3。

表3　2013年主要省份铁路煤炭发送到达量

主要发送省	发送量（万吨）	主要到达省	到达量（万吨）
山 西	59674	河 北	52748
内蒙古	34170	辽 宁	14371
安 徽	9359	山 东	13231
河 北	8886	天 津	8126
陕 西	7171	安 徽	7532
		内蒙古	7414

资料来源：《2013年全国铁路统计资料汇编》。

2. 金属矿石

我国金属矿石运输以自产及进口铁矿石为主。从发送情况看，我国铁路金属矿石发送主要集中在山东、辽宁、广东等沿海地区，进口铁矿石供应腹地钢铁厂，而四川则是以省内自产自销为主，上述地区金属矿石发送量占全国的62.7%。从到达情况看，铁路金属矿石到达集中在河北、山西、辽宁、山东、河南等北方钢厂集中的区域，这些区域金属矿石到达量占全国的 52.3%。2013 年主要省份铁路金属矿石发送到达量情况见表 4。

表 4 2013 年主要省份铁路金属矿石发送到达量

主要发送省	发送量（万吨）	主要到达省	到达量（万吨）
山东	9275	河北	4780
辽宁	4174	山西	4160
广东	3204	辽宁	3230
江苏	2994	山东	3217
天津	2866	河南	3032
四川	2683	四川	2599

资料来源：《2013 年全国铁路统计资料汇编》。

3. 钢铁及有色金属

从发送情况看，由于钢铁与矿石的产业链关系，钢铁及有色金属与金属矿石流向基本呈反向，发送量排名靠前的辽宁、山西、河北等省均是矿石到达的主要省份，上述三省占全国钢铁及有色金属发送量的 40.1%。从到达情况看，到达流量则更为分散，排在前三位的辽宁、四川、天津共占全国到达量的 28.8%。2013 年主要省份铁路钢铁及有色金属发送到达量情况见表 5。

表 5 2013 年主要省份铁路钢铁及有色金属发送到达量

主要发送省	发送量（万吨）	主要到达省	到达量（万吨）
辽宁	3271	辽宁	3307
山西	2691	四川	1553
河北	2682	天津	1343

资料来源：《2013 年全国铁路统计资料汇编》。

三、铁路货运量与经济增长相关性分析

（一）铁路货运量与经济增长相关性分析

1. 铁路货运强度变化趋势

总的来看，改革开放后，我国铁路货运强度呈现单边下行趋势，每产生万元 GDP 所需铁路货运量逐步降低。具体来说，铁路货运强度的下降趋势可分为三个阶段：第一阶段（1980—1999 年）的下降速度较快；第二阶段（2000—2011 年）是铁路货运量增速最快的时期，这个阶段下降速度明显放缓；第三阶段即 2011 年以后受铁路货运负增长影响，又开始加速下降。

2015 年我国铁路货运强度为 2.84 吨/万元，仅为 1980 年的 11.6%，历史峰值为 1980 年的 24.45 吨/万元。1980—1999 年年均下降 7.4%，2000—2015 年年均下降 4.6%。1980—2015 年我国铁路货运强度变化趋势见图 12。

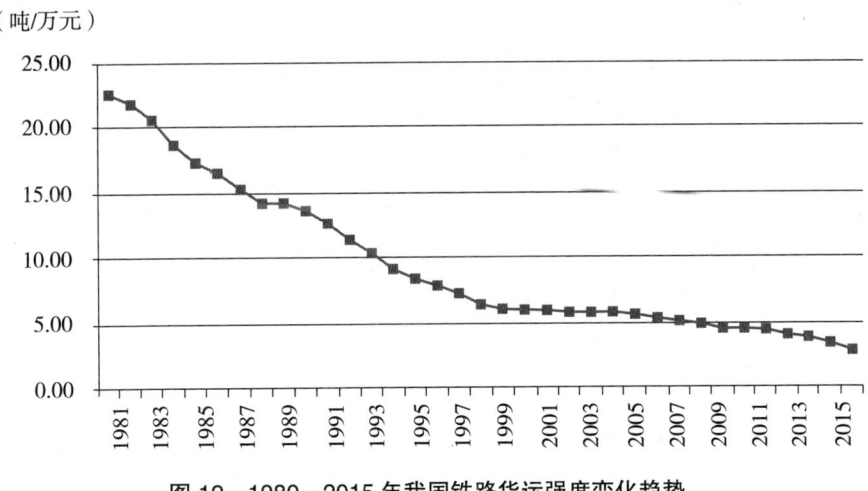

图 12　1980—2015 年我国铁路货运强度变化趋势

注：GDP 按 1980 年不变价计算。

2. 铁路货运需求弹性变化趋势

1980—2015 年我国铁路货运弹性变化趋势见图 13。

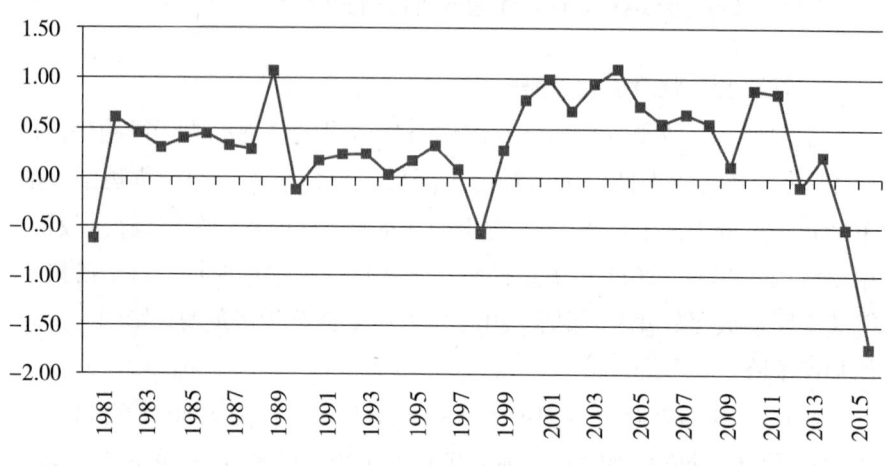

图 13　1980—2015 年我国铁路货运弹性变化趋势

从货运弹性来看，我国铁路货运需求弹性变化趋势接近于货运量增速变化趋势，铁路货运发展速度整体慢于经济社会发展。分阶段来看，铁路货运弹性系数在 1980—1997 年大多保持在 0.5 以内，平均为 0.25，铁路发展速度远慢于经济增速，弹性系数起伏也相对较小，说明铁路应先于国民经济的发展。在经过 1998 年前后的探底，铁路货运弹性系数在 2000—2011 年间大多接近于 1，平均为 0.73，约为前一阶段的 3 倍，说明经过快速建设发展，这一阶段铁路运输对经济社会发展较为敏感。2012 年开始，随着铁路货运量的下降，弹性系数也开始快速下降，2015 年铁路货运弹性系数降至历史最低值 −1.73。

从货运周转量弹性来看，与铁路货运需求弹性变化趋势类似。分阶段来看，1980—1997 年铁路货运周转量弹性系数明显整体高于货运弹性，平均为 0.51。同样经过 1998 年前后的探底，货运周转量弹性系数在 2000—2011 年对经济社会发展更为敏感，平均为 0.7，与铁路货运弹性系数均值更为接近。2012 年开始，随着铁路货运周转量的下降，弹性系数也开始快速下降，2015 年铁路货运周转量弹性系数达

历史最低值 -1.99。1980—2015 年我国铁路货运周转量弹性变化趋势见图 14。

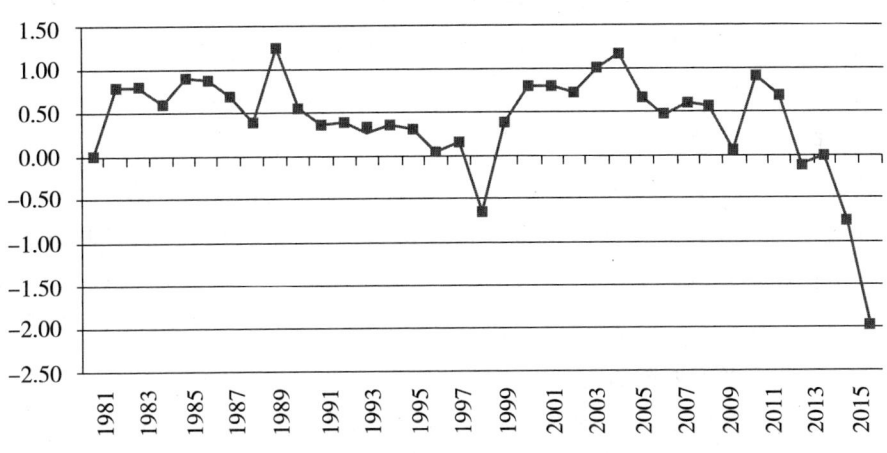

图 14 1980—2015 年我国铁路货运周转量弹性变化趋势

3. 铁路货运量与投资、消费、出口变化关系

1980—2015 年我国铁路货运与投资、消费、出口增速对比见图 15。

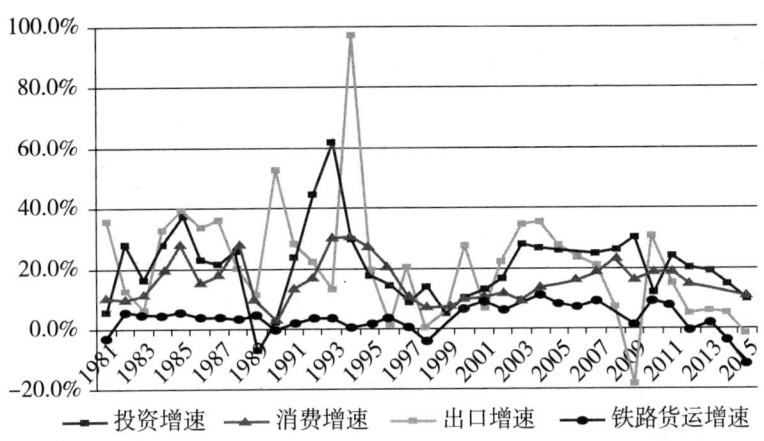

图 15 1980—2015 年我国铁路货运与投资、消费、出口增速对比

投资、消费、出口是拉动经济增长的"三驾马车",铁路货运的增长受益于我国经济持续稳定增长。将铁路货运量增速与固定资产投资、社会消费品零售额、货物出口额增速进行对比,其中2000年后铁路货运量与"三驾马车"关系更为密切。分阶段来看,在1980—2000年间,铁路货运量增速相对平稳,与投资、消费、出口波动变化关联度均不高,这一阶段铁路货运对"三驾马车"高速增长的支撑力度明显不足;而在2000年后,铁路货运量增速加快,"三驾马车"增速趋于平稳,四者呈现出较为明显的关联性;进入经济高质量发展阶段以后,四者增速都呈下行趋势。

4. 小结及原因简析

从货运强度看,我国铁路货运强度呈单边下行趋势。我国长期以来经济保持较快增长,技术不断进步,产业结构和产品结构不断优化,符合经济增长与货运强度负相关的发展规律。从货运需求弹性看,我国铁路货运发展速度整体慢于经济增速。我国铁路发展欠账较多,货物运输长期存在瓶颈,尤其是在"春运"等时段铁路货运难以得到保障,在相当长的一段时间内对经济发展的支撑力度不足。从铁路货运与投资、消费、出口变化关系看,在2000年后铁路货运量与"三驾马车"关系较为密切,这一时期铁路货运对"三驾马车"的支撑明显增强。

通过对铁路货运与经济增长相关性分析,2000—2011年期间是铁路货运与经济增长关联性和支撑性最强的时期。在这段时期,铁路货运强度下降最缓,货运弹性系数最接近于1,与"三驾马车"的关系最为密切。

(二)铁路货运量与产业发展相关性分析

1. 铁路货运量与产业结构变化关系

从我国产业结构演变趋势来看,第一产业占比在1983年达到峰值33%后持续下降,2015年占比为9%;第二产业占比呈"两降一升"趋势,1980—1990年的10年间从47.9%下降为40.9%,1990—1997年又回升为47%,1998—2009年间较为稳定,2010年后"逆工业化"现象明显,

5年间占比从46.2%下降为40.5%；第三产业占比除了在1991—1996年间占比变化很小之外，总体保持上升趋势。

从铁路货运需求与产业结构变化关系来看，1980—1991年第二产业占比整体下降，但第三产业占比快速上升，此阶段铁路货运量保持稳定增长；1991—1996年是第三产业占比最稳定的阶段，而这与第二产业占比回升阶段基本吻合，同时也是铁路货运量增速较缓慢的一个阶段；1997—1999年亚洲金融危机期间，第二产业占比稳中有降，第三产业占比迅速上升，铁路货运量出现低速甚至负增长；2000—2011年，第二产业占比基本稳定，第三产业占比稳中上升，铁路货运量迎来增速最快的时期；2011年后，第二产业占比迅速下降，第三产业占比迅速上升，铁路货运量快速下降。总的来看，铁路货运需求在某一阶段表现的特征均与第二或第三产业表征类似。

1980—2015年我国铁路货运与产业结构对比见图16。

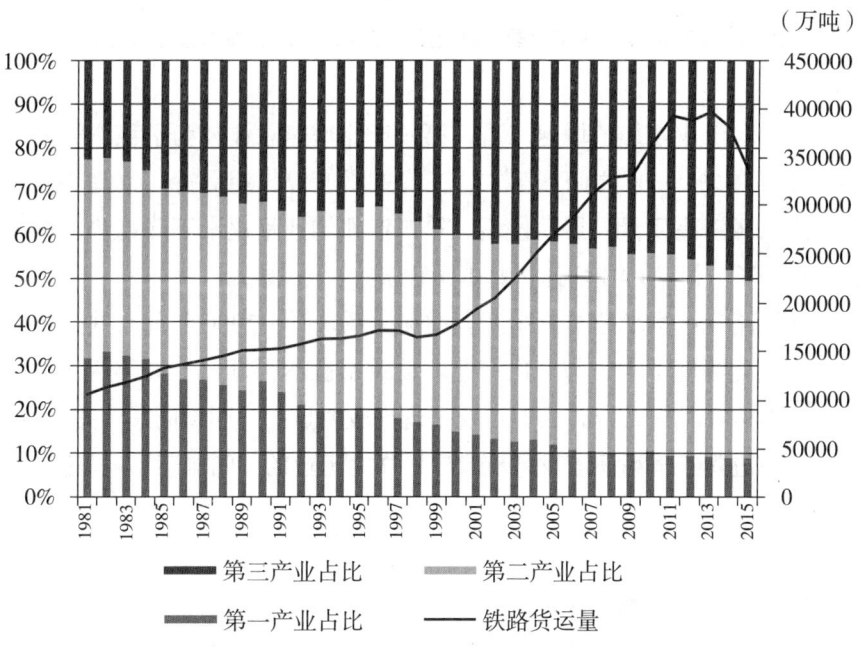

图16　1980—2015年我国铁路货运与产业结构对比

1980—2015 年我国铁路货运增速与三次产业增加值增速对比见图 17。

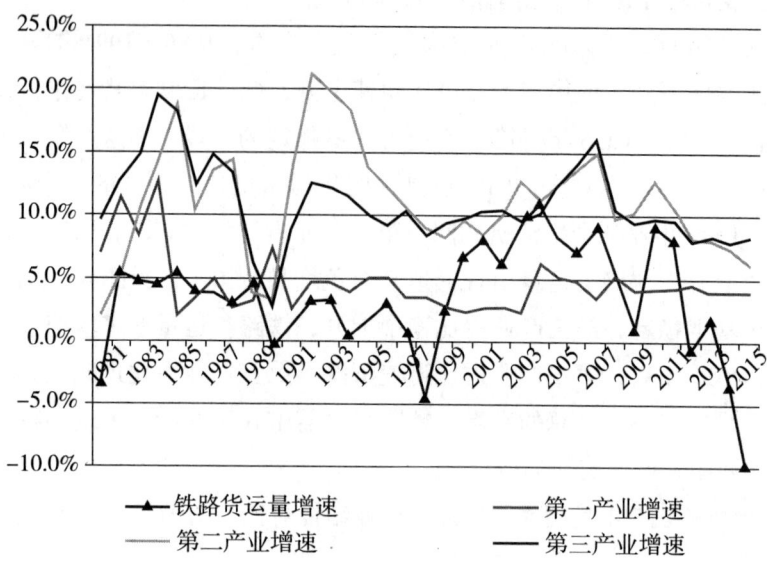

图 17　1980—2015 年我国铁路货运增速与三次产业增加值增速对比

从三次产业增加值增速来看，第一产业增速总体较为平稳，绝大多年份保持在 2%~6% 之间，第二、三产业增速曾长期保持一致趋势，只是在进入经济高质量发展阶段后，第二产业增速呈逐渐下降趋势，但还保持正增长，第三产业增速仍基本平稳。

从铁路货运量增速与三次产业增速关系来看，2000 年前，铁路货运量增速变化幅度不大，与三次产业联动关系也不明显；2000 年后，铁路货运量增速有所提高，与二、三产业呈现出较明显的"同增同减"关联性，特别是在进入经济高质量发展阶段后，作为工业的"晴雨表"，增速率先出现下降。

2. 铁路产运系数变化趋势

1980—2015 年我国铁路煤炭产运系数变化趋势见图 18。

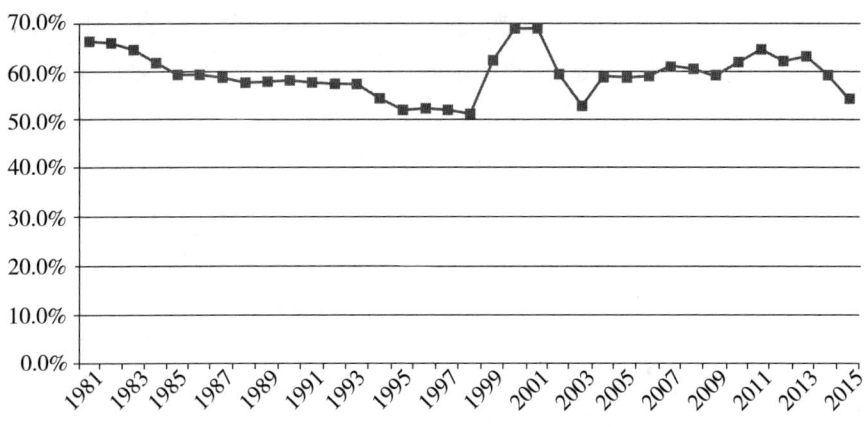

图18　1980—2015年我国铁路煤炭产运系数变化趋势

从煤炭产运系数来看，由于我国煤炭运输的距离长、运量大、路线较固定，因而对铁路尤其是两条煤运专线依赖性较强，其他运输方式的替代性较弱，铁路的煤炭产运系数多年来除个别年份因政策调整外变化幅度不是很大，但近年有下降趋势；系数始终保持在50%~70%之间，2015年为54.3%。

1980—2014年我国铁路石油产运系数变化趋势见图19。

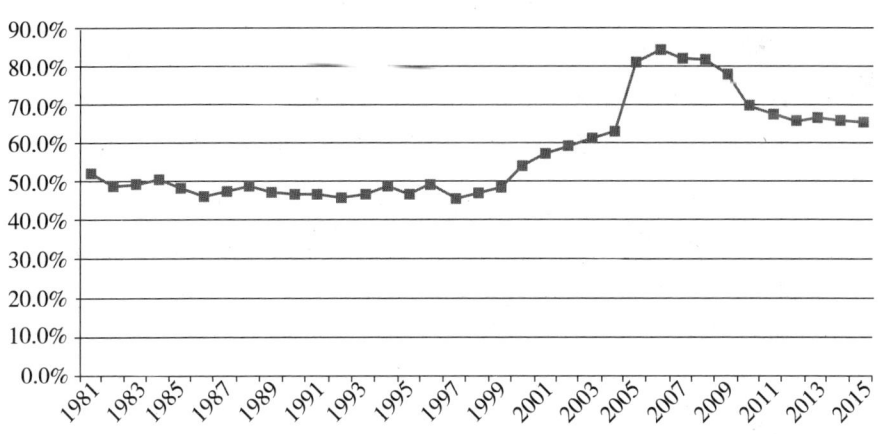

图19　1980—2014年我国铁路石油产运系数变化趋势

从石油产运系数来看，我国铁路的石油产运系数呈"一稳一升一降"趋势。分阶段来看，1980—1998年间产运系数非常稳定，均在50%左右徘徊；1998-2005年间呈快速上升趋势，2005年达到历史峰值84.6%；2005年后随着原油和成品油管道的不断成网，石油产运系数有所下降，2014年为65.9%。

1980—2014年我国铁路钢铁产运系数变化趋势见图20。

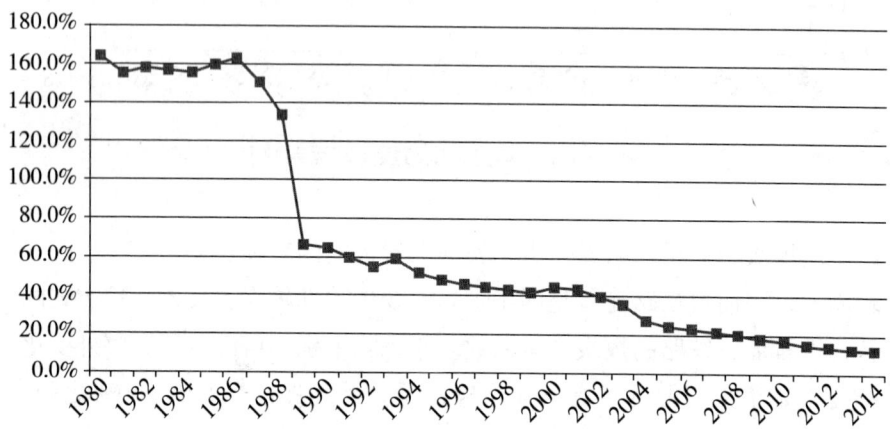

图20 1980—2014年我国钢铁产运系数变化趋势

从钢铁产运系数来看，我国铁路的钢铁产运系数呈单边下行趋势。相对而言，我国钢铁运输的距离、运量、路线均不固定，因而对运输灵活性要求逐渐提高，公路对铁路的替代性较强，2014年铁路的钢铁产运系数仅为11.9%。

1980—2014年我国铁路粮食产运系数变化趋势见图21。

从粮食产运系数来看，我国铁路的粮食产运系数变化区间不大。由于粮食运输的距离、运量、路线等有一定的不确定性，因而产运系数在各年有一些波动，但变化区间不大，主要在10%~25%间波动，2014年为14.3%。

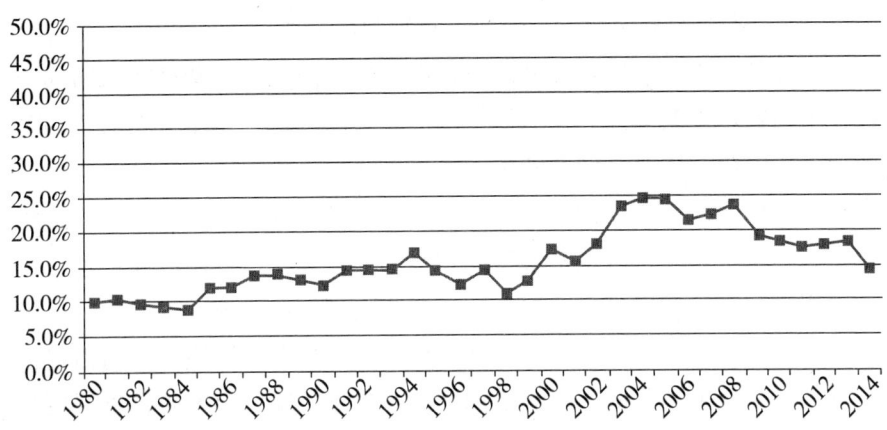

图21 1980—2014年我国铁路粮食产运系数变化趋势

3. 铁路货运需求与产业布局变化关系

货运需求是经济社会发展的派生需求,工业化进程改变了产业布局,使得大宗物资的消费需求也发生了较大变化,进而直接影响对货运的需求。铁路是综合交通网的骨干,具有很强的规模经济性,特别是在煤炭等大宗货类和集装箱运输中具有成本比较优势,因此铁路对于产业发展和布局有较强影响,铁路货运需求也应与国家的产业结构相适应。

长期以来,我国处于以资源密集型产业为主的时期,这个时期能源及原材料的需求是产生货运需求的主要因素之一。资源密集型产业运输的是煤炭、矿石、钢铁、矿建材料等大宗物资,生产指向是降低生产成本,而此类产业生产成本中运输费用所占的比例较高,对于企业来说,通过铁路和水运等大型化运输方式来实现规模运输效益、减少生产成本是十分必要的。因此,原材料生产企业和电厂、钢厂等制成品企业在布局时会尽量靠近铁路沿线和港口等交通基础设施,这些产业同时也是劳动力密集型产业,在此区域逐渐聚集人口,构成多产业空间层次的分布态势,形成经济发展增长极。以占铁路货运量60%的煤炭为例,我国电煤运输客观存在产煤区与火电生产区布局的先天性失衡,因此产生了以"西煤东运"和"北煤南运"为主要流向的煤炭运输基本格局,北方很多火电厂建设在大秦、朔黄铁路附近,南方很多火电厂则围绕煤炭上水港布局。

但是，这个时期铁路运能总体不足，运输缺乏灵活性。

随着经济进入高质量发展阶段，需求持续减少、高铁逐渐成网和特高压电网技术不断成熟，使铁路煤炭运量逐渐降低，铁路货运能力和灵活性逐步释放。同时，产业结构进一步升级，沿海地区部分劳动密集型产业向中西部及东南亚梯度转移趋势明显，同时以技术密集型、资金密集型、知识密集型、信息密集型等为主的产业蓬勃发展，进而导致货物运输规模和结构均发生了一些变化。这些类型的产业高货值趋势越来越明显，运输成本占比大幅降低，从以往的生产指向型逐渐转变为消费指向型，布局也更为分散，对运输的灵活、货损、安全等方面提出了更高的要求，逐步催生了快递零担、集装箱班列等更为多样化的铁路运输组织方式，"白货"运输快速增长。以中欧班列为代表的集装箱班列不断面向市场需求调整，提升整体效率。

4. 小结及原因简析

从铁路货运量与产业结构变化关系看，铁路货运需求在某一阶段表现的特征均与第二或第三产业表征类似，说明铁路货运需求不仅与第二产业高度相关，对第三产业同样有支撑作用。从铁路产运系数看，煤炭、钢铁、粮食等主要货类产运系数都有下降的趋势，主要是由于煤炭需求下降、油价下跌、公路运输分流等原因引起。从铁路货运需求与产业布局变化关系看，传统工业指向运输条件，对铁路的依赖较强，而经济高质量发展阶段产业逐渐指向消费地，且布局分散，铁路要更需要主动进行对接。

四、铁路货运量与综合运输体系发展相关性分析

（一）铁路货运量与自身发展相关性分析

1980—2015 年我国铁路货运量与铁路营业里程对比见图 22。

从铁路货运量和铁路营业里程相关性来看，2011 年前关联性较强，2011 年后则呈倒挂趋势。分阶段来看，1980—1997 年铁路货运量和铁路营

业里程增速均较缓且稳定,年均增速分别为 2.6% 和 1.3%;1999—2011 年二者保持相对较快增速,年均增速分别为 6.9% 和 2.1%;2011 年后,铁路货运量以年均 -3.9% 的速度开始下降,而铁路营业里程仍以年均 4.2% 的速度增长,并且增速还在逐渐加快。说明在铁路发展相对滞后的情况下,铁路运输能力不能有效满足运输需求的快速增长,是制约铁路运输需求转化为运输量的重要因素。但是近年来随着铁路线路里程的增长和运输能力的迅速提高,铁路运输能力总体富余,已不再对货运需求增长构成制约。

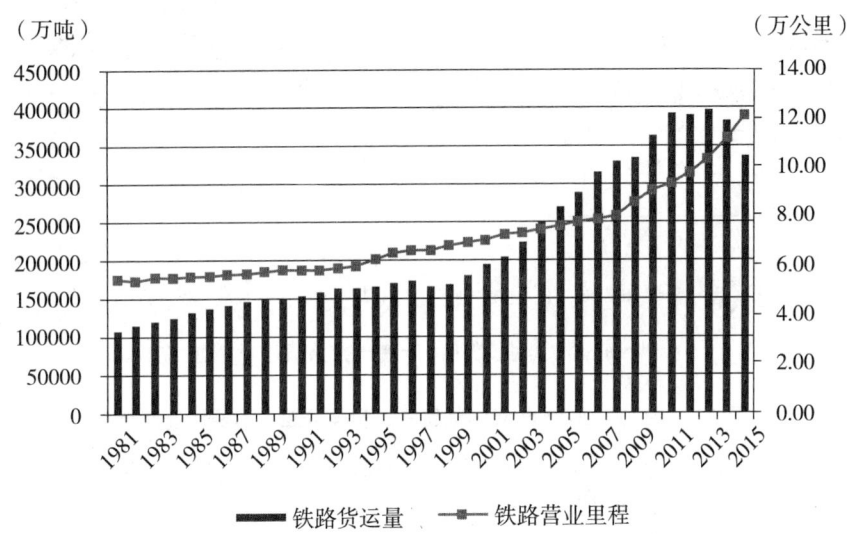

图 22　1980—2015 年我国铁路货运量与铁路营业里程对比

注：为使结果更加精确,铁路营业里程已刨除高铁营业里程。

(二)铁路货运量与公路发展相关性分析

1980—2015 年我国铁路货运量与公路货运量增速对比见图 23。

从铁路货运量和公路货运量增速相关性来看,二者趋势基本保持一致。分阶段来看,1980—1996 年间除个别年份,二者均保持稳定增长态势;1997—1999 年,二者增长放缓甚至负增长;2000—2010 年二者均快速上升,公路上升幅度更大,连续多年保持在 10% 以上;2011 年后,二者开始快速回落，只是回落区间略有不同，铁路从 2011 年的 8% 下降至 2015 年的 -11.9%，公路从 2011 年的 15.2% 回落至 2015 年的 1.2%。

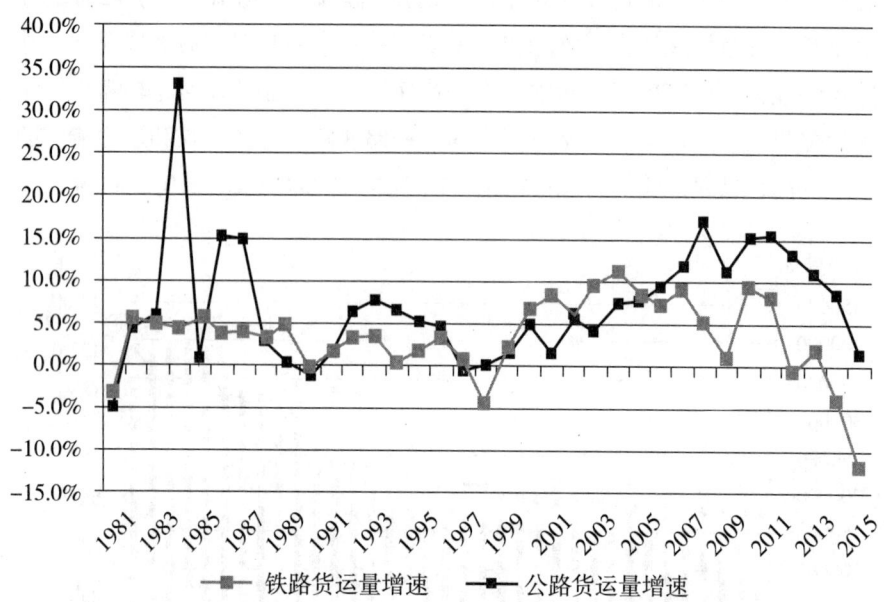

图 23 1980—2015 年我国铁路货运量与公路货运量增速对比

注：交通运输部分别于 2013 年和 2015 年两次调整公路货运统计口径，公路货运量当年实际分别同比增长 10.9% 和 1.2%。

（三）铁路货运量与港口发展相关性分析

1980—2015 年我国铁路货运量与水路货运量增速对比情况见图 24。

从铁路货运量和水路货运量增速相关性来看，1997 年前二者有一定背离，1997 年后趋势基本保持一致。分阶段来看，1980—1996 年水运增速波动区间更大，并且常常出现负增长情况，铁路货运增速则相对稳定；1997—2010 年，二者趋势较为雷同，均保持快速增长趋势；2011 年后，二者均开始快速回落，铁路货运降速快于水运，水运增速从 2011 年的 12.4% 下降至 2015 年的 2.6%。

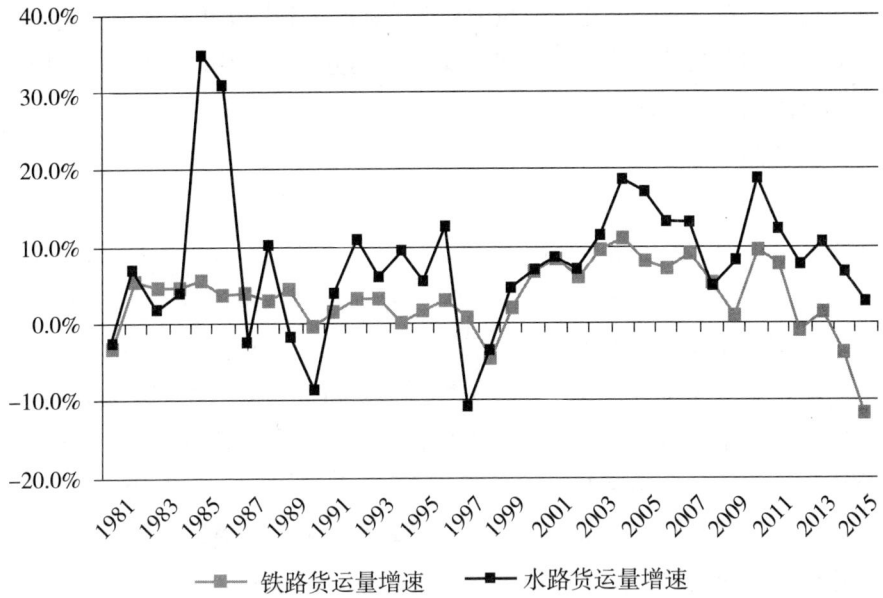

图 24   1980—2015 年我国铁路货运量与水路货运量增速对比

注：交通运输部于 2013 年调整水路货运统计口径，水路货运量当年实际同比增长 10.4%。

五、主要结论

总的来看，改革开放后，我国铁路货运量与货运周转量总体联动变化，呈现稳步增长趋势，但在 2012 年出现拐点。同时，铁路货运密度呈现"两升两降"阶段，但第二次升降幅度都更大。

从货运量结构变化趋势来看，煤炭、金属矿石、钢铁及有色金属、矿建材料、粮食和集装箱六大货类占铁路总货运量的比重在 2000 年以前较为稳定，在 2000 年后连续上升，其中煤炭、金属矿石两大货类占比持续提升（70%）。从各货类变化趋势来看，煤炭、金属矿石、钢铁及有色金属、粮食等大宗货类与总货运量变化趋势较为吻合，而矿建材料、集装箱等货类与总货运量变化趋势则有较大区别。

从货运流量流向总体特点看，一是我国铁路货运平均运距"先升后稳"；二是总体呈现"由西向东、由北向南"的总体特点。从主要货类流量流向特点看，煤炭发送主要集中在晋蒙地区，到达集中在环渤海地区；矿石发送主要集中沿海地区，到达集中在北方钢厂集中的区域；钢铁与矿石流向基本呈反向。

从铁路货运量与经济增长相关性看，货运强度呈现单边下行趋势，货运需求弹性接近于货运量增速变化趋势，铁路货运发展速度整体慢于经济社会发展，在2000年后铁路货运量与投资、消费、出口"三驾马车"关系较为密切。总体来看，2000—2011年期间是铁路货运与经济增长关联性和支撑性最强的时期。

从铁路货运量与产业发展相关性看，铁路货运需求在某一阶段表现的特征均与第二或第三产业表征类似。煤炭和粮食产运系数多年来变化幅度不大，石油产运系数呈"一缓一升一降"趋势，钢铁产运系数则呈单边下行趋势。传统工业对铁路的依赖较强，而经济高质量发展阶段产业逐渐指向消费地，且布局分散，铁路更需要主动进行对接。

从铁路货运量与综合运输体系发展相关性看，铁路货运量增速和铁路营业里程2011年前关联性较强，2011年后则呈倒挂趋势；与公路货运量增速基本保持一致趋势，而与水路货运量增速1997年前有一定背离，之后趋势则基本保持一致。总体来看，铁路、公路、水路货运量增速近20年基本保持一致，虽然下降速度不同，但在经济进入高质量发展阶段后三者仍然变化趋势接近。

（执笔人：马德隆）

参考文献

[1] 保鲁昆，等. 基于供需关系的铁路货运需求预测［J］. 交通科技与经济，2007(2).

[2] 张诚，周湘峰. 基于灰色预测-马尔可夫链-定性分析的铁路货运量预测［J］. 铁道学报，2007（10）.

[3] 任民. 省级区域铁路货运交流特点分析［J］. 中国铁路，2007（10）.

[4] 刘小红，等. 丝绸之路经济带铁路需求特征与发展趋势研究［J］. 铁道经济研究，2016（2）.

[5] 李学伟，等. 铁路客货运量增长与国民经济增长关系［J］. 数量经济技术经济研究，2000（3）.

[6] 杜力. 从煤炭长途超载运输探析运输结构与产业结构的关系［J］. 交通部管理干部学院学报，2012（7）.

[7] 吴璇，王烈. 铁路货运对经济社会影响作用的研究［J］. 铁道运输与经济，2010（11）.

[8] 张诚，张广胜. 基于协同模型的铁路货运与经济发展关系研究［J］. 物流技术，2012（21）.

[9] 张国敏，张康敏. 我国货运发展趋势及提高效率的对策［J］. 综合运输，2012(7).

[10] 余沛，等. 铁路运输与区域经济系统相关性与协调性定量评价［J］. 铁道运输与经济，2010（2）.

[11] 徐现祥，李郇. 中国省际贸易模式：基于铁路货运的研究［J］. 世界经济，2012（9）.

[12] 闫莉，等. 货运量与工业经济关联机制研究［J］. 物流技术，2015（24）.

[13] 纪丽君. 铁路网货运能力供给与运输需求适应性研究［D］. 北京：北京交通大学学位论文.

专题报告三

发达国家铁路货运需求演变情况及其特点

> **内容提要** 铁路货运需求受供给侧因素和需求侧因素共同影响，供给侧因素主要包括铁路货运技术、综合运输体系和国家运输政策，需求侧因素主要包括GDP、人均GDP、产业结构、城镇化水平、经济地理和经济周期。基于美国、英国和德国的经验分析，本报告得出如下启示：第一，受城市化、人均GDP、经济增长、经济地理等因素影响，我国铁路货运需求长期仍将保持上升趋势，应该进一步扩大铁路网来满足未来更大货运需求。第二，我国铁路领域虽然实现了政企分离，但是铁路总公司仍未能成为真正意义上的市场主体，应该继续推动铁路领域的市场化改革，更好地满足持续增长的多样化运输需求。

一、引言

1825年英国建成第一条运营铁路，铁路成为英国工业革命的助推器，其他国家纷纷效仿。经过近两百年的发展，铁路仍然是一个国家最重要的基础设施，而铁路运输是现代货物运输体系中最为重要的运输方式之一，有力地支撑着社会与经济的运行和发展。

在我国铁路建设受到决策部门的格外重视，2011—2015年，我国铁路营业里程从9.3万公里上升至12.1万公里，最新发布的《中长期铁路网规划》显示，未来我国将进一步扩大铁路网络，2020年铁路网络规模达15万公里，2025年达到17.5万公里左右。与之形成鲜明对比的是，我国铁路货运周转量连续5年下降，铁路货运需求萎缩趋势明显，因此，快速的铁路网络建设是否有铁路货运需求作为支撑成为各界关注的焦点。本报告通过梳理发达国家铁路货运需求演变情况及特点，为分析我国铁路货运需求变化趋势提供部分参考。

在参考发达国家经验的过程中，应当注意到我国铁路建设水平与经济发展水平与发达国家相比仍然有较大差距。2010年我国与发达国家铁路路网密度、经济发展水平比较情况分别见表1、表2。

表1 2010年我国与发达国家铁路路网密度比较

国家	国土面积（万km²）	人口（万人）	铁路运营里程（km）	按国土面积计算路网密度（km/万km²）	按人口计算路网密度（公里/万人）
中国	960	134141	91000	94.79	0.68
美国	962.9	31028.2	228513	237.32	7.36
英国	24.48	6222.2	15777	644.49	2.54
德国	35.71	8160.3	37679	1055.13	4.62

注：（1）国土面积和人口数据来自国际货币基金组织世界经济展望数据库，为2010年数据。（2）数据来源及说明：中国的数据来自铁道统计公报，为全国铁路数据；英国的数据来自交通运输部；德国的数据来自德国联邦统计局；其他国家的数据来自世界银行数据库。

如表1所示，按国土面积计算，我国2010年铁路路网密度平均每万平方千米94.79公里，是美国的40%、英国的14.7%、德国的9%；按人口计算，我国2010年铁路路网密度平均每万人0.68公里，是美国的9.2%、英国的26.8%、德国的14.7%。上述数据表明，近些年我国虽然投入大量资源建设铁路，铁路网络也越来越发达，但是从铁路路网密度进行比较，我国与主要发达国家仍然有比较大的差距。

表2列出了我国和主要发达国家代表发展水平的相关指标。经过改革开放以来三十多年的高速增长，我国GDP总量位居世界第二，2015突破10万亿美元，是美国GDP总量的60.5%，并成功超过其他发达国家，是英国GDP总量的3.8倍、德国GDP总量的3.2倍。同时，我们也要看

到，我国人均 GDP 仍然较低，2015 年为 7925 美元，是美国人均 GDP 的 14.2%、英国人均 GDP 的 18.1%、德国人均 GDP 的 19.2%。

表2　我国与发达国家经济发展水平比较

国家	人均 GDP（美元）	GDP（亿美元）	城镇人口占比（%）	工业增加值占比（%）
中国	7925	108664	53.73	38.5
美国	55837	179469	81.28	21.0
英国	43734	28487	82.09	20.5
德国	41219	33557	74.89	30.7

注：(1) 人均 GDP 和 GDP 数据来自世界银行数据库，为 2015 年数据。(2) 城镇人口占比数据来自中国统计局国际数据库，为 2013 年数据；中国城镇人口为城镇常住人口。(3) 工业增加值占比数据来自中国统计局网站国际数据库，为 2014 年数据。

从人口区域分布来看，2013 年我国城镇常住人口占比为 53.73%，同时期美国对应的数据为 81.28%，未来我国将有更多的农村人口向城镇流动，城镇化有较大的发展空间。在产业结构方面，2014 年我国工业增加值占比为 38.5%，主要发达国家一般在 20% 左右，德国工业增加值占比相对较高，但也只有 30.7%。因此，我国与主要发达国家相比，经济发展水平仍然较低，未来的发展空间巨大。

二、理论基础与研究框架

（一）理论基础

铁路货物运输之所以如此重要，是因为商品经济打破了自然经济原有的运作模式，物品的生产者与使用者分离，从而产生了商品，货物的位移需求随之而来。市场经济作为商品经济的高级阶段，生产的分工体系已经社会化，不但生产的最终品与市场消费匹配需要空间上的物理位移，生产所需要的材料、中间品等同样产生位移需求。特别是经济全球化以来，社会化生产的分工突破了国界，形成了国际化分工体系，原材料、中间品和最终消费品等的位移需求量更加庞大，铁路运输在满足这些商品位移需求中起着重要的作用。

1. 影响铁路货运需求的需求侧因素

铁路货物运输作为现代生产分工体系的有力支撑，直接关系到整个社会生产的效率，可以看出，铁路货物运输作为一种市场引致需求，具有明显的派生属性。一个国家或地区最终形成的铁路货运需求数量，与这个国家社会生产中原材料、中间品和最终消费品的需求量密切相关，由此可知，分析一个国家的铁路货运需求量必然从需求侧因素入手。

从现有研究铁路货运需求的文献来看，一个国家或地区的国民生产总值之所以被关注，是因为国民生产总值是一个国家或地区市场需求总量的最佳度量指标，它度量了一个国家或地区一定时期内经济活动市场价值的总和。当然，需求侧因素还包括一个国家或地区的经济地理、人均GDP、产业结构、城镇化水平、对外开放程度、经济周期等。

前面的分析表明，铁路货物运输需求可能来自于生产过程中对原材料的消耗产生空间位移需求，然而一个国家或地区的自然资源禀赋影响其经济地理，而经济地理与满足货物空间位移需求所选择的交通运输方式密切相关。比如日本在自然资源禀赋上比较独特，煤炭储量和产量都很少，铁矿石几乎没有，因此，日本钢铁工业沿海分布，原材料基本上都依靠进口，而进口此类原材料选用海运更加合适。

人均GDP同样也是一个很重要的需求侧因素。一方面，人均GDP的高低可以反映一个国家或地区的居民消费能力，再与人口总量相结合，共同决定了一个国家的市场容量；另一方面，人均GDP也反映居民消费结构、经济发展水平甚至技术水平，与产业结构等因素存在交叉性影响作用，比如居民消费结构直接影响着一个国家或地区的产业结构。

荣朝和（1993）提出的运输化理论将运输业的发展分为三个阶段，这三个阶段的划分都将产业结构作为一个重要的参考系数。在前运输化阶段即工业革命之前，社会生产方式主要是小农经济，再加上少量的手工业，此时对货物的运输需求相对较少，以天然水道为基础的水运是主

要的运输方式。运输化是随着工业化的发生而出现的，在以冶金原材料工业为主时期，采掘业和钢铁工业是一个国家的支柱产业，对煤炭、矿石、钢铁产品等大宗、散装货物运输需求急剧增加，此时是铁路货运大发展时期。到了制造业进入深加工时期，工业生产对原材料的依赖减少，大宗散装货物在总运量中的比例下降，高速公路汽车运输发展很快。在后运输化阶段，一个国家的产业结构转向高新技术产业和服务业，货物运输总量增长进入慢速通道，这个阶段更加注重运输质量和效率的提高，具体表现为多种运输方式融合发展。

研究铁路货运需求变化规律时，一个国家或地区的城镇化水平可能也是需求侧因素中的一个重要分析指标。首先，城镇化水平表明一个国家或地区社会生产方式的现代化程度，城镇化水平越低，说明一个国家或地区农业生产即传统生产方式的比例越高，也即社会生产方式的现代化程度越低，上面分析的运输化理论表明现代化生产特别是现代化生产的初期货运总量快速增长，对铁路运输高度依赖。其次，城镇化水平也反映一个国家或者地区生产和人口的空间形态，因为城镇化过程中，不但社会的生产方式发生转变，人们的生活方式也发生变化，此时人口聚集、城市兴起。人们生活空间形态的变化必然对生产和生活所需要货物的空间位移方式带来影响，突出表现为城市内部对小批量、零散、高效的货运需求增多，城市之间则更多表现为大宗商品的长途运输，铁路在满足后一种货物运输需求时比较有优势。

在现有相关文献中，从对外贸易的角度进行分析相对较少，但是如果从一个国家或地区在国际产业链条中所处的位置以及国家发展的内外动力来看，对外开放程度可能也是一个重要的需求侧因素，当然，对外贸易程度主要是指出口占国内生产总值的比重。

首先，从国际分工体系的视角分析，如果一个国家或地区处于国际产业链条的低端，主要为国际化大生产提供原材料，那么国内货运为大宗、长途的货物运输，但是当一个国家或者地区进入国际产业链条的中端，以出口加工贸易品为主，相关产业大多分布在沿海沿边地区，内陆货运需求相对较少，更多的是发展对外海运或空运。再就是像美国这样的发达国家，处在国际产业链条的顶端，更多的是为国际化生产提供技术和高端服务，来自美国国内或国外的货运需求都相对较弱，更多的是人员的跨区域、跨国流动，客运需求急剧上升。

其次，考虑一个国家的发展动力来源。在以出口为一个国家或地区主要发展动力的阶段，国内市场相对不发达，内陆货物运输发展相对缓慢。当一个国家从外需型经济跨入内需型经济，国内市场成为社会生产的主要服务对象，内陆货物运输将快速上升，铁路运输将再次发挥重要作用。

上述分析的6个方面都是长期需求侧因素，经济周期则是短期需求侧因素。一个国家市场需求总量所产生的货物空间位移是一个重要的因素，而经济周期则反映这个总量的短期变化规律，因此，在分析铁路货运需求变化规律时，经济周期也是一个研究视角。

2. 影响铁路货运需求的供给侧因素

铁路货物运输需求作为一种引致需求，根据统计数据所总结出的铁路货运需求变化规律，实际上是铁路货运需求总量的变化规律，该规律不但与商品的空间位移需求即需求侧因素有关，还与铁路自身的供给能力有联系，这些供给侧因素可以归纳为三个方面：铁路货物运输技术、国家运输管理制度和综合运输体系。

20世纪50年代以来，发达国家铁路货运技术取得了迅速发展，主要表现为两大特征：一是以美国、加拿大、澳大利亚为代表的重载技术，主要特点是车辆轴重大、载重高、自重轻及列车编组辆数多；二是以法国、德国等欧洲国家为代表的货运快速技术，主要特点是车辆运行速度高，列车编组辆数少（王春山，2007）。另外，在铁路货运组织技术方面，杨浩等（2001）认为存在如下发展趋势：第一，集中化，实现规模经营；第二，重载化，大幅度增加运输能力，提高运输效率和降低运输成本；第三，集装运输，加速车辆周转，保证货物运输质量，提高货物运输效率，实现多式联运和门到门运输等一系列优点；第四，直达化，即从发送地到目的地的运输全过程中，货车的装卸、调移、集结等时间和相关作业成本最小化；第五，快速化，竞争高附加值货物运输市场。这些铁路货物运输的技术特征在发达国家具有普遍性，在后面的案例分析将不再一一介绍。铁路货运技术在发达国家较早地步入成熟阶段，后来的技术变化相对缓慢，对铁路货运需求的影响相对较小，后面分析将弱化铁路货运技术方面的影响。

在综合运输体系中，铁路运输只是其中一种运输方式，还有公路、水路、航空、管道等四种运输方式。从理论上来讲，上述五种运输方式都可以满足货物空间位移需求，这决定了铁路运输与其他四种运输方式存在替代关系，在市场经济条件下，这种替代关系具体表现为各种运输方式之间的竞争，运输成本、运输效率、便利性、服务质量等因素影响着市场主体对运输方式的选择。另外，随着社会生产和生活联系的紧密性不断加强，一件货物的空间位移可能需要多种运输方式共同来完成，因此，铁路运输与其他4种运输方式又存在着互补关系。

这五种运输方式之间的替代关系、互补关系共同构成综合运输体系，在这个体系当中，铁路运输的供给能力与其他运输方式的供给能力密切相关。首先，从多种运输方式的替代关系来看，铁路运输供给能力强弱只是一个相对值，比如在公路、水路、航空、管道等运输网络都不健全的国家或地区，完善的铁路网络将使铁路货运成为首选，反之，如果公路运输网络很发达，那么在散装和短途货物运输上，铁路货物供给优势将大大下降。其次，从多种运输方式的互补关系来分析，当一件货物空间位移需要多种运输方式共同完成时，被称为多式联运的货物方式将出现。根据著名的短板理论，多式联运这种新型运输方式的运营成本、运作效率和服务质量可能取决于其中最弱的一种运输方式，由此可见，铁路货物供给能力受其他运输方式影响。

在供给侧因素中，国家运输管理制度同样重要，因为国家运输管理制度可以改变铁路货物供给的市场结构，例如通过反垄断措施可以抑制铁路货运垄断企业的出现，使铁路货物运输供给企业数量相对较多，货物运输需求者有更大的选择空间，增加铁路货物运输供给企业之间的竞争，有利于铁路货物运输能力的提高。另外，国家运输管理制度可以改变铁路货物运输市场的激励机制，在铁路网络建设的初期，为了加快建设步伐，对铺设铁路给予资金、土地和其他政策上的支持，将激发企业建造铁路的热情，铁路数量将快速增长，当铁路网络基本完善之后，铁路货物运输服务质量更为重要，减少政策干预、引入竞争体系有利于引导企业提高服务质量。由于历史、文化和政治等原因，每个国家的运输管理体系演变有所差异，在下面的案例分析中将分别介绍不同国家的运输管理体系。

（二）研究框架

本专题的研究框架如图 1 所示。上一小节的理论分析基本勾勒出了本专题的研究框架，需求侧因素和供给侧因素共同决定一个国家或地区的铁路货运需求量。下面以欧美发达国家（美国、英国和德国）为例，对铁路货运需求演变情况及其特点进行探讨。

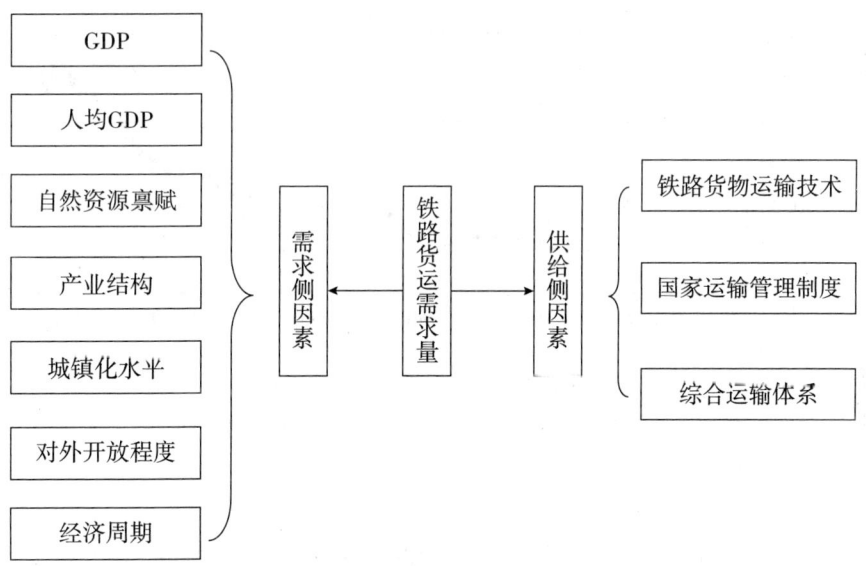

图 1　本专题的研究框架

三、美国案例分析

（一）美国铁路货运需求总量的变化趋势及特点

美国 1880—2010 年铁路货运周转量变化趋势见图 2。长期来看，美国铁路货运周转量呈上升趋势。在 1930—1940 年、1950—1960 年、1980—1982 年、2006—2009 年为下降趋势，有个别年份较上一年也出现了下滑，例如 1985 年和 2003 年，在其他时间段美国铁路货运周转量都呈上升趋势。由此可见，美国铁路货运周转量长期变化趋势为上升，但是在个别时间段或年份存在波动，会出现短期的下降。

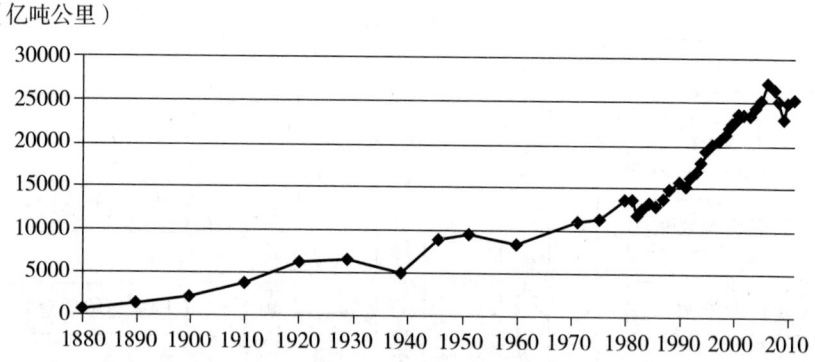

图 2　美国铁路货运周转量变化趋势图

注：1980 年以前数据来源于荣朝编写的《论运输化》一书中的表 4-9；1980 年以后数据来源于美国 National Transportation Statistics 2016。

1880—2010 年不同时间段美国铁路货运周转量的年均增长率及其变化趋势见表 3、图 3。为了进一步分析美国铁路货运需求总量的变化特征，表 3 列出了美国铁路货运周转量在不同时间段的年均增长率。按 10 年时间间隔来划分（由于数据可得性，部分时间段间隔并不是 10 年），1880—2010 年有 5 个时间段为高速增长阶段，年均增长率大于 5%，其中 1939—1946 年年均增长率最大为 11%；货运周转量为正增长且年均增长率小于 5% 的低速增长阶段有 6 个，而年均增长率为负数的时间段有 2

个，分别为 1929—1939 年和 1951—1960 年。总体来看，1960 年以后各个时间段要么为低速增长，要么为负增长，负增长只有 1951—1960 年。另外，从图 3 可以看出，在 1939 年以前美国铁路货运周转量的年均增长率呈下降趋势，但是在 1939—1946 年突然跃升至 11%，在此之后年均增长率出现了 2 次下滑，1951—1960 年年均增长率为 -1.3%，从 1960 年起美国铁路货运周转量的年均增长率在 2% 上下波动。

表 3　不同时间段美国铁路货运周转量的年均增长率

高速增长阶段（>5%）		低速增长阶段（<5%）		负增长阶段（<0）	
1880—1890 年	10.2%	1920—1929 年	1%	1929—1939 年	−2.5%
1890—1900 年	7.9%	1946—1951 年	1.8%	1951—1960 年	−1.3%
1900—1910 年	8%	1960—1971 年	2.8%		
1910—1920 年	6.2%	1971—1980 年	2.7%		
1939—1946 年	11%	1980—1990 年	1.4%		
		1990—2000 年	4.5%		
		2000—2010 年	1%		

注：根据图 2 数据自行整理。

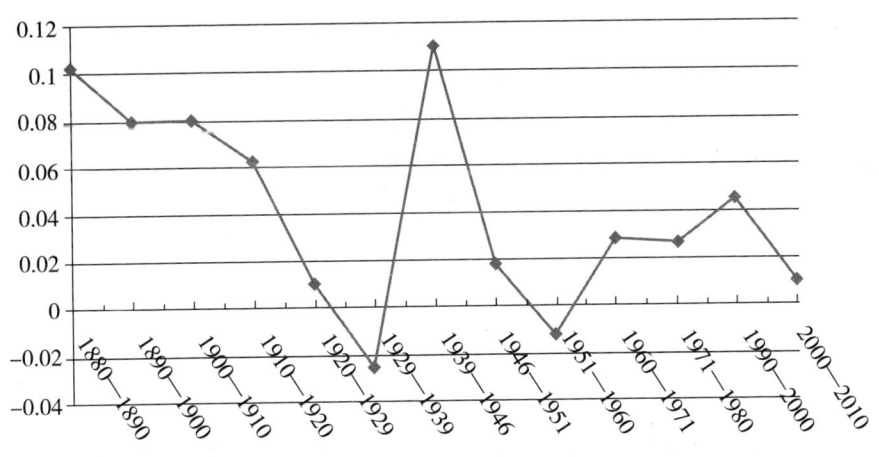

图 3　美国铁路货运周转量不同时间段年均增长率的变化趋势图

注：根据表 3 数据绘制。

综上所述，美国铁路货运周转量长期呈上升趋势，但是在个别年份或时间段出现下降，并且1960年以后上升势头明显放缓。

（二）美国供给侧因素分析

1. 运输管理制度

美国的运输管理制度可以分为以下四个时期（许庆斌等，1995）：

第一个时期是从独立战争到19世纪60年代的南北战争期间，各级政府对运输业很少加以管制，主要依靠市场竞争进行调节，此时运河、铁路得到大发展。

第二个时期是从南北战争到20世纪二三十年代，这一时期的主要特点是对运输垄断进行管制，其中铁路的反垄断成为政策重点。

第三个时期是从20世纪30年代到60年代，缓和竞争成为政府管制的目标，结果是铁路从20世纪50年代出现持续的财务困难，最终导致大批铁路破产，这是1951—1960年美国铁路货运周转量出现负增长的一个重要原因。

第四个时期是从20世纪70年代开始至今，主要特点是放松管制，例如1976年出台铁路恢复和管制改革法，放宽对铁路运价的限制，允许铁路有较多的运价自由；1977年、1978年放松航空货运管制；1980年进一步对铁路运价放权，并通过新的汽车运输法，允许更多的经营者进入汽车运输市场，扩大运价自由。放松管制以来，运输企业有更大的自主权和灵活性，铁路的财务状况有所好转，1980年以来美国铁路货运所占市场份额总体呈上升趋势。

2. 综合运输体系

美国货运周转量和各种货运方式所占市场份额的变化情况见图4。如图4所示，在1980—2011年间，公路货运所占市场份额始终领先于其他运输方式，并且呈上升趋势；铁路货运所占市场份额基本上也呈上升趋势，在1985年超过内陆水运，1990年超过管道运输，此后一直稳居第二，2006年达到峰值32.6%；内陆水运和管道运输所占市场份额总体呈下降趋势，并且内陆水运所占市场份额一直低于管道运输所占市场份额，航空货运所占市场份额虽然呈上升趋势，但是一直没能超过0.3%。另外，将美国货运周转量与各种货运所占市场份额的变化趋势比较分析发现，货运周转量存在两个明显的V型变化区段，相对应的只有铁路货运所占份额同样地出现了V型变化，这也说明，在五种货运方式中铁路货运受货运需求总量的影响最为明显。

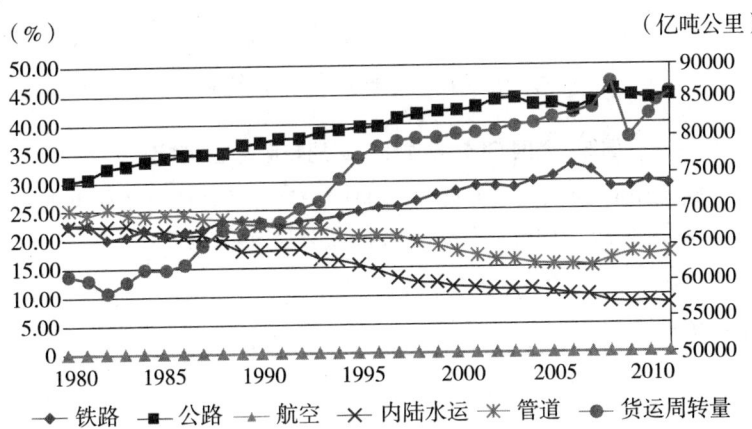

图4　美国货运周转量与各种货运方式所占市场份额变化趋势图

注：左轴为各种货运方式所占市场份额，右轴为货运周转量。
数据来源：美国National Transportation Statistics 2016。

（三）美国需求侧因素分析

1.GDP

美国GDP与铁路货运周转量变化趋势见图5，美国单位GDP货运周转量的变化趋势见图6。

正如前面理论分析所言，美国GDP与铁路货运周转量的变化趋势基本一致，如图5所示，两者在1960—2011年期间总体都呈上升趋势，并且在铁路货运周转量下降的时间段1980—1982年、2006—2009年，GDP同样出现了下降，局部波动也保持一致。另外，GDP趋势线与铁路货运周转量趋势线存在交叉点，说明在不同时间段两者的变化率也存在

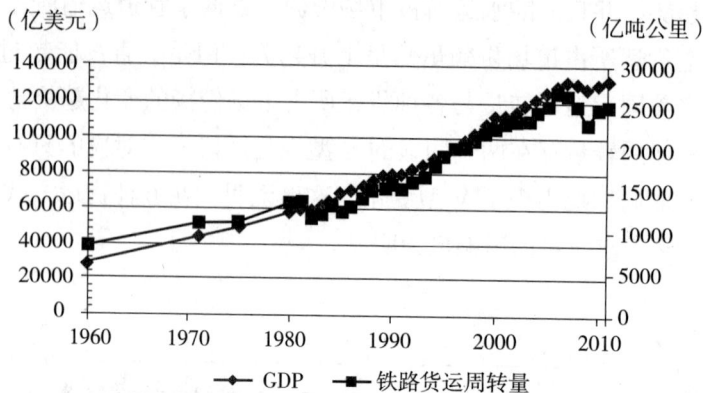

图 5 美国 GDP 与铁路货运周转量变化趋势图

注：左轴为 GDP，单位为亿美元（以 2005 年不变价格计算）；右轴为铁路货运周转量，单位为亿吨公里。GDP 数据来源于国家统计局国际数据库。

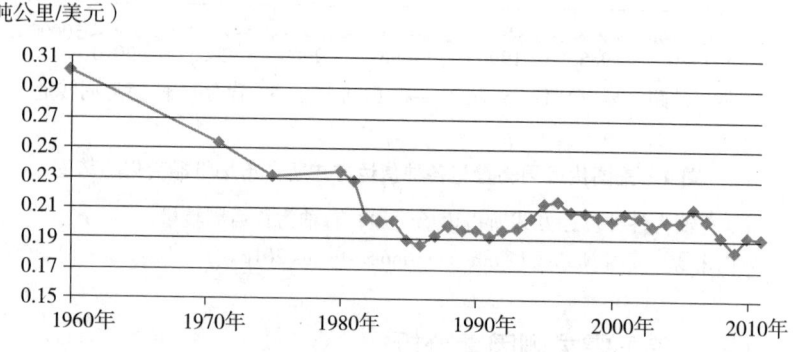

图 6 美国单位 GDP 货运周转量的变化趋势图

差异，为此进一步分析单位 GDP 铁路货运同转量的变化趋势。如图 6 所示，单位 GDP 铁路货运周转量存在先降后保持水平的趋势，1960 年 1 美元 GDP（以 2005 年不变价格计算）对应的铁路货运周转量为 0.3 吨公里，1986 年下降至 0.185 吨公里，在此之后在 0.2 吨公里上下波动。

2. 人均GDP

按照2010年世界银行的定义，高等收入经济体是指人均GDP超过12276美元的国家或地区。1960年美国人均GDP为17037美元，按现有标准衡量，美国仍为高等收入国家。1960—2011年美国人均GDP与人均铁路货运周转量之间的关系见图7。从图7可以看出，总体上，美国人均铁路货运周转量与人均GDP呈正相关关系，只是在少数情况下为负相关关系，例如1980—1981年，美国人均GDP从28734美元增至29191美元，相对应的人均铁路货运量从每人5988吨公里下降至每人5878吨公里，类似的情况还发生在2000—2002年、2006—2007年。进一步回归分析发现，美国人均GDP每增加1美元，则人均铁路货运周转量增加0.14吨公里。

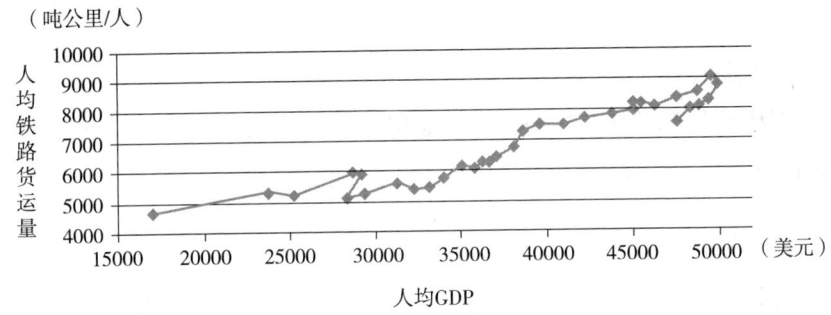

图7　美国人均GDP与人均铁路货运周转量的关系图

注：人均GDP单位为美元（以2010年不变价格计算）；人均铁路货运量单位为吨公里/人。人均GDP和人口数据来源于世界银行。

3. 经济地理

从美国铁路货运物类结构来看，煤炭、化工与合金原料、农产品货物运输占铁路货运量的比例分别为47.2%、9.8%、8.2%，这与美国经济地理有直接关系。美国幅员辽阔，国土面积居世界第四位。平原面积广阔，占国土面积的70%以上，产业分布几乎不受地理条件限制，使美国的东、中、西部分别形成了不同主导产业为主的经济空间结构。从产业空间布局看，以东北沿海地区和五大湖地区的港口和工业城市经济圈为核心，形成了全国主要的工业"制造产业带",集中了全国 2/3 的制造业职工和 3/4 的制造业产值;中部、西北和山区集中了全美农场数的 81.6%、农用耕地的 90.6%,农业产出的 90.0%,成为美国的主要农业和采掘业聚集区。这种产业空间分布格局,需要其他地区向东北地区长距离运送原料产品,再从东北地区向其他地区长距离运送加工产品,区域间物资交换量大,这就要求必须具备良好的运输条件,所以,美国的运输网长度是世界最长的。1972 年,美国各种运输线路总长度为 710 万公里,占世界路网长度的 30%。同时,由于国土面积大,运距长,所以在货物运输方面,铁路发挥了巨大作用。另一方面,由于制造业产品需要运往全国各地,为提高货物的送达速度,铁路与公路、水运的联运在美国也是非常发达的。总体来看,经济地理对铁路货运需求的影响较大。近年来,加拿大的油砂和美国的页岩油的发展也促进了铁路运送量的加大。

4. 产业结构

美国工业增加值占其国内生产总值比重与铁路货运周转量的变化趋势见图 8。

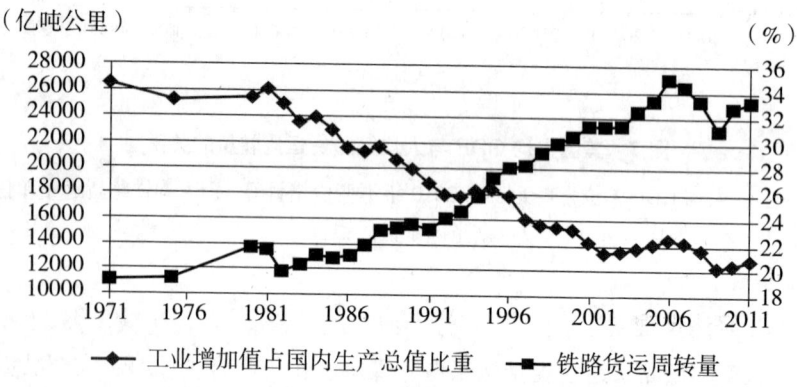

图 8 美国工业增加值占国内生产总值比重与铁路货运周转量的变化趋势图

注:左轴为铁路货运周转量,单位为亿吨公里;右轴为工业增加值占国内生产总值比重,单位为 %。

数据来源:国家统计局国际数据库。

如图 8 所示，1971—2011 年美国工业增加值占国内生产总值的比重总体呈下降趋势，从 34.2% 下降到 20.8%，但是铁路货运周转量的变化趋势正好与之相反为上升趋势，可见发达经济体处在产业服务化时期仍然有比较旺盛的铁路货运需求。另外，分析局部波动发现，当工业增加值占国内生产总值比重上升时，铁路货运增长相对较快，例如，2003—2006 年美国工业增加值占比增大，铁路货运周转量的年均增长率为 5.2%，明显高于 1971—2011 年的年均增长率 3.2%。

5. 城镇化水平

美国城镇化率与铁路货运周转量的变化趋势见图 9。

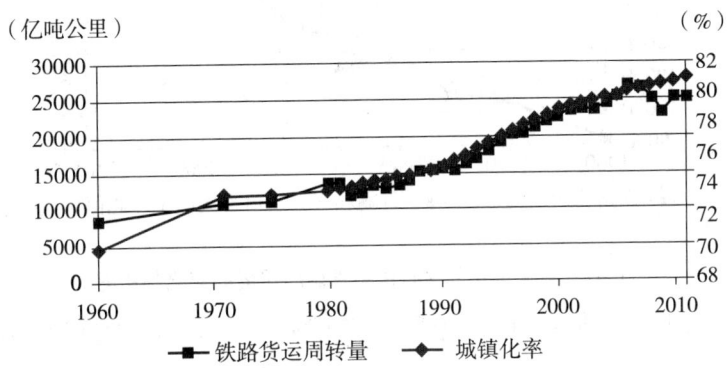

图 9　美国城镇化率与铁路货运周转量的变化趋势图

注：左轴为铁路货运周转量，右轴为城镇化率；城镇化率是指城镇人口占全国总人口的比重。

数据来源：国家统计局国际数据库。

美国城镇化率在 1960 年已经达到 70%，2011 年上升至 80.94%，年均增长率为 0.21%，以美国 2011 年总人口 3.12 亿计算，年均进城人数为 66 万，这可能是因为美国处于城镇化后期，为低速城镇化。如图 9 所示，虽然美国城镇化率与铁路货运周转量局部波动存在不一致，但是两者整体都呈上升趋势。如果考虑到 1960 年以前城镇化与工业化同步进行，铁路货运作用突出，表现为较快增长，那么城镇化和铁路货运需求同步增长的态势更加明显，基本可以反映出城镇化发展对铁路货运需求具有较为明显的拉动、促进作用。

6. 对外贸易

美国对外贸易与铁路货运周转量的变化趋势见图10。

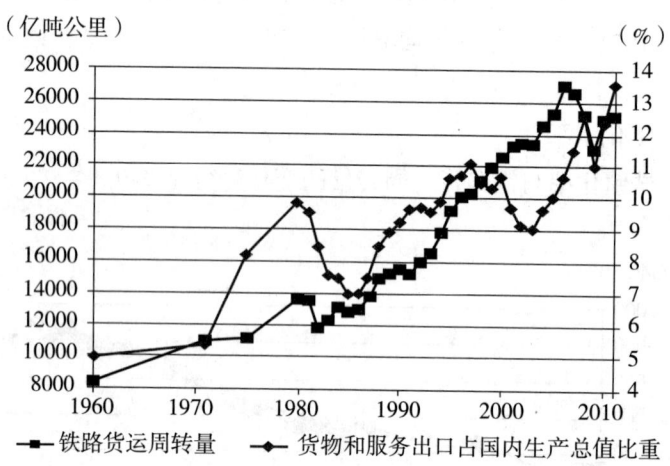

图10 美国对外贸易与铁路货运周转量的变化趋势图

注：左轴为铁路货运周转量；右轴为对外贸易，指货物和服务出口占国内生产总值比重。

数据来源：国家统计局国际数据库。

如图10所示，1960—2010年美国货物和服务出口占国内生产总值比重从4.97%上升至13.57%，其中1980—1986年、1997—2003年、2008—2009年为3个下滑期。美国铁路货运周转量的变化趋势与之相类似，总体上呈上升趋势，但是在上述3个下滑期，铁路货运周转量的变化却与之不同，特别是1997—2003年美国铁路货运周转量不但没有下降反之保持比较快的增长，这可能是因为美国处于国际分工体系的顶端，出口的产品和服务附价值高而质量轻，铁路货运方式并不占优。

美国能源进口比例与铁路货运周转量的变化趋势见图11。

如图11所示，美国能源进口比例从1960年的5.3%上升至2005年的峰值29.7%,在此期间铁路货运周转量变化趋势与之基本吻合,并且于2006年达到峰值27095亿吨公里;2006年之后,能源进口比例一路下滑,2011年下降至18.5%,而铁路货运周转量于2009年发生逆转,由下降变为上升。总之,美国在能源进口比例上升阶段,也是国内消费需求旺盛时期,铁路货运周转量同样增长,反之,如果能源进口比例下降,这表示国内消耗增长放缓,铁路货运需求也呈下降趋势,这可能是因为美国国土面积大,进口的能源运输到内地大多依赖铁路。

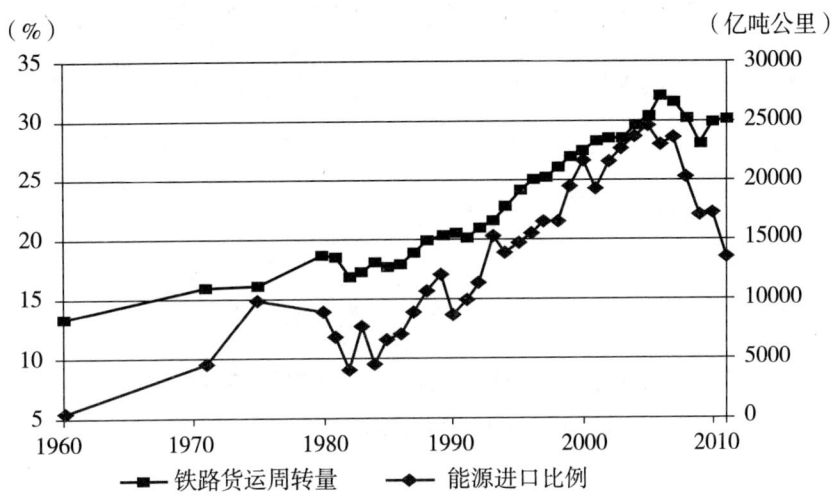

图11 美国能源进口比例与铁路货运周转量的变化趋势图

注:左轴为能源进口比例,能源进口比例=(能源消费量-能源产量)/能源消费量,能源消费量和能源产量数据来源于国家统计局国际数据库;右轴为铁路货运周转量,单位亿吨公里。

7. 经济周期

美国GDP增长率与铁路货运周转量增长率变化趋势见图12。

如图12所示,1981—2011年美国铁路货运周转量年增长率的波动幅度明显要大于GDP年增长率的波动幅度,并且GDP增长率存在4个V形变化区段,分别为1981—1984年、1989—1992年、1999—2004年和2006—2010年,在这些时间段铁路货运周转量增长率的变化趋势基本也是V形,除1999—2004年之外,其他时间段两者几乎同时到达谷底和峰值,这说明铁路货运需求量存在周期变化,并且铁路货运需求的波动幅度大于经济周期的波动幅度。当然,铁路货运周转量增长率还有其他时间段呈 V 形变化趋势,如 1995—1998 年,这是因为经济结构调整(工业占比和出口占比同时快速下降)也会引起铁路货运需求波动。

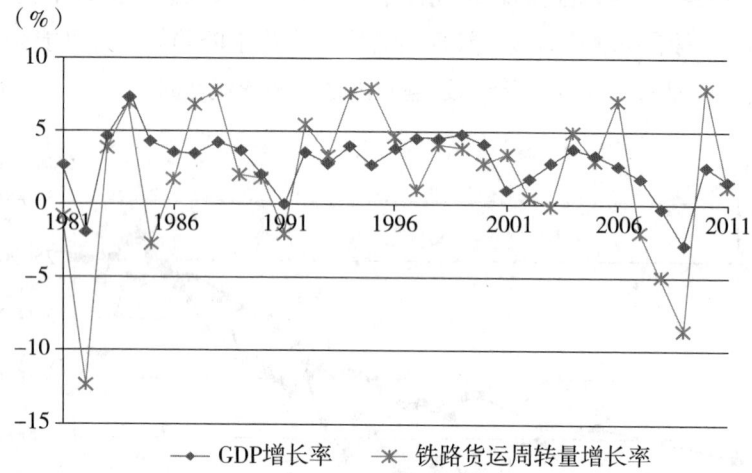

图 12　美国 GDP 增长率与铁路货运周转量增长率变化趋势图

数据来源:GDP 增长率数据来自世界银行。

四、英国案例分析

(一)英国铁路货运需求总量的变化趋势及特点

英国铁路货运周转量变化趋势见图 13。

从图 13 可以看出,1953—2013 年英国铁路货运周转量总体呈 V 形变化趋势,1953—1993 年为下降阶段,1994 年出现转折开始转为上升趋势,但是 2013 年仍然只达到 1974 年的水平。与美国不同,英国铁路货运周转量有一个长达 40 年的下降期,1993 年铁路货运周转量仅是 1953 年的 35.1%,当然在这 40 年内也存在反弹现象,例如 1967—1970 年和 1984—1988 年英国铁路货运周转量表现为上升趋势,同样地,在 1994—2013 年的上升阶段也有一个 2006—2010 年的下滑期。总体而言,英国铁路货运周转量为V形变化趋势，并且后半段的近二十多年为上升阶段，当然，无论是上升阶段还是下降阶段都存在局部波动。

(亿吨公里)

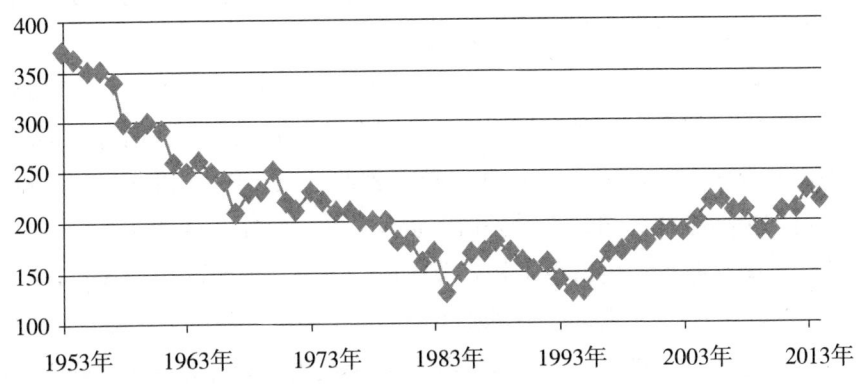

图13 英国铁路货运周转量变化趋势图

数据来源：Transport Statistics Great Britain 2015。

（二）英国供给侧因素分析

1. 运输管理制度

在铁路发展的最初几十年里，英国政府秉承自由放任的原则，并未对铁路加以干涉，19世纪50年代是英国铁路修建高潮时期，到1880年主要线路基本建成，1928年路网规模达到了32565公里的历史最高水平。

在铁路市场结构方面，1923年123个大小不同的私营铁路公司进行了合并，最终形成大西部、南方、伦敦、米特兰和苏格兰、伦敦和东北等大型铁路公司，铁路业开始走上垄断之路。1948年工党政府将铁路收归国有，成立英国铁路公司（BR）。1955年英国国铁出现亏损，此后每年都要向政府申请财政补贴，成为政府的财政负担。

1982年英国铁路公司废除了沿用30多年的分区（东区、中区、苏格兰区、南区、西区）管理体制，BR总部设立了5个事业部，分别负责长途客运、伦敦大区客运、市郊客运、行包运输、货物运输，原来的5个地区局成为只负责具体运输的生产组织。1988年BR正式撤销了5个地区局，按市场业务成立了 8 个垂直管理的事业部，分别是城市客运、东南路网客运、地区铁路客运、欧洲客运服务、整车货运、集装箱运输、行包业务部、维修服务部。事业部不是企业法人，但在 BR 内部实行独立核算。上述两次改革后，国铁的亏损仍在继续，说明体制内改革的效果有限，并没有很好地提高铁路运输的市场竞争力（李杰，2005）。

1994 年，英国铁路启动网运分离和私有化改革，成立了一家路网公司负责经营和管理基础设施，铁路运营业务则被按业务内容分割成为多家专业公司，面向社会出售。英国铁路公司（BR）拆成了近 100 家公司，包括路网公司、客运公司、货运公司、机车车辆租赁公司等。目前，英国铁路行业由以下主要企业组成：1 个路网公司——NetworkRail，24 家客运公司，6 家货运公司和 3 家机车车辆租赁公司（李娜和李凤玲，2013）。如图 13 所示，1994 年英国铁路货运周转量开始出现反弹，说明此次改革提高了铁路货运在综合运输体系中的竞争力，有利于铁路货运长期发展。

2. 综合运输体系

英国货运周转量与各种货运方式所占市场份额变化趋势见图 14。

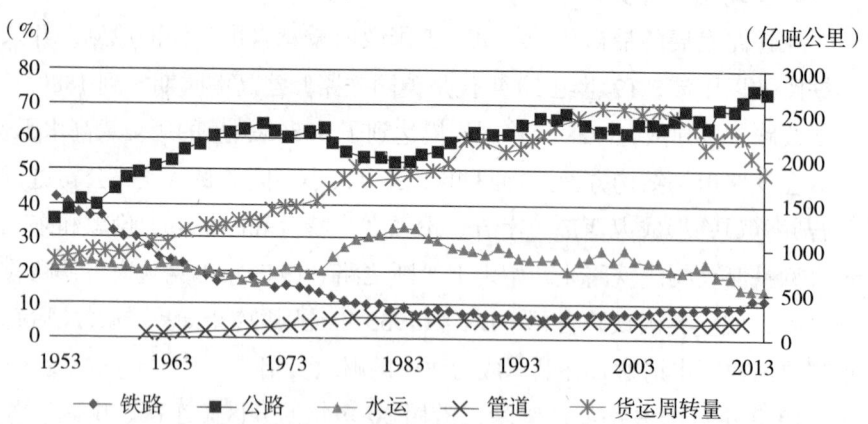

图 14　英国货运周转量与各种货运方式所占市场份额变化趋势图

注：左轴为各种货运方式所占市场份额；右轴为货运周转量。
数据来源：Transport Statistics Great Britain 2015。

如图14所示,1953—2013年英国货运周转量总体呈倒V形变化趋势,其中1953—2005年为上升阶段,2005年达到历史最高点2570亿吨公里,2005—2013年为下降阶段,2013年下降至1850亿吨公里,仅为1985年的水平,为历史最高点水平的72%。

从替代关系上看,在1966年以前,铁路货运所占市场份额的下降基本由公路货运替代,但是1966年以后公路和水运之间相互替代关系更加明显。从1966年起,各种货运方式所占市场份额的排序也基本稳定,从大到小依次为公路、水运、铁路、管道。

1953年铁路货运在4种货运方式中所占份额最大,为41.6%,在此之后三十年里铁路货运所占市场份额连续下降,于1954年、1966年开始分别低于公路和水运。1995年铁路货运所占市场份额下降至历史最低点(仅5.7%),不过在此之后铁路货运所占份额开始慢速反弹,2014年为11.8%,恢复到大致1977年的水平。总体来看,英国的铁路货运所占市场份额呈V型变化趋势,与铁路货运周转量的变化趋势相类似。

(三)英国需求侧因素分析

1.GDP

英国GDP与铁路货运周转量变化趋势见图15。

如图15所示,1960—1994年英国GDP呈上升趋势,而铁路货运周转量刚好相反,总体呈下降趋势,根据供给侧因素分析,这可能是因为在1994年以前,铁路货运的市场竞争力比较差,GDP增长带来的货运增长基本被其他货运方式所抢占,具体表现为图14中所示的铁路货运所占市场份额持续下降。

在1994年以后铁路与其他货运方式的替代关系不太明显,铁路货运所占市场份额甚至出现缓慢上升,铁路货运周转量与GDP变化趋势一致,都呈上升趋势,这是因为英国铁路开启了网运分离和私有化改革,增强了铁路货运的市场竞争力。另外,在GDP出现下滑的时间段如1979—1980年、2007—2009年,铁路货运周转量同样出现了下滑,这说明经济下滑对铁路货运的负面冲击很显著。

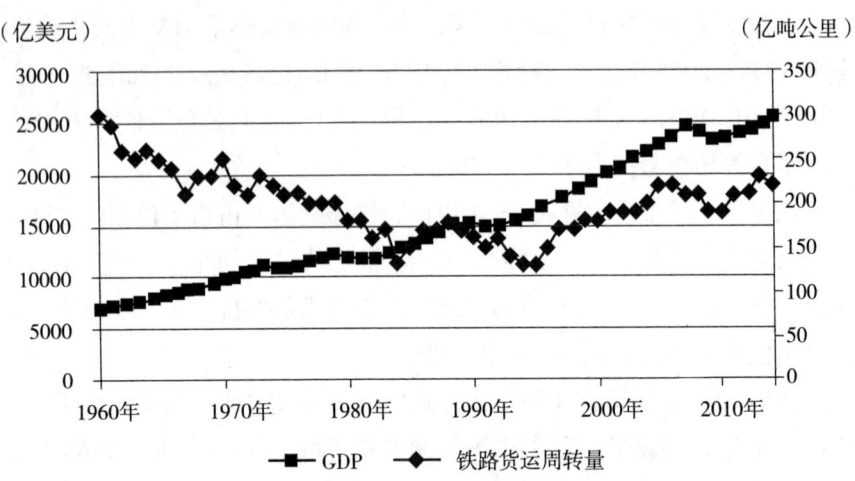

图 15　英国 GDP 与铁路货运周转量变化趋势图

注：左轴为 GDP，单位为亿美元（以 2005 年不变价格计算）；右轴为铁路货运周转量，单位为亿吨公里。GDP 数据来源于国家统计局国际数据库。

英国单位 GDP 货运周转量的变化趋势见图 16。

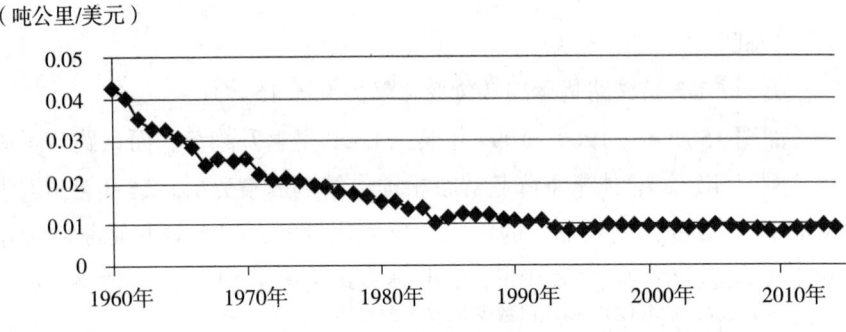

图 16　英国单位 GDP 货运周转量的变化趋势图

从图 16 可以看出，英国每美元 GDP 货运周转量从 1960 年的 0.043 吨公里下降到 1994 年的 0.008 吨公里，1994 年之后在 0.009 吨公里上下波动，与美国相比，英国单位 GDP 货运周转量不到美国的 1/10，由此可见英国是一个对铁路货运利用程度较低的国家。

2. 人均GDP

英国人均GDP与人均铁路货运周转量的关系见图17。如图17所示，虽然英国也为发达经济体，但是人均GDP与人均铁路货运周转量的关系更加复杂，在英国人均GDP超过12000美元之后，随着人均GDP上升，人均铁路货运周转量先下降，再经过一段波动，最后转为缓慢上升趋势。英美两国相同的是，在人均GDP超过30000美元之后，人均铁路货运周转量都随人均GDP递增。根据递增阶段的数据，得到的回归方程为，人均铁路货运周转量=0.0092×人均GDP－19.322，人均GDP增加1美元，人均铁路货运周转量增加0.0092吨公里，远小于美国，再次证明英国是一个较少依靠铁路货运的国家。

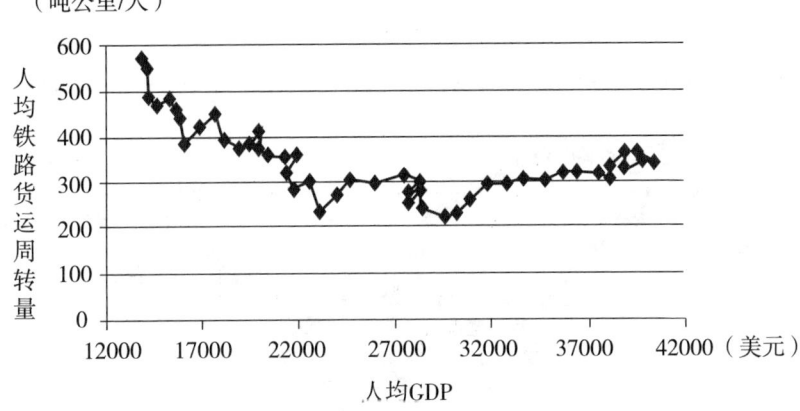

图17　英国人均GDP与人均铁路货运周转量的关系图

注：人均GDP单位为美元（以2010年不变价格计算）；人均铁路货运量单位为吨公里/人。

数据来源：人均GDP和人口数据来源于世界银行。

3. 经济地理

从2005年货运结构来看，英国铁路货运主要集中在固体矿物燃料（主要是煤炭）、建筑材料、金属矿石和石油四大类，分别所占比重为45.8%、21.7%、17.7%、6.5%，共计91.7%。另外，受自然资源禀赋的影响，英国主要的铁路货源煤炭的国内产量日渐下降，1979年撒切尔夫人执政时期，英国共生产了 1.22 亿吨煤炭，而 2013 年煤炭产量仅为 1979 年的 1/10，煤炭产量下降明显制约了英国铁路货运的发展。再加上英国是一个国土面积狭小的岛国，土地面积只有美国的 1/40，在经济空间结构上呈"两极凸起，中间坍塌"的生产力分布格局，以曼彻斯特、利物浦、利兹的西北工业地区形成了英国的一极，而伦敦以商为主形成另外一极，英格兰中部田连阡陌、牧场广布，田园味十足，是东南和西北工商地区繁忙人们休憩的后花园。对铁路货运有需求的工业区位于英国长条形地域的中间，这样的生产力空间分布也在一定程度上制约了铁路货运的发展。

4. 产业结构

英国工业增加值占国内生产总值比重与铁路货运周转量的变化见图 18。

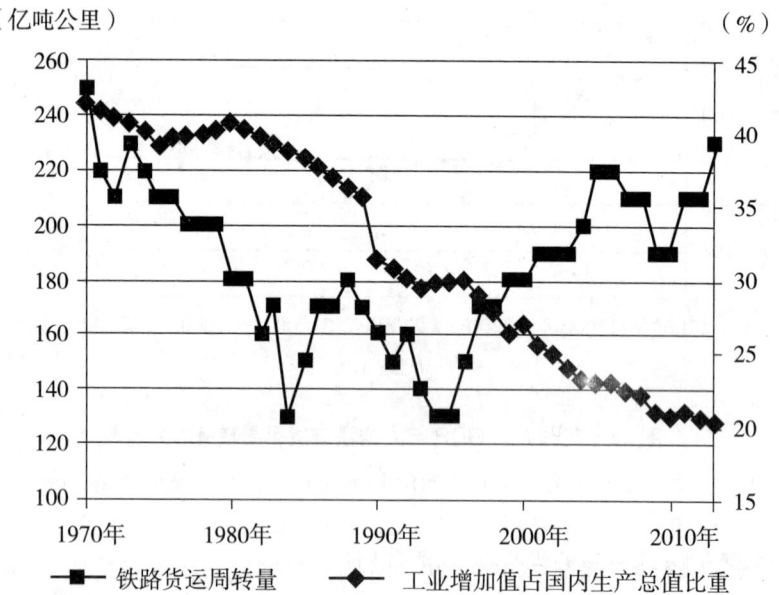

图 18　英国工业增加值占国内生产总值比重与铁路货运周转量的变化趋势图

注：左轴为铁路货运周转量，单位为亿吨公里；右轴为工业增加值占国内生产总值比重，单位为 %，数据来源于国家统计局国际数据库。

如图 18 所示，1970—2013 年英国工业增加值占国内生产总值比重总体呈下降趋势，从 42.1% 下降到 20.2%，期间铁路货运周转量先下降后上升，两者并不具有相同的变化趋势。具体地说，1970—1994年两者变化趋势相同，都呈下降趋势；1994—2013年两者变化趋势相反，并且铁路货运是波动性上升，但是工业增加值占国内生产总值比重则为直线下降。整体来看，1970年以来英国铁路需求变化受产业结构的影响比较小。

5. 城镇化水平

英国城镇化率与铁路货运周转量的变化趋势见图19。

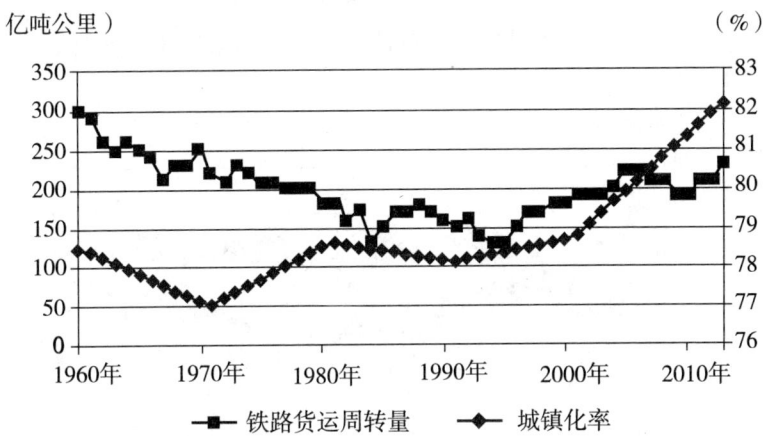

图19 英国城镇化率与铁路货运周转量的变化趋势图

注：左纵坐标为铁路货运周转量；右纵坐标为城镇化率，指城镇人口占全国总人口比重。

数据来源：国家统计局国际数据。

如图19所示，1960年英国城镇化率为78.4%，随后的30年为波动期，至1990年略微下降至78.1%，这一时期为英国城镇化停滞阶段。1990以后英国再次步入城镇化，2013年城镇化率为82.1%，按2013年英国总人口6413万计算，23年间进入城填人口总数为256.52万人，平均每年只有11万人，与美国类似为低速城镇化。在1990年以后，铁路货运周转量是波动性上升，而城填化率为直线上升，两者整体趋势基本一致，也就是说，在城镇化后期，城镇化对铁路货运的拉动、促进作用仍然比较明显。

6. 对外贸易

英国出口占国内生产总值比重与铁路货运周转量的变化趋势见图20。如图20所示，1960—2013年英国货物和服务出口占国内生产总值比重的变化趋势可以分为4个阶段：1960—1968年为下降阶段，1969—1976年为上升阶段，1976—2005年为平缓波动阶段，2005—2013年为波动性缓慢上升阶段。总体来看，1969年英国出口占国内生产总值比重已经进入波动性上升阶段。在上述4个阶段，铁路货运周转量的变化趋势几乎都不与之吻合，并且从局部来看，两者波动也不一致，与美国的经验分析结论相类似，英国的对外贸易对铁路货运周转量的影响非常小。

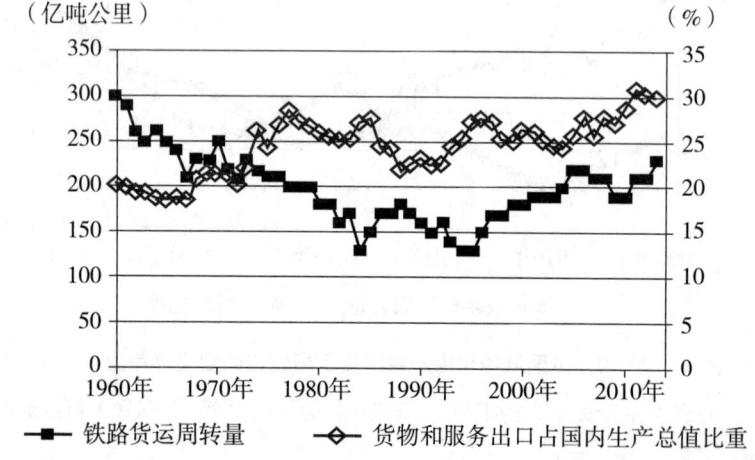

图20　英国出口占国内生产总值比重与铁路货运周转量的变化趋势图

注：左轴为铁路货运周转量；右轴为出口占国内生产总值比重，指货物和服务出口占国内生产总值比重。

数据来源：国家统计局国际数据库。

英国能源进口比例与铁路货运周转量的变化趋势见图21。如图21所示，1960年英国能源进口比例为27.8%，10年间增至历史最高峰，于1970年达到50.5%，在此之后一直到1999年呈下降趋势，在这一阶段，铁路货运周转量变化趋势与之不吻合。1999—2012年英国能源进口比例再次上升为39.3%，此时期铁路货运周转量基本也呈上升趋势，但是两者的波动差异非常大,这可能是英国作为一个岛国,内陆空间小,铁路不太适合运输进口能源。

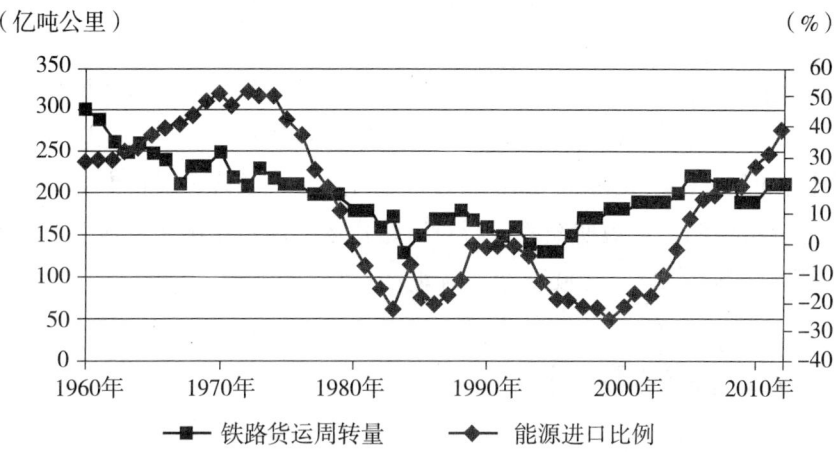

图 21　英国能源进口比例与铁路货运周转量的变化趋势图

注：右纵坐标为能源进口比例,能源进口比例 =（能源消费量 - 能源产量）/ 能源消费量,能源消费量和能源产量数据来源于国家统计局国际数据；左纵坐标为铁路货运周转量。

7. 经济周期

英国 GDP 增长率与铁路货运周转量增长率变化趋势见图 22。

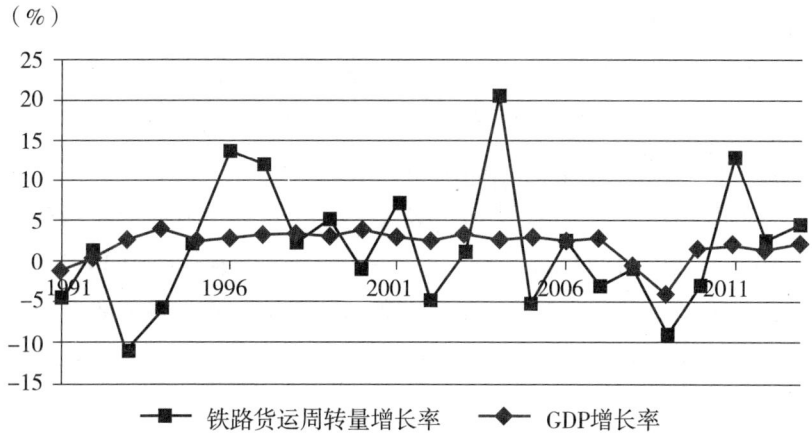

图 22　英国 GDP 增长率与铁路货运周转量增长率变化趋势图

1991—2011 年间，图 22 只能观察到英国存在一个周期性波动，2007—2010 年为 V 形变化趋势，特别地，2009 年为英国经济增长的低谷，而对应的铁路货运周转量的增长率在 2009 年也同样是一个低谷，可见经济下行对铁路货运的冲击非常显著。1995—2007 年英国经济平稳增长，GDP 增长率基本维持在 2%~4% 之间，但是铁路货运周转量的增长率却仍然是大幅度地波动。另外，1991—1994 年英国经济由负增长转变为正增长，但是铁路货运周转量在 1993 年出现深度的下降，增长率为 -11%。上述分析说明，在短期经济下行对铁路货运的冲击作用非常显著，但是经济周期不是铁路货运波动唯一的动力来源。

五、德国案例分析

（一）德国铁路货运需求总量的变化趋势及特点

德国在第二次世界大战之后分为民主德国和联邦德国，德国铁路货运量和货运周转量变化趋势见图 23。图 23 分别列出了联邦德国 1950—1990 年的铁路货运量、两德统一（简称德国）后 1991—2014 年的铁路货运量和 1991—2013 年的铁路货运周转量。铁路货运量与铁路货运周转量的变化趋势，除了 1997—1999 年间不一致之外，其他时间段连局部波动趋势都很吻合，这说明用铁路货运量和铁路货运周转量来表示铁路货运需求，具有相同的含义。

1950—1990 年联邦德国的铁路货运量变化趋势总体呈倒 V 形，其中 1974 年是一个转折点，在 1974 年之前为波动性上升，在 1974 年之后为波动性下降。1991—2014 年德国铁路货运量先下降后上升，从 2000 年起进入上升期，铁路货运周转量虽然也呈先下降后上升的变化趋势，但是进入上升期的时间相对较早，为 1993 年，这可能是因为 1993—2000 年铁路货运周转量上升主要来源于两德统一之后货物运输距离变长。在上升阶段，铁路货运量和货运周转量的变化趋势一致，2009 年两者都有一个深度下滑。

图 23　德国铁路货运量和货运周转量变化趋势图

注：铁路货运量数据来源于德国统计局网站；铁路货运周转量来源于欧盟统计局网站。

（二）德国供给侧因素分析

1. 运输管理制度

1992年6月联邦德国的联邦铁路和民主德国的国营铁路的管理机构合并，成立联邦铁路资产管理局和联邦铁路局行使国家管理职能，建立德国铁路股份公司负责企业运营，基础设施和铁路运营成为德国铁路股份公司下设的各事业部，从而实现了铁路系统的政企分离（张城，2008）。

在铁路货运改革方面，1991年德国铁路控股公司成立了自主经营的德国铁路货运公司；2001年6月，德铁货运公司将物流服务部门划归装车运输部，以便更好地为该部门各市场单元提供物流运输方面的支持；2004年6月，德铁货运已形成15个不同地区的德国铁路货运中心和6个运输管理公司；2006年，德国铁路又单独成立了物流部，探索出一条德式"门到门"公铁联运方法，促进了德国铁路物流和多式联运的发展（迟聘，2009）。

另外,德国作为欧盟核心成员国,其运输管理制度受欧盟影响很大。欧盟作为一个区域共同体,其主要的经济目标是建立欧盟内部统一市场,以实现劳动力、资本和商品的自由流动,因此从欧共体建立之初,运输政策就受到高度重视。但是由于长期的政治和文化背景不同,不同成员国在自由市场与政府干预理念上存在差别,比如,比利时、荷兰、卢森堡三个国家就更加倾向于依靠市场力量(即盎格鲁—萨克逊模式),而德、法等国则在传统上就强调政府的作用(即大陆模式),再加上各成员国之间的利益纷争,因此运输政策发展并不是一帆风顺。其变迁过程可以分为三个阶段:运输政策停滞不前的阶段(1951—1985 年),该阶段致力于打破跨境运输的体制障碍;运输政策快速发展的阶段(1985—1992 年),该阶段旨在建立共同体内部的统一市场;运输政策相对成熟阶段(1992 年至今),更加关注环境问题、运输的安全和社会标准,铁路由于具有环境优势,政策上明显倾斜铁路(王晓芳,2011)。

2. 综合运输体系

1991—2014 年德国货运量总体呈上升趋势,年均增加 0.23 亿吨,年均增长率为 0.6%,相同时期货运周转量年均增加 113.48 亿吨公里,年均增长率为 2.8%,货运周转量年均增长率是货运量年均增长率的 4.7 倍,这表明,近二十多年来,德国货物运输距离有变长的趋势。

德国各种货运方式所占市场份额情况(按货运量计算)见表 4。

表 4 德国各种货运方式所占市场份额(按货运量计算)

年份	货运量（亿吨）	市场份额（%）				
		铁路	公路	内河航运	管道	航空
1991	36.46	11.41	80.07	6.31	2.17	0.04
2000	38.86	7.95	83.47	6.23	2.29	0.06
2005	37.14	8.54	82.44	6.38	2.56	0.08
2010	38.04	9.36	82.15	6.05	2.34	0.11
2013	40.59	9.21	82.95	5.59	2.14	0.11

续表

年份	货运量（亿吨）	市场份额（%）				
		铁路	公路	内河航运	管道	航空
2014	41.84	8.72	83.62	5.45	2.10	0.11

数据来源：德国统计年鉴2015。

如表4所示，按货运量计算铁路货运所占市场份额1991年为11.4%，2014年下降至8.7%，下降了2.7个百分点，而公路货运所占市场份额上升了3.55个百分点。进一步比较表4列出的5个时间段铁路和公路市场份额的变化趋势发现，当铁路货运市场份额上升时，公路货运市场份额下降，反之，当铁路货运市场份额下降时，公路货运市场份额上升，这说明铁路与公路的竞争关系明显。

德国各种货运方式所占市场份额（按货运周转量）见表5。

表5 德国各种货运方式所占市场份额（按货运周转量计算）

年份	货运周转量（亿吨公里）	市场份额（%）				
		铁路	公路	内河航运	管道	航空
2000	5108	16.25	67.74	12.92	2.94	0.16
2005	5800	16.38	69.48	11.03	2.93	0.17
2010	6274	17.05	70.29	9.88	2.55	0.22
2013	6454	17.51	70.19	9.30	2.79	0.22
2014	6594	17.14	70.97	8.95	2.73	0.21

数据来源：德国统计年鉴2015。

如表5所示，按货运周转量计算铁路货运所占份额1991年为20.58%，2000年下降至16.25%，之后在16%~18%之间徘徊。除了公路运输以外，其他4种运输方式按货运周转量计算所占份额都大于按货运量计算的结果，这说明公路运输在短途运输上有显著的优势。

按货运量计算各种运输方式所占市场份额从大到小排序，依次为公路、铁路、内河航运、管道、航空，按货运周转量计算上述排序没有变化，并且此排序20多年来相当稳定。另外，如果按货运量计算，铁路所占市场份额只有 10% 左右，而按货运周转量计算，铁路所占市场份额则大于 16%，说明铁路在长途运输上有优势，因此，德国货物运输距离变长有利于铁路运输，这也是铁路货运能保住市场份额的一个重要原因。

（三）德国需求侧因素分析

1.GDP

德国 GDP 与铁路货运周转量变化趋势见图 24。

图 24　德国 GDP 与铁路货运周转量变化趋势图

注：左轴为 GDP，单位为亿美元（以 2005 年不变价格计算）；右轴为铁路货运周转量，单位为亿吨公里。GDP 数据来源于国家统计局国际数据。

如图 24 所示，1991—2013 年德国 GDP 总体呈上升趋势，其中 2008—2009 年存在一个深度的下滑，铁路货运周转量的变化趋势与 GDP 相类似，但有两个下滑期，除了 2008—2009 年之外，1991—1993 年也是下滑期，这可能与两德统一有关。德国的经验分析同样说明，经济下滑对铁路货运的冲击作用明显。进一步分析每单位 GDP 货运周转量的变化趋势，如图 25 所示，1991—1993 年为下降期，在 1993 年以后转为上升趋势，这一点与英国和美国都不一样，但是单位 GDP 铁路货运量却为下降趋势，符合一般规律。当然经济下滑期 2008—2009 年，每单位 GDP 货运周转量下降也很大,直到 2013 年每单位 GDP 货运周转量仍然只有每美元 0.037 吨公里,仅恢复到 2006 年的水平。与英国和美国相比,德国每单位 GDP 货运周转量是英国的 4 倍,却只有美国的 1/6。

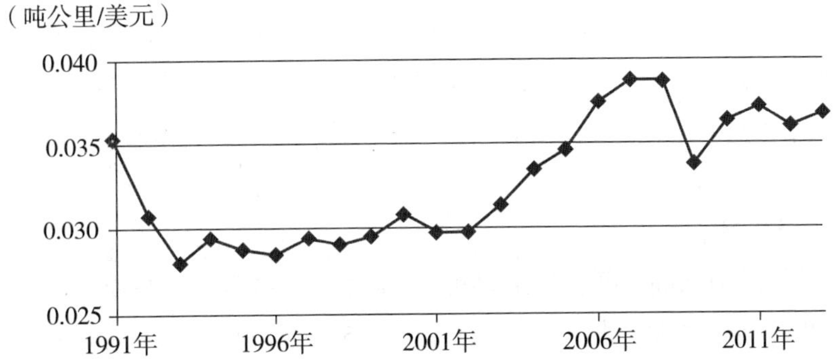

(吨公里/美元)

图 25　德国单位 GDP 货运周转量的变化趋势图

2. 人均 GDP

德国人均 GDP 与人均铁路货运周转量的关系见图 26。

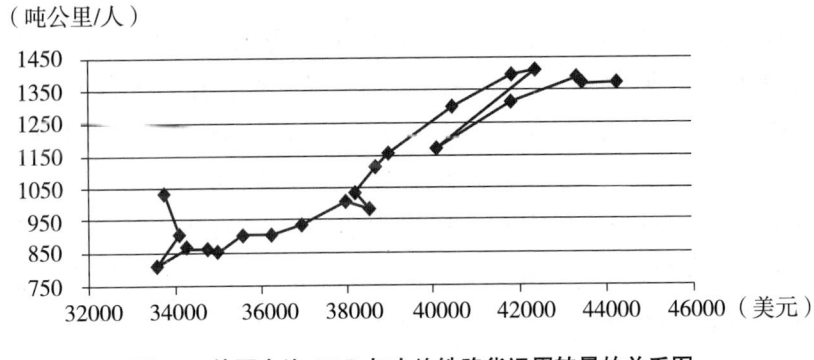

图 26　德国人均 GDP 与人均铁路货运周转量的关系图

注:人均 GDP 单位为美元(以 2010 年不变价格计算);人均铁路货运量单位为吨公里/人。人均 GDP 和人口数据来源于世界银行。

如图 26 所示,德国人均 GDP 与人均铁路货运周转量为正相关关系,与美国的情况相类似,英国人均 GDP 超过 30000 美元也是如此,而图

26 所研究的时间段为 1991—2013 年，1991 年德国人均 GDP 已经超过 30000 美元。根据两个变量的数据求得回归方程为：人均铁路货运周转量 = 0.0573 × 人均 GDP − 1111.6，这表明德国人均 GDP 增加 1 美元人均铁路货运周转量增加 0.0573 吨公里，大于英国的 0.0092 吨公里，而小于美国的 0.14 吨公里，说明德国对铁路货运的利用程度高于英国而小于美国。相对来说，美国是铁路货运利用程度较高的国家，德国对铁路货运的利用水平处于中等，而英国是一个铁路货运利用程度较低的国家。

3. 经济地理

德国地势南高北低，从南向北逐渐倾斜，主要地形有高原、山地和平原，平原面积最大，占其领土总面积的 2/5 以上，并且作为欧洲大陆的一部分，虽然单个国家的国土面积不大，但是与多个欧洲国家接壤，欧洲市场一体化已经形成，从大的区域空间来看，有利于德国铁路货运的发展。另外，德国的自然资源较为贫乏，原料和能源都很大程度上依赖进口，经过北边的港口进口的原料和能源到达内部城市距离仍然比较远，因此，固体矿物燃料（主要是煤炭）、石油和矿石在德国铁路货运中所占比例较大，分别为 15.6%、11.2%、9.3%。从生产力空间分布来看，德国内部城市也有比较大的货运需求，比如，东南部的慕尼黑（宝马汽车总部所在地）、西南部的斯图加特（奔驰和保时捷总部所在地）、西北部的沃尔夫斯堡（大众汽车总部所在地）形成了强大的制造业集群，柏林、莱比锡、德累斯顿则是德国东部的工业重镇，而新兴工业集中在慕尼黑一带。同时，工业生产力分布相对均匀的经济地理条件，使得工业生产所需的金属制品在德国铁路货运所占比重为 25.1%，是铁路货运的第一大货源。总体来看，德国的自然资源禀赋和生产力空间分布促进了铁路货运的发展。

4. 产业结构

德国工业增加值占国内生产总值比重与铁路货运周转量的变化趋势见图 27。

如图 27 所示，1991—2013 年德国工业增加值占国内生产总值比重总体呈先下降后上升的趋势，1991 年为 36.8%，2009 年是最低点为

27.7%,之后反弹至2013年的30.7%。1993—2003年德国铁路货运周转量的变化趋势与工业增加值占国内生产总值比重的变化趋势正好相反,但是从2003年起两者的变化趋势一致。2009年两者同时处于阶段性低谷,可能是因为经济危机给德国工业和铁路货运都造成了重创。从局部来看,德国工业增加值占国内生产总值的比重有两个上升期,分别是2003—2007年、2009—2013年,对应的铁路货运周转量也呈上升趋势,与美国的经验分析结论相类似,在工业增加值占国内生产总值比重上升的阶段,铁路货运增加相对较快。

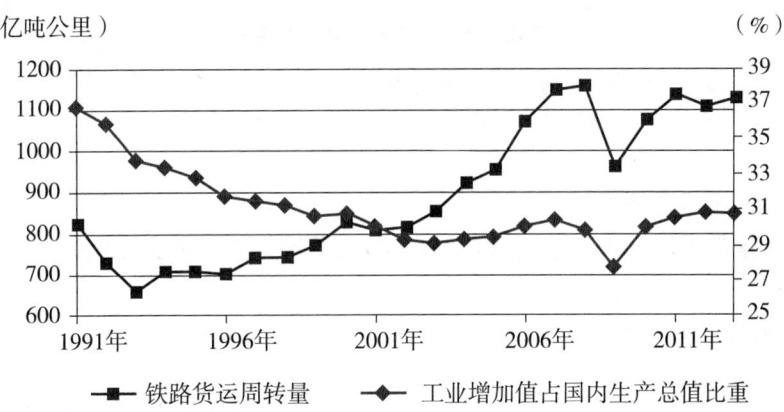

图27 德国工业增加值占国内生产总值比重与铁路货运周转量的变化趋势图

注:左轴为铁路货运周转量,右轴为工业增加值占国内生产总值比重。
数据来源:国家统计局国际数据库。

5. 城镇化水平

德国城镇化率与铁路货运周转量的变化趋势如图28所示,1991—2013年期间,德国城镇化水平经过10多年的徘徊后,于2005年开启新一轮的城镇化,城镇化率从2005年的73.4%上升至2013年的74.9%,年均增长0.2%,按德国2013年总人口8141万计算,大约每年有16.3万人进城,与英国和美国类似,也为低速城镇化,并且在最近十年,德国城镇化率与铁路货运周转量都呈上升趋势,城镇化对铁路货运增长的促进作用明显。

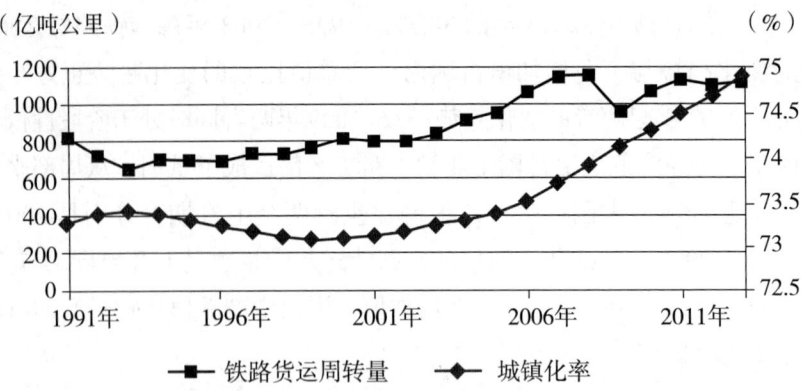

图28 德国城镇化率与铁路货运周转量的变化趋势图

注：左轴为铁路货运周转量；右轴为城镇化率，指城镇人口占全国总人口比重。
数据来源：国家统计局国际数据库。

6. 对外贸易

德国出口占国内生产总值比重与铁路货运周转量的变化趋势见图29。

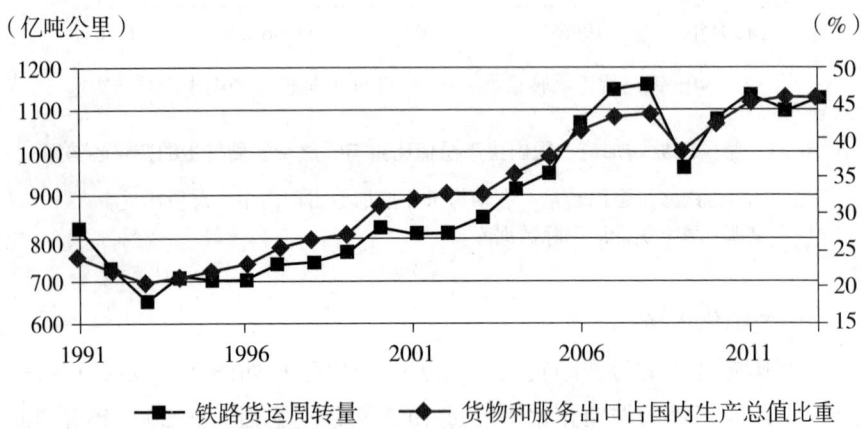

图29 德国出口占国内生产总值比重与铁路货运周转量的变化趋势图

注：左纵坐标为铁路货运周转量，单位为亿吨公里；右纵坐标为出口占国内生产总值比重，指货物和服务出口占国内生产总值比重，单位为%。
数据来源：国家统计局国际数据。

如图 29 所示，1991—2013 年德国货物和服务出口占国内生产总值比重总体呈上升趋势，但是存在 1991—1993 年和 2008—2009 年两个明显的下滑期。与英国和美国不同的是，德国铁路货运周转量的变化趋势与货物和服务出口占国内生产总值比重的变化趋势具有高度的一致性。特别地，在上述 2 个货物和服务出口占国内生产总值比重的下滑期，铁路货运周转量同样也出现了下降，这可能是因为德国在欧盟地位特殊，向其他国家出口的商品大多通过铁路运输。运用两个变量的数据进行回归分析，得到的回归方程为：铁路货运周转量 =18.53× 货物和服务出口占国内生产总值比重 + 281.66，这表明德国货物和服务出口占国内生产总值比重增加 1 个百分点，铁路货运周转量增加 18.53 亿吨公里。

德国能源进口比例与铁路货运周转量的变化趋势见图 30。

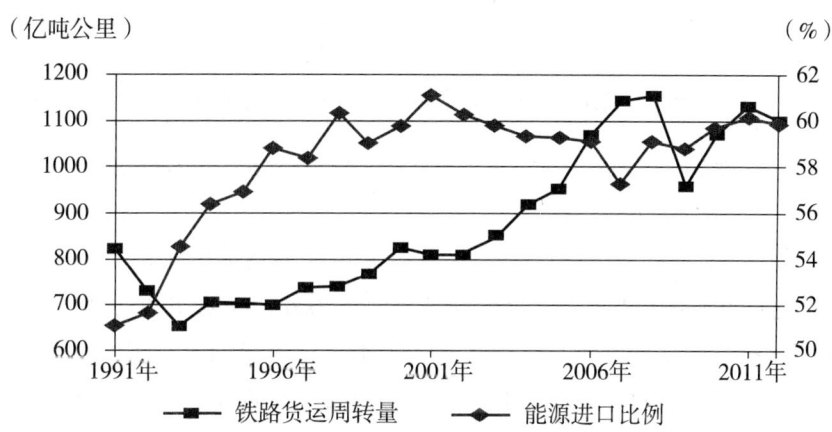

图 30　德国能源进口比例与铁路货运周转量的变化趋势图

注：右纵坐标为能源进口比例，能源进口比例 =（能源消费量 - 能源产量）/能源消费量，能源消费量和能源产量数据来源于国家统计局国际数据；左纵坐标为铁路货运周转量，单位为亿吨公里。

如图 30 所示，1991 年德国能源进口比例为 51.1%，经过 10 年的快速增长，于 2001 年达到达历史峰值 61.1%，平均每年上升 1 个百分点，在此之后呈 V 型变化趋势，2007 年降至 57.3% 之后开始反弹，2012 年为 60%。总体来看，德国能源进口比例变化趋势与同时期美国的变化趋势一致，但是德国能源进口比例远大于美国。比较德国能源进口比例与铁路货运周转量的变化趋势，以及局部波动发现，两者相关性很小。

7. 经济周期

德国 GDP 增长率与铁路货运周转量增长率变化趋势见图 31。

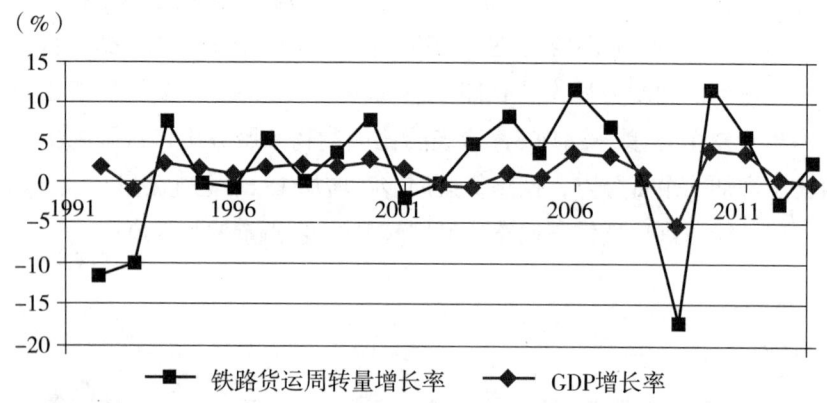

图 31　德国 GDP 增长率与铁路货运周转量增长率变化趋势图

如图 31 所示，1991—2013 年共有 8 年铁路货运增长率为负数，对应的这些年份 GDP 增长率也出现了下降。另外，在 GDP 增长率下降的年份基本上铁路货运增长率也出现了下滑，这表明德国经济周期的负向冲击对铁路货运的影响同样非常显著。例如，2009 年铁路货运周转量增长率为 –17.%，铁路货运出现了深度衰退，而当年 GDP 增长率为 –5.6%。当然德国铁路货运增长率的波动幅度和频率显然大于 GDP 增长率，说明铁路货运波动还受其他因素的影响。

六、主要结论与启示

（一）主要结论

通过分析美国、英国和德国铁路货运需求变化情况，以及与铁路货运需求相关的需求侧和供给侧因素，可以得出如下结论：

（1）不同国家对铁路货运需求的利用程度有很大差别。相对来说，美国是一个铁路货运利用程度较高的国家，德国对铁路货运的利用程度为中等水平，而英国是一个铁路货运利用程度较低的国家，中国与美国相类似。

（2）长期来看，发达国家铁路货运需求呈波动性增长，铁路货运利用程度不同的国家，增长速度、波动时间间距和幅度的差距较大。铁路货运利用程度较高的美国，铁路货运周转量增长较快，增长过程中出现过短期的下降，中国同为铁路货运利用程度较高国家，也将呈现类似趋势。

（3）在供给侧因素中，发达国家针对铁路实施的市场化改革，有利于提高铁路货运市场竞争力，另外，公路货运对铁路具有一定的竞争和分流。

（4）在需求侧因素中，铁路货运需求主要受GDP、人均GDP、产业结构、城镇化水平、经济地理和经济周期等因素影响。需求侧因素具体表现为：铁路货运需求随GDP增长而增长；在产业服务化阶段，铁路货运仍然保持上升趋势，但是在短期工业占比上升能明显拉动铁路货运；铁路货运需求波动幅度大于经济波动幅度，经济下行对铁路货运需求有显著负面冲击；分散化的产业空间布局有利于发展铁路货运；城镇化对铁路货运有显著的促进和拉动作用。

（二）启示

基于上述分析可得到如下启示：

（1）现阶段我国铁路货运需求出现下滑，主要是因为经济增长放缓且来自公路的竞争压力加大，但是在城市化发展、人均GDP、经济增长、经济地理等因素影响下，我国铁路货运需求长期仍将保持上升趋势。

（2）我国铁路领域虽然实现了政企分离，分别建立了国家铁路局和铁路总公司，但是铁路总公司尚未成为真正意义上的市场主体，服务水平和市场竞争力亟待提高，应继续推动铁路领域的市场化改革，包括：实行铁路网运分离、客运与货运分离、公益铁路与盈利铁路分离，鼓励盈利性铁路上市；放松铁路货运定价管制，提高铁路货运定价灵活性，等等,以提高铁路运输企业管理水平和市场竞争力,更好地满足持续增长的多样化运输需求。

(执笔人:李名良)

参考文献

[1] 迟聘.德国铁路货运发展对我国铁路物流中心的启示[J].铁道运输与经济,2009(10).

[2] 李杰.20世纪后期英国、日本铁路改革及其比较研究[D].苏州:苏州大学学位论文.

[3] 李娜,李凤玲.英国铁路行政管理体制的变迁及发展现状[J].经济视角,2013(3).

[4] 王晓芳.运输政策变迁的制度分析[M].北京:经济科学出版社,2011.

[5] 王春山.关于我国铁路货车装备现代化问题的研究[J].铁道车辆,2007(8).

[6] 杨浩,等.铁路运输组织学[M].北京:中国铁道出版社,2001.

[7] 许庆斌,等.运输经济学导论[M].北京:中国铁道出版社,1995.

[8] 荣朝和.论运输化[M].中国社会科学出版社,1993.

[9] 张国堂.基于可持续发展的综合运输体系研究[M].西安:长安大学学位论文.

[10] 张城.德国铁路货运向现代物流拓展现状及启示[J].企业经济,2008.

专题报告四

铁路大宗物资运输需求发展趋势研究

> **内容提要** 本报告首先分析我国煤炭、钢铁冶炼、建筑材料和粮食四大行业的发展趋势，紧扣国内生产消费规模和布局、行业进出口情况，并综合考虑经济增长、城镇化、工业化等宏观经济因素和各行业自身发展规律，研判四大行业的近期（2020年）和中远期（2030年）生产消费趋势。然后分析四大行业生产消费派生的运输需求和运输组织形式，进而分析四大行业近期、中远期生产消费趋势所带来的行业大宗物资运输需求趋势。接着，转向分析铁路大宗物资运输供给侧现状和潜在相关政策变量内容及影响，主要包括铁路市场化改革和运输组织创新、公路"治超"和潜在安全绿色政策、多式联运政策等。最后综合铁路大宗物资运输需求侧和供给侧的趋势，预测得出近期和中远期的铁路煤炭、冶炼物资、建筑材料、粮食的发送量、变化特点和相关结论，提出抓住公路"治超"政策重要机遇期实施铁路货运改革，完善铁路与港口、大宗物资企业的联络线和接驳运输组织，铁路部门应加强与大宗物资运输上下游企业的联动等三条建议。

我国经济进入高质量发展阶段以后，经济发展的增长速度由高速转向中高速，发展方式从规模速度型转向质量效率型，经济结构调整从增量扩能为主转向调整存量、做优增量并举。煤炭、钢铁、水泥和建材等传统行业由之前的超常快速增长转而逐渐回归理性增长区间，并在短时期内出现比较严重的产能过剩局面，传统行业的铁路大宗物资运输量增速随之逐渐放缓,并在2014年开始转向负增长,2015年出现10%以上的下降。2014年国家铁路煤炭、冶炼物资、建筑材料和粮食及农用物资发送量和周转量分别占总货物发送量和周转量的88%和79%,几大货类的发送量均出现了明显的下滑。以北京铁路局为例,2015年全局完成货物发送量29839万吨,同比下降12.3%,运量下降3677万吨。其中,煤发送量15958万吨,同比下降13.6%;钢铁发送量1900万吨,同比下降21.0%;矿建材料发送量442万吨,同比下降47.4%;上述三大货类绝对运量共计下降3407万吨,占总降幅的92.7%。

因此,针对几大重点行业物资的铁路运输需求开展专题分析,了解其行业转型升级背景下的运输需求变化,对研判未来铁路货运总量和需求特征具有举足轻重的作用。本研究主要分析煤炭、冶炼物资、建筑材料和粮食及农用物资四大行业,其中煤炭是指煤和焦炭,冶炼物资是指钢铁及有色金属、金属矿石、非金属矿石三大子类,建筑材料是指矿建性材料、水泥、木材三大子类,粮食及农用物资是指粮食、化肥及农药两大子类。各子类所对应的货类范围参照《铁路货物运输品名分类与代码表》中的规定。由于以上四大行业内部各子货类的铁路货运需求特征和趋势具有极大相似性,因此研究过程中为突出重点,选择其中运量最大或产业发展与铁路该类货物运量相关性最强的子产业开展深入分析:冶炼物资行业选择钢铁行业作为典型,建筑材料行业选择水泥作为重点并适当分析矿物性建筑材料和木材,力求以小见大,推测全行业货运趋势。

本研究中的近期为2020年,中远期指2030年,远景年为2030年以后。

一、经济转型升级背景下传统行业的发展趋势

(一)传统行业生产消费现状

1. 国内生产消费规模

(1)煤炭行业。

我国是全球第一大能源生产国、第二大能源消费国和进口国,一次能源消费结构中煤炭消费比例最高,接近70%。"十五"、"十一五"以

及"十二五"前期,随着我国经济持续快速稳定发展,重化工业化进程不断加快,能源需求旺盛,煤炭消费量和生产量一直呈快速增长态势。2002—2012年我国煤炭消费量和生产量年均增长率分别达9.0%和8.4%左右,年均分别增加1.8亿吨和2亿吨左右。《BP世界能源统计2013》显示,2012年我国煤炭生产和消费量占全球的一半以上。2013年我国煤炭生产量和消费量均达历史最高峰,分别达到39.75亿吨和42.44亿吨。近两年来,受国家宏观经济结构调整、钢铁等耗煤产业产能过剩、节能减排政策约束等因素的影响,我国煤炭消费和生产量出现了下滑。2015年,我国煤炭生产量和消费量分别降至37.5亿吨和39.65亿吨。2000年以来我国煤炭生产和消费量变化情况见图1。

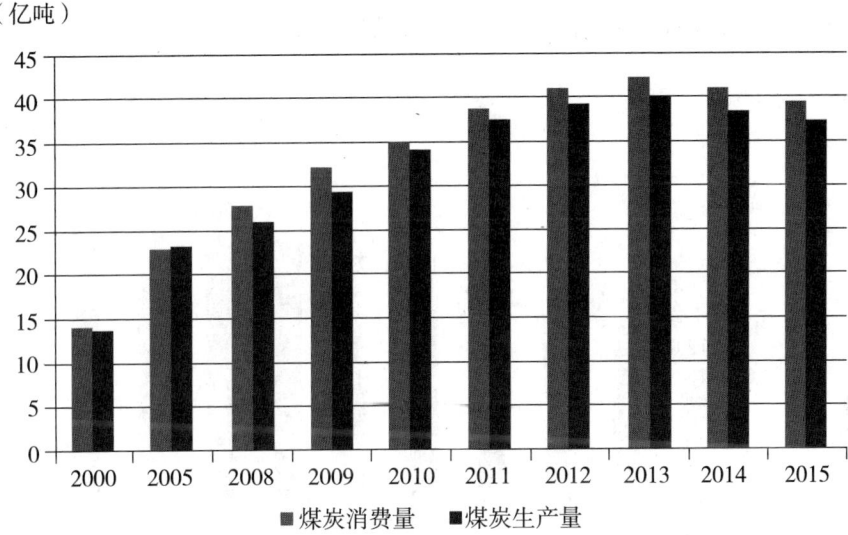

图1 2000年以来我国煤炭消费量与生产量变化示意图

(2)钢铁行业。

从产能看,多数研究认为2015年年底我国钢铁产能约达12亿吨,同时也有专家提出约为10.5亿吨,大体上在11亿左右。从产量看,2015年我国粗钢产量8.04亿吨,产能利用率约70%;2014年,我国粗钢产量占世界总产量的49.25%,连续19年位居世界第一位;人均粗钢产量 603 千克,同期世界人均粗钢产量仅为 232 千克,是世界平均水平的 2.6 倍;人均粗钢消费量 540.6 千克,世界人均粗钢消费量 233.7 千克,是世界平均水平的 2.3 倍。生铁产量 7.14 亿吨,同比增长 0.3%,生铁消费量 7.14 亿吨。成品钢材产量 11.25 亿吨,同比增长 4.0%,实际消费量 10.45 亿吨。

(3)建材行业。

从产能看,据中国水泥协会统计,2015 年全国新增熟料产能 4712 万吨,新型干法水泥生产线累计 1764 条,设计熟料产能达 18.1 亿吨,实际年熟料产能达到 20 亿吨(相当于水泥产能约 33 亿吨),比上年同期增长 2%;全年熟料产量 13.35 亿吨,产能利用率为 66.8%。从产量看,2015 年规模以上企业水泥产量 23.48 亿吨,比 2014 年减少 1.22 亿吨,年增长率由上年的上涨 1.8% 下滑至下降 4.9%,为 25 年来的首次负增长,可谓市场需求下滑明显,但仍保持在高位。近十年我国水泥产量情况见图 2。

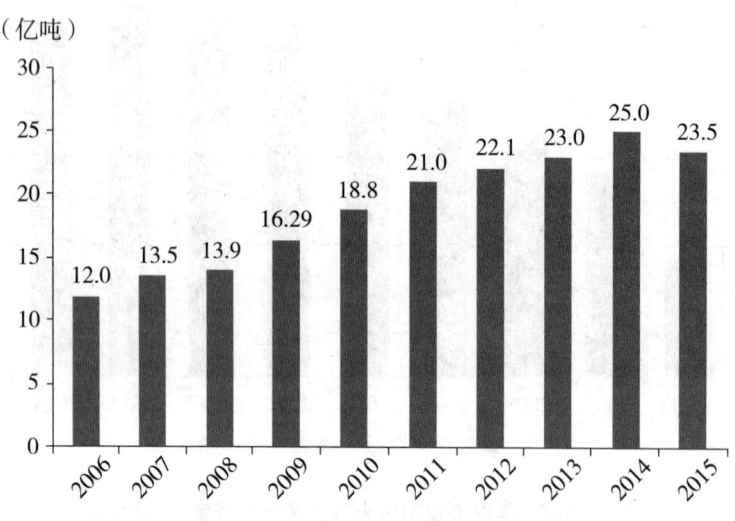

图 2　近十年我国水泥产量统计

2015 年,我国平板玻璃产量为 73863 万重量箱,较上年下降 8.6%,占全球总量的 56%,连续 26 年居世界第一位。全国浮法玻璃生产线冷修或关停数量达 42 条,累计冷修产能 4.57 亿重量箱,行业停窑率高达 30.5%,全行业产能利用率约为 70%。同期,国内商品木材总产量为

7200万立方米，较上年减少12.55%；进口木材（原木和锯材）8231万立方米，同比减少6.1%；木材进口依存度超过50%，总体上木材消费量出现明显下降。

（4）粮食行业。

2015年，我国粮食种植面积和总产量分别为11334万公顷和6.21亿吨，同比分别增长0.55%和2.4%，实现12年连续增长。全年谷物产量57225万吨，比上年增产2.7%。其中，稻谷产量20825万吨，增产0.8%；小麦产量13019万吨，增产3.2%；玉米产量22458万吨，增产4.1%。从品种来看，谷物是粮食的最主要品种，占全年粮食产量的92%。其中，玉米、稻谷和小麦分别占全年粮食总产量的36%、34%和21%。我国进口粮食12477万吨，同比增长24.2%；粮食出口量为164万吨，同比下降22.6%，因此国内粮食消费量约7.4亿吨。2015年我国粮食播种面积、单位面积产量及总产量情况见表1。

表1 2015年我国粮食播种面积、单位面积产量及总产量情况

	播种面积（千公顷）	单位产量面积（公斤/公顷）	总产量（万吨）
全年粮食	113340.5	5482.9	62143.5
一、分季节			
1.夏粮	27692.3	5096.0	14112.0
2.早稻	5715.4	5894.8	3369.1
3.秋粮	79932.8	5587.5	44662.4
二、分品种			
1.谷物	95648.9	5892.9	57225.3
其中：玉米	38116.6	5981.9	22458.0
稻谷	30213.2	6892.7	20824.5
小麦	24141.3	5392.7	13018.7
2.豆类	8851.6	1794.0	1588.0
3.薯类	8840.0	3767.1	3330.1

2. 国内生产消费布局

（1）煤炭行业。

我国是典型的能源生产和消费空间布局不一致的大陆型国家，且这种格局短期内难以改变。我国煤炭生产主要集中在山西、内蒙古、陕西、河南、贵州、山东和安徽等七个省份，其煤炭产量占全国总产量的70%以上。其中，晋陕蒙宁地区是我国原煤生产的重心。消费方面，华东、中南和晋陕蒙宁地区是我国煤炭消费的主要地区，占煤炭消费总量的近70%。同时，由于"十五"以来钢铁、石化等重化工业加快向沿海、沿江地区布局，华东和中南地区成为我国能源消费增长最快的地区之一。2015年我国煤炭生产和消费空间分布结构如图3所示。

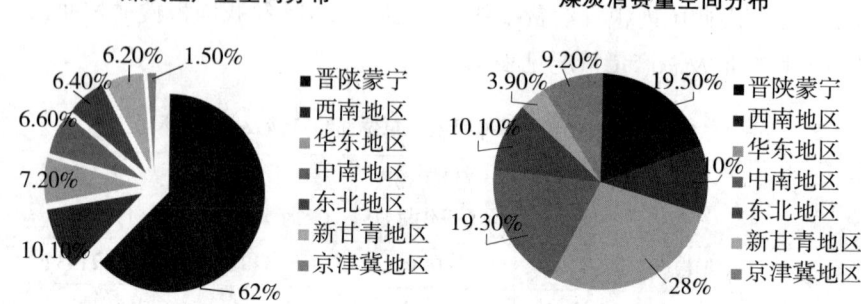

图3 2015年我国煤炭生产和消费空间分布示意图

（2）钢铁行业。

从产能看，由于我国钢铁生产所需的铁矿石大量依赖进口，沿海、沿江布局钢铁企业具有运输地理优势，根据中国钢铁协会306家企业的产能估算，我国钢铁企业产能的2/3布局在东部沿海省份，另有小部分企业主要依赖腹地原材料并靠近市场而布局在内陆省份。我国钢铁工业布局总体上呈现"北重南轻"的特点，钢铁产能主要集中在华北、华东和东北地区，这三个区域约占全国粗钢产能的80%。其中华北地区的河北钢铁产能达2.8亿吨，占全国总产能逾30%。从产量看，2014年华北地区钢铁总产量有所下降，但仍高达2.7亿吨，占全国总产量的1/3；华东地区的钢铁产量还在扩张,2014年达到2.7亿吨,与华北地区相当;2014年东北地区钢铁产量8200多万吨,占全国总产量的1/10,主要在辽宁省。我国钢铁产能分布情况见图4。

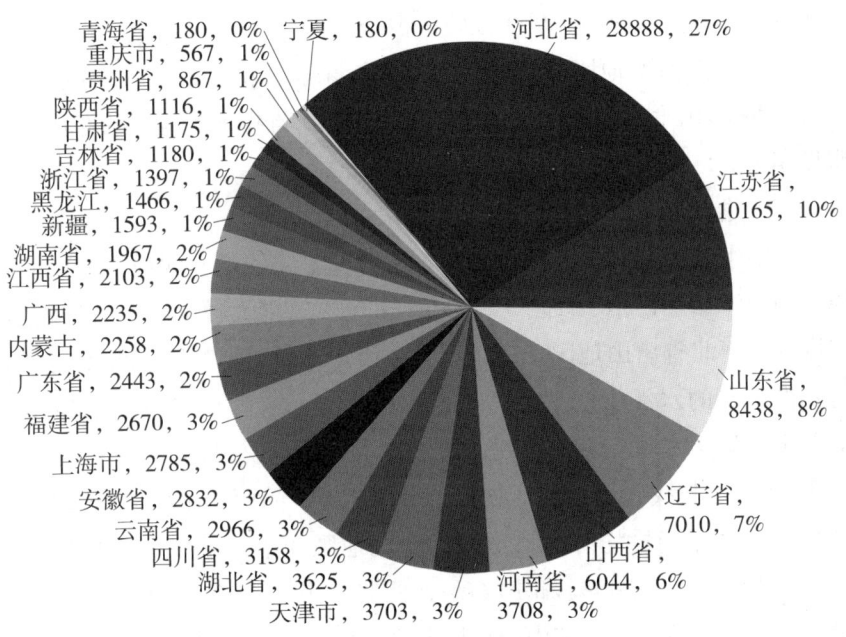

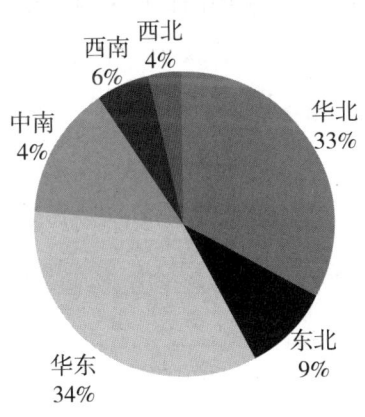

图4 我国钢铁产能分布情况

从消费分布看，我国目前并没有钢材分省份或区域的消费统计，《中国钢铁产业区域布局调整研究》根据东中西部地区的经济发展水平和工业增加值等数据，估算 2012 年我国东部沿海地区粗钢消费量 4.36 亿吨，占全国消费总量的 64%；中部地区粗钢消费 1.64 亿吨，占全国消费总量的 24%；西南地区粗钢消费 5600 万吨，占全国消费总量的 8%；西北地区粗钢消费不足 3000 万吨，占全国消费总量的 4%。由此可见，我国目前东部沿海地区经济发展水平比较靠前，钢材消费强度也较大；中部、西南和西北地区的钢材消费依次下降，与我国各地区的经济梯度明显相关。

（3）建材行业。

我国水泥工业布局的资源指向性十分明显，一般水泥项目的场址选择都倾向于靠近矿山、靠近资源地布局的模式，以大幅度减少运输成本。安徽省、河北省唐山地区、广东省英德市等地由于石灰石资源丰富而成为我国重要的水泥生产基地。从水泥产量分布来看，2015 年我国水泥消费主要集中在华东和中南地区，占总量比重 60% 以上；其次是西南和西北地区，与我国固定资产投资的分布相近。除西南地区略有增长外，其余地区水泥产量均有明显下降，东北地区和华北地区的下降幅度最大，分别达到了 15.77% 和 14.60%，西北地区也下降了 7.19%。水泥产量权重最大的华东地区和中南地区分别下降了 5.62% 和 1.72%。由于水泥行业集中度相对不如钢铁业，产品流通半径多在数百公里以内，可认为各区域的水泥产量与消费量大致相同。对我国各区域水泥产量的分析见表 2。

表 2　全国各区域水泥产量分析

区域	水泥产量（万吨）	同比增速（%）	占比（%）
全国	234796	-4.95	100.00
华北	19776	-14.60	8.42
东北	11149	-15.77	4.75
华东	75177	-5.62	32.02

续表

区域	水泥产量（万吨）	同比增速（%）	占比（%）
中南	67242	-1.72	28.64
西南	40522	1.30	17.26
西北	20930	-7.19	8.91

数据来源：中国生产资料流通发展报告2015—2016。

（4）粮食行业。

按生态区域和主要粮食生产区划分，2014年我国六大主要产粮区的产量情况如下：

◎东北地区4省（区）：粮食播种面积2558.3万公顷，比上年增长1.5%；粮食产量1.43亿吨，比上年减少241.8万吨；区域粮食产量占全国总产量的23.5%。

◎西北地区6省（区）：粮食播种面积1251.3万公顷，比上年减少0.3%；粮食产量5584.5万吨，比上年增长1.2%；区域粮食产量占全国总产量的9.2%。

◎黄淮海地区7省（市）：粮食播种面积3645.3万公顷，比上年增长0.8%；粮食产量2.09亿吨，比上年增长295.1万吨；区域粮食产量占全国总产量的34.4%。

◎长江中下游地区5省（市）：粮食播种面积1447.5万公顷，比上年增长1.2%；粮食产量8598.8万吨，比上年增长2.5%；区域粮食产量占全国粮食总产量的14.2%。

◎华南4省（区）：粮食播种面积716.7万公顷，比上年减少0.6%；粮食产量3745.3万吨，比上年增长52.3万吨；区域粮食产量占全国总产量的6.2%。

◎西南5省（区、市）：粮食播种面积1653.3万公顷，比上年增加0.1%；粮食产量7616.6万吨，比上年增长131.2万吨；区域粮食产量占全国总产量的12.5%。

2014年各生态区域粮食生产布局情况见图5。

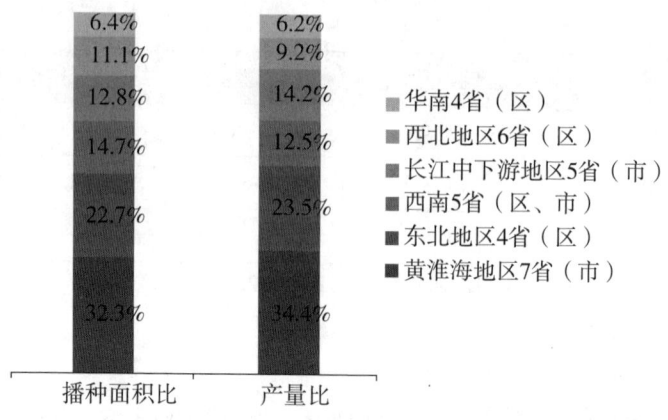

图 5　2014 年各生态区域粮食生产布局情况

我国粮食消费区与粮食产区具有较大的错位，并且随着东南沿海工业化、城镇化的加快推进，粮食播种面积不断减少，粮食生产地域呈现由南往北转移的发展趋势。2014 年数据显示，粮食主产区 13 省区（黑龙江、辽宁、吉林、内蒙古、河北、江苏、安徽、江西、山东、河南、湖北、湖南、四川）的粮食产量 4.6 亿吨，占全国粮食总产量的 75.8%；粮食主销区 7 省市（北京、天津、上海、浙江、福建、广东、海南）的粮食产量 3321 万吨，仅占全国产量的 5.5%，多数是人口密集区和我国重要的粮食深加工地区。

从消费用途上看，目前我国粮食主要用于口粮、饲料和工业消费，受东南沿海地区外来人口迁入量增速较快、近年饲料加工业在南方地区发展更快（2008—2014 年东南四省配合饲料加工同比增加 104.88%，而东北四省仅增长 44%）等因素影响，南方地区粮食需求增长速度较粮食产地快，粮食产销的区域不均衡性不断加剧。我国各省份粮食自给率情况见表 3。

表 3　2012 年我国各省份粮食自给率

省份	粮食自给率（%）	省份	粮食自给率（%）
黑龙江	375.68	吉　林	303.91
内蒙古	253.87	河　南	149.87

续表

省份	粮食自给率（%）	省份	粮食自给率（%）
宁　夏	144.90	新　疆	142.52
安　徽	137.32	辽　宁	117.94
山　东	116.45	江　西	115.72
湖　南	113.21	河　北	111.37
甘　肃	107.61	江　苏	106.46
湖　北	105.63	四　川	102.62
重　庆	96.65	云　南	93.86
山　西	88.21	陕　西	82.94
广　西	79.29	贵　州	77.46
西　藏	77.11	海　南	56.23
青　海	44.28	福　建	43.98
浙　江	35.14	广　东	32.95
天　津	28.63	北　京	13.75
上　海	12.74		

数据来源：根据《中国经济周刊》资料整理。

3. 行业进出口现状

（1）煤炭行业。

2005年之前我国一直是煤炭出口大国，其中，2003年我国煤炭出口量高达9388万吨。"十五"中后期以来，随着我国进入新一轮经济增长周期，重化工业快速发展，由此带动煤炭需求持续快速增长。2003年以来，我国煤炭进口量开始逐年增加，出口量趋于下降。到2008年，我国已经开始成为煤炭净进口国，且进口量和净进口量均持续快速增长。到2013年，我国煤炭进口量已达到32708万吨，比2003年增加了31625万吨；出口量则下降到751万吨，比2003年减少了8637万吨；净进口量达到31957万吨，比2003年增加了40267万吨。近两年来，我国煤炭进口量开始下滑，2015年为2亿吨。2000年以来我国原煤进出口量变化情况如图6所示。

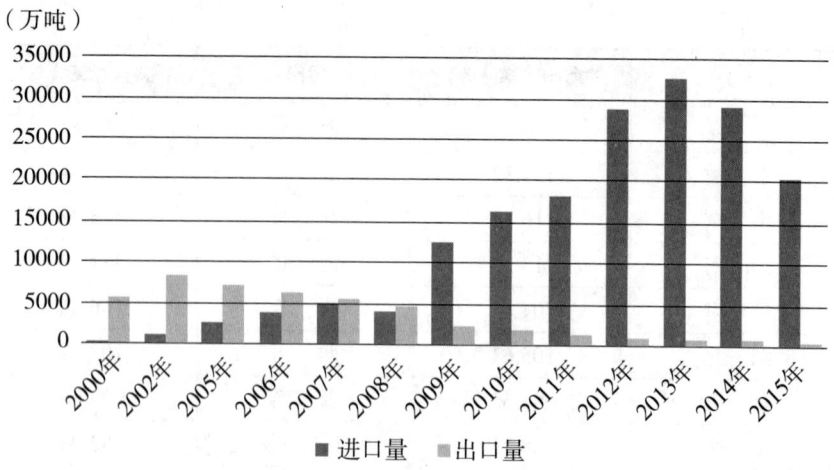

图 6　2000 年以来我国原煤进出口量变化图

（2）钢铁行业。

钢铁行业中具有较大国际贸易规模的主要为铁矿石和钢材。由于国内铁矿建设滞后且品味不如国外，采挖成本较高，自 2003 年以来我国钢铁生产规模不断增长，进口铁矿石量开始快速增长。我国铁矿石进口量情况见图 7。2015 年我国铁矿石进口量已达到 9.5 亿吨，对外依存度超过 80%，约

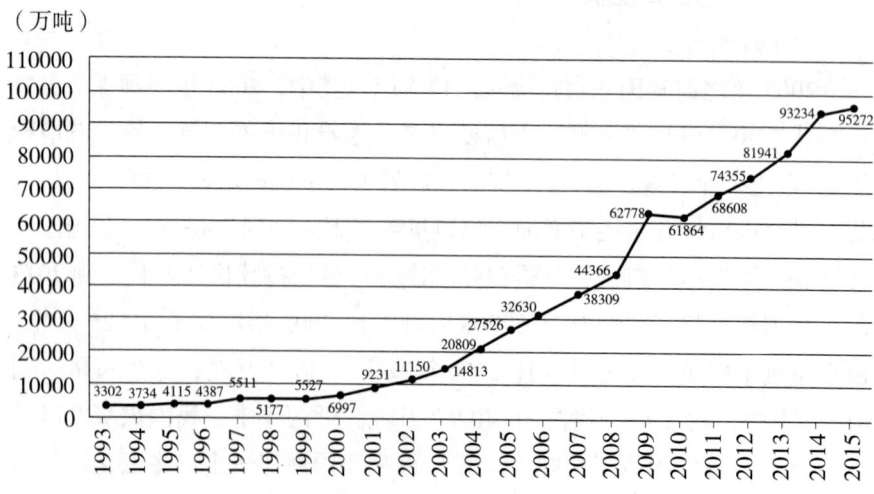

图 7　我国铁矿石进口量变化

占世界铁矿石贸易量的70%，主要来自巴西1.92亿吨（占20%），澳大利亚6.07亿吨（占64%），两国合计84%。

2015年我国铁矿石进口流向见图8。

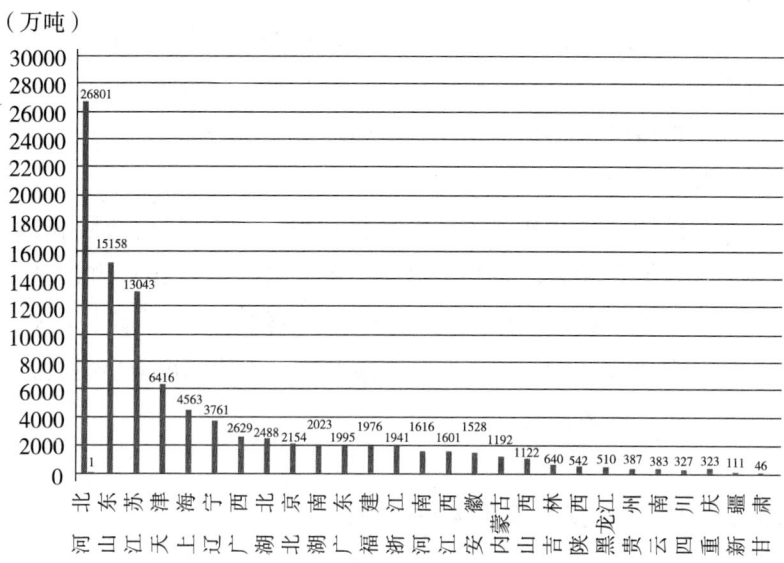

图8　2015年我国铁矿石进口流向

进口铁矿石主要流向沿海省份，其中河北占28.1%、山东占15.9%、江苏占13.7%，三省合计占比57.7%，凸显我国钢铁产能的沿海布局。

我国钢材进口基本保持平稳，近几年呈缓慢下降趋势，逐步转向高端需求，主要来自日本、韩国和中国台湾。2014年我国进口钢材1443万吨，从重量角度看，进口量仅占我国钢材消费量的1.38%。自2006年以来，我国开始转变成为钢材净出口国，并且出口量逐年增加，出口对象主要为亚洲周边国家，流向东南亚、中东（西亚＋北非）等地区占了出口量的2/3。2014年，我国出口钢材9378万吨，占整个粗钢产量的12.23%。

（3）建材行业。

2015年，我国水泥及水泥熟料出口数量为1575万吨，同比增长13.3%，进口约数十万吨，占总水泥产销量的比重微乎其微。玻璃进口量也极小,出口需求近年有所增长,目前仍然主要是用于房地产市场消费。国内全年木材产量 6832 万立方米,同比下降 17%,木材进口量 8231 万立方米,同比减少 6.07%。其中,原木进口 4457 万立方米,同比减少 12.94%;锯材进口 2658 万立方米,同比增长 3.59%;木片进口 983 万吨,同比增长 10.99%;木浆、废纸及纸板进口 4912.43 万吨,同比增长 8.01%。建筑材料领域仅木材进出口规模较大,但占铁路货运比重较小,因此建材行业进出口情况对铁路货运的影响极小。

(4)粮食行业。

据海关统计,2015 年我国进口粮食 12477 万吨,同比增加了 24.2%,进口量占到了我国粮食产量的 20.1%;粮食出口量为 164 万吨,同比降低了 22.6%,进口量为出口量的 70 倍。大豆的进口量最高,高达 8169 万吨,同比增加了 14.4%。可见我国粮食的对外依赖度有所提升,而大豆消费量几乎全部来自进口。

(二)传统行业发展的影响因素

1. 宏观影响因素

(1)经济增长。

《国民经济第十三个五年规划纲要》提出,我国将在 2020 年全面建成小康社会,GDP 和人均收入均比 2010 年翻一番,按此推测我国"十三五"时期的 GDP 年均增速将至少为 6.5%。国际著名金融机构和一些知名经济学家都做过一些预测,目前较为一致的预测是"十三五"时期我国 GDP 年均增速在 6.5%~7.0% 之间,2020 年人均 GDP 接近 1.1 万美元;预计 2030 年,我国 GDP 总量接近美国发展水平,达到 22 万亿美元,人均达到 1.6 万美元,2020—2030 年的年均增长率应为 4% 左右。总体上,当前我国经济发展速度将会进入下降通道,并逐步达到稳定增长阶段。

(2)产业发展。

我国正处于产业结构快速调整期,2012 年我国第三产业比重首次超过第二产业,逐渐进入服务业经济主导阶段。2015 年,我国第三产业比重首次突破 50%,人均 GDP 已达 8000 美元,总体上处于工业化中后期阶段。从我国第二产业的细分来看，传统行业占有明显的高比重，煤炭、钢材、水泥等多种生产资料和初级能源消耗量都位居世界首位，是本轮我国当前经济工作中"去产能"的重点对象。借鉴国外工业化中后期的发展经验和我国产业发展现状判断，预计我国传统行业产品需求量仍将继续下行，由近期主要受政策"去产能"驱动向中远期主要由市场需求量放缓带动转变，下降速度将在中远期有所放缓。

（3）城镇化。

我国2015年常住人口城镇化率为56.10%，从2011至2015年我国常住人口城镇化率分别上涨1.59、1.30、1.16、1.04和1.33个百分点。从2010年至2015年，我国农民工总体增量从1245万人下降到345万人，其中跨省外出打工农民增量从845万下降到63万，总体上农村人口流向城市的速度在明显地放缓。按照《国民经济第十三个五规划纲要》，我国2020年年常住人口城镇化率将达到60%，较2015年年底增加3.9个百分点，较"十二五"时期城镇化率增幅小2.2个百分点。我国正处于工业化中后期阶段，工业企业作为最主要的就业吸纳源头，就业吸纳规模将放缓。按照发达国家经验，中远期我国城镇化率达到60%以上后，城镇化速度可能进一步放缓，届时城镇化带动下的传统行业需求也必然进一步放缓。

2. 行业自身发展

（1）煤炭行业。

◎生产消费规模。

近期，在经济转型升级过程中，煤炭市场需求快速回落，煤炭产业供过于求的矛盾逐渐突出，2016年年初国务院发布《关于煤炭行业化解过剩产能实现脱困发展的意见》（国发〔2016〕7号），提出从2016年开始，用3至5年的时间，再退出产能5亿吨左右、减量重组5亿吨左右，较大幅度压缩煤炭产能，基本框定了近期煤炭产业规模，期间易受生产流通和消费的时间不均衡而出现局部波动。

中远期，发达国家经济发展历程表明：随着工业化进程的不断深入，一国能源消费结构中煤炭消费量所占比重不断降低。当前我国正处于工业化中后期发展阶段，距离工业化完成仍有 10~20 年时间。与此同时，以互联网和新材料、新能源相结合为特征的第三次工业革命即将来临，全球技术要素与市场要素配置方式将发生革命性变化，我国工业化进程逐步由资源能源密集型重化工业阶段开始进入知识技术密集型重化工业新阶段，产业结构将面临严峻挑战和重大调整。在此背景下，我国煤炭工业将不得不面对工业化后期积压爆发的产能过剩、污染严重、开采无序等系列问题以及第三次工业革命和产业结构调整带来的强烈冲击。

◎生产消费布局。

从煤炭资源空间布局情况看，未来一段时期内我国煤炭的生产布局基本延续当前的格局，即继续向我国的北部区域和西部地区集中。但是，伴随经济转型升级加快，煤炭消费格局将发生一定的变化，沿海的经济发达区域，其经济转型将先于中西部区域完成，对于煤炭的能源需求强度将进一步下降，而产业转移带来的中部和西部区域对煤炭的需求将进一步加大，对于我国目前北煤南运的运输格局将有所影响，西北地区煤炭调出将越来越凸显。

◎进出口情况。

煤炭进出口情况与世界能源格局和全球经济发展形势有关。世界经济和国际能源市场变化态势将直接影响到我国石油、煤炭等能源的进出口，进而在区域煤炭供需平衡的前提下间接影响到铁路煤炭运输需求。目前，全球经济在深度调整中曲折复苏，金融危机后新的增长动力尚未形成。新经济体经济普遍低迷，全球贸易增速偏低，大宗商品价格低位震荡，地缘政治冲突加剧，世界能源格局深刻变化，国际远洋运输需求增幅放缓。近年来，在全球经济低迷的大背景下，受国际油气价格影响，世界上主要煤炭消费国消费量出现下滑趋势，煤炭出口国资源供给充裕，国际煤炭市场价格持续下跌，我国煤炭进口量出现大幅反弹，从而使得国内铁路煤炭运输需求有所减少。

（2）钢铁行业。

◎生产消费规模。

近期，在经济转型升级过程中，钢材市场需求快速回落，钢铁冶炼产业的供过于求的矛盾逐渐突出，2016 年年初国务院发布《关于钢铁行业化解过剩产能实现脱困发展的意见》(国发〔2016〕6号),提出"从2016年开始,用5年时间再压减粗钢产能1亿~1.5亿吨",基本框定了近期钢铁冶炼产业规模,期间受生产流通和消费的时间不均衡而出现局部波动。

中远期,发达国家经验表明钢铁消费和需求与经济发展的关系符合"S"形规律,即人均GDP达到3000美元(1900年美元,下同)时,工业化、城市化进程进入加速增长期,人均钢消费开始高速增长;人均GDP达到7000~8000美元时,人均消费增长幅度和粗钢消费强度达到峰值,与第二产业比重同期接近顶点;之后钢铁消费需求进入下降通道,最终人均钢消费量稳定在一定水平,此时人均GDP多位于10000~12000美元之间。典型发达国家人均粗钢消费"S"形轨迹见图9,发达国家粗钢消费强度与人均GDP变化趋势见图10。

中远期看,各国人均钢铁消费稳定水平有较大差异,德国、日本等出口工业产品的制造业强国,其人均钢铁消费量仍然较高,2014年人均粗钢消费量分别为527.2千克和574.9千克;而法国、荷兰、英国等国家的钢铁生产主要用于内需或者主要依赖进口,人均粗钢消费量多数在200~300千克之间;只有极个别国家,如韩国持续大量出口工业产品,至今人均粗钢消费量仍未见顶。

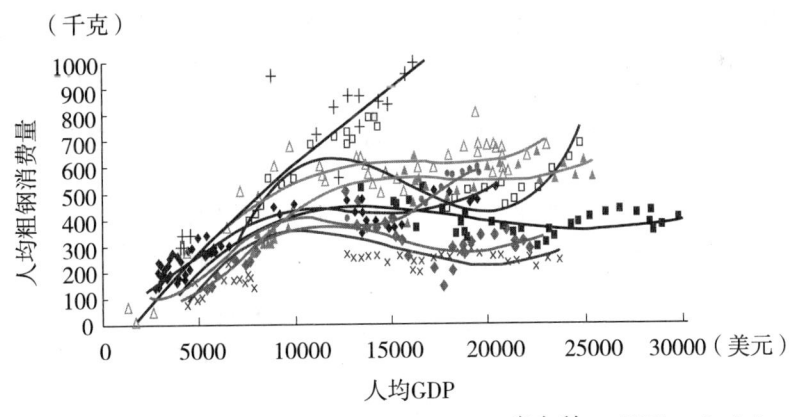

图9 典型发达国家人均粗钢消费"S"形轨迹

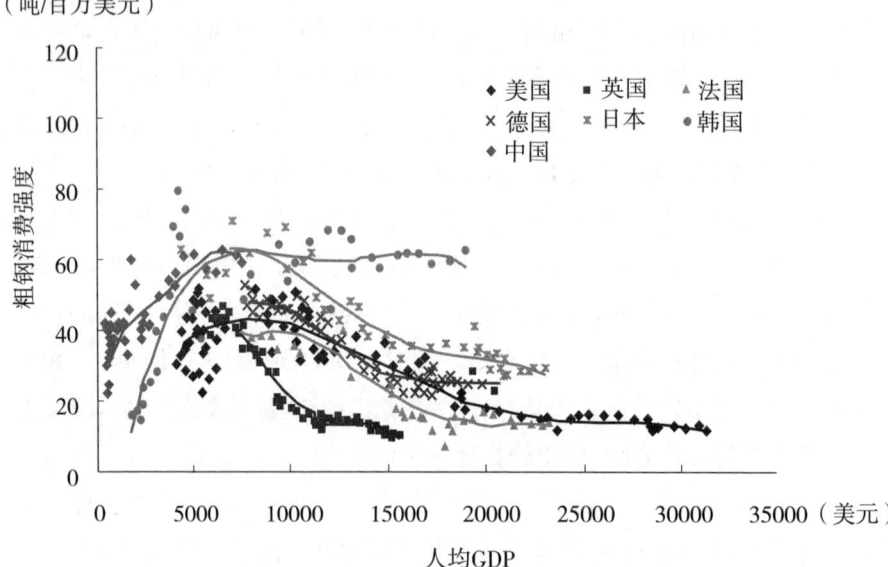

图 10 发达国家粗钢消费强度与人均 GDP 变化趋势

◎生产消费布局。

从生产力布局看，铁矿石、焦炭、电价是影响钢铁产业生产力布局的关键因素，当前我国钢铁行业产量处于峰值和行业"去产能"阶段，将严控钢铁产能新增，总体上钢铁行业生产力布局不会有较大改变，我国铁矿石对外依存度将不断提高，沿海、沿江布局钢铁企业的运输经济优势将持续。

从消费布局来看，在我国经济进入高质量发展阶段以后，中西部地区经济增速总体快于东部，且城镇化和工业化水平尚有提升空间，钢材消费量增速将逐渐快于东部地区，但毕竟经济体量小，短时间内平均水平难以超过东部地区，但有益于推动中西部地区的资源依托型钢铁企业发展。

◎进出口情况。

未来随着"一带一路"战略逐步推进，预测我国钢材出口量仍将维持增长态势。日本、德国、法国、意大利等国家的铁矿石消费几乎全部依赖进口,而我国虽然有一定的铁矿石储量,但在国际铁矿石供给市场格局不发生动荡变化的情况下,我国钢铁产业铁矿石对外依存度仍将快速增长。我国铁矿石对外依存度变化情况见图11。

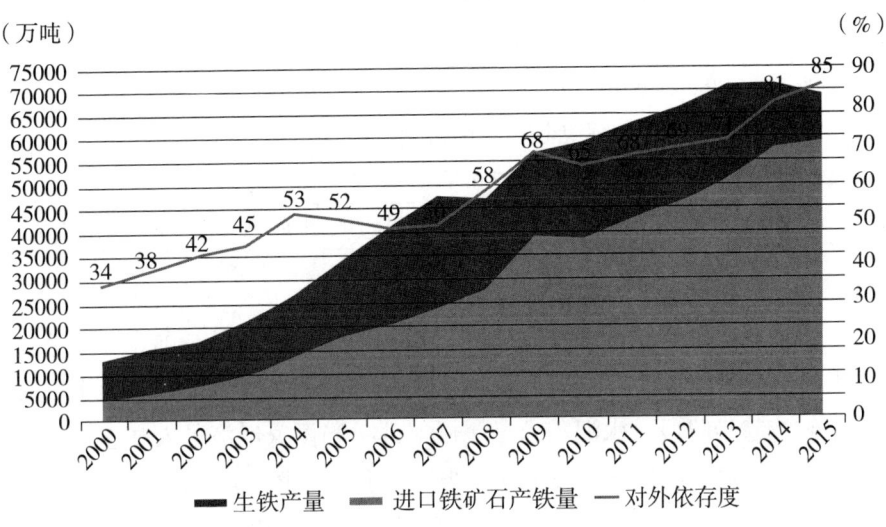

图11 我国铁矿石对外依存度变化

(3)水泥行业。

◎生产消费规模。

近期,建材行业依然处于艰难阶段,产能过剩矛盾依然突出,2016年全国多数省份都启动了水泥去产能计划,具体情况见表4。基础设施建设、房地产开发、农村和城镇建设领域固定资产投资变化直接决定水泥需求的变化,2015年我国全社会固定资产投资同比增长10%,2016年1—11月份同比增长8.3%,多数经济学家认为我国"十三五"时期固定资产投资将终结"十二五"时期接近20%的增速,增速将开始进入单位数时代或者在10%左右。总体预计,"十三五"时期基础设施投资仍将在较高水平上强势增长,但房地产开发和城镇化建设将继续低位运行,呈现中低速增长。

表4 2016年我国部分省份水泥行业"去产能"计划

省份	"去产能"计划
陕西	13家企业签订应急承诺书，西安9家水泥粉磨站全部停产
甘肃	将通过清理水泥"僵尸企业"去产能
山东	日照发布建设项目环评审批负面清单，禁止新增水泥产能
湖南	停止补贴和保护水泥等"僵尸企业"
安徽	多家大型水泥皖企淘汰过剩水泥产能
宁夏	两年内淘汰水泥产能500万吨
河北	十三五末，水泥、平板玻璃产能分别控制在2亿吨、2亿重量箱左右

资料来源：水泥商情网。

中远期，发达国家的经验表明：水泥等建材需求量与国家所处的经济发展阶段密切相关，发展趋势一般遵从"S"形曲线规律。当一个国家处于经济起步阶段，水泥需求量缓慢上升；当国家经济进入高速增长时期，水泥需求量呈快速增长态势；当达到水泥需求的高峰期（亦称拐点、饱和点或顶点）时，通常处于经济高速增长时期的大规模建设阶段，且一般在水泥的人均累积消费量达到10~12吨、人均消费量为600~700千克时达到饱和；当一个国家的经济进入成熟期后，水泥需求量会逐渐下降并趋近于一个常量。我国水泥需求的主要发展阶段见图12。

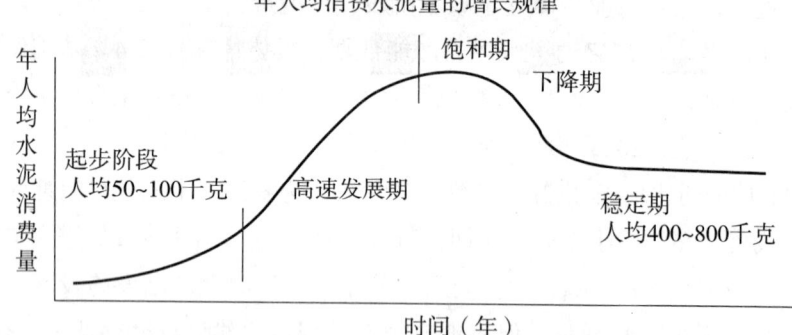

图12 我国水泥需求的主要发展阶段

资料来源：史伟，崔源声，武夷山．中国水泥需求量预测研究［J］．中国建材，2011（1）．

◎生产消费布局和进出口。

从水泥生产消费来看，目前我国水泥行业总体处于全面过剩局面，近期"去产能"效果决定产能分布，总体上仍然以华东、中南地区为主。中远期仍将受需求侧决定，目前我国人均水泥累积消费量已经超过20吨，但区域分布表现明显的不均衡，华东、华北和中南地区人均水泥消费量远高于西南、西北和东北地区，预计未来中西部和东北地区水泥产销比重将较现在有所提升。

从进出口趋势角度看，由于我国生产水泥具有一定的比较优势，且水泥的性能特点决定其并不适合远距离运输，因此我国水泥进出口量很小，不足总产销量的1%，未来有一定的出口需求，体量依旧较小。

（4）粮食行业。

◎生产消费规模。

我国粮食经历了自新中国成立以来的首次12年连续增长，但是近年粮食种植面积和产量增速不断放缓，且部分品种出现了一定的产能过剩，比如国内玉米产需过剩在3100万吨左右，在现有科技水平和基础生产条件下，再实现粮食大幅增产的难度明显加大，产量即将进入稳定阶段。2010—2014年我国粮食产量及增速情况见图13。

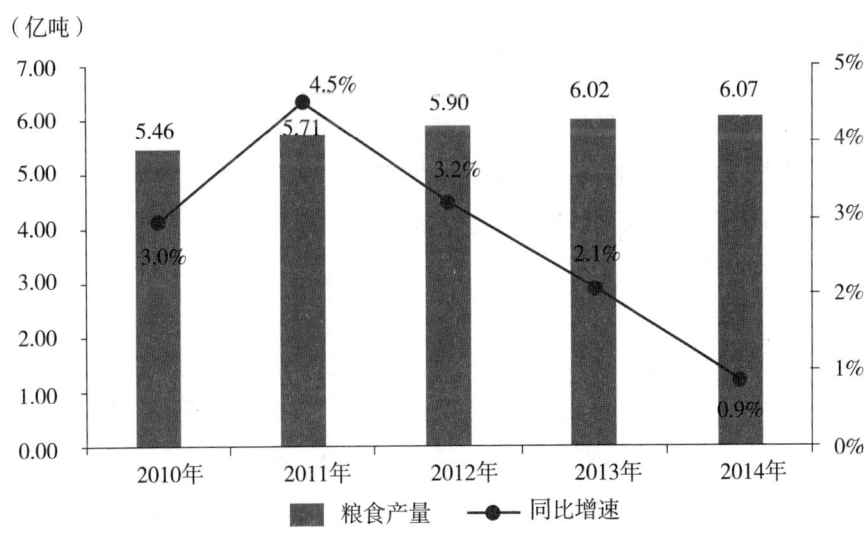

图13　2010—2014年我国粮食产量及增速的变化情况

从粮食消费角度来看，我国近年的粮食消费规模依旧保持增长。其中消费用途结构中，2012年口粮消费比重已经下降到40%以下，饲料用粮和工业用粮迅速增加，所占比重快速上升到38.07%和20.08%。目前，饲料用粮已经取代口粮成为最大的用途，由于人均口粮消费量已逐步稳定，决定我国未来粮食消费规模的关键是饲料和工业用粮规模，但在需求仍快速增长的形势下，我国国内粮食供给呈现缺口扩大之势，预计进口规模将进一步增加。

◎生产消费布局。

由于国家采取保护18亿亩耕地红线的严格土地政策和粮食自给率达到95%的基本自给线以上的粮食安全政策，预计国内粮食生产布局将长期稳定。虽然粮食进口不断增加，但绝大部分粮食消费依靠国内市场的局面不会改变，粮食加工企业布局亦不会发生较大调整，受运输成本影响，新增产能可能优先在沿海地区（减少进口粮食运输成本）和粮食主产区（减少粮食运输距离以降低运输成本）布局。

（三）传统行业生产消费趋势

1. 近期发展趋势

（1）煤炭行业。

根据最近我国发布的《煤炭工业发展"十三五"规划》，"十三五"期间我国煤炭行业将继续推行"去产能"政策，着力化解煤炭过剩产能，每年将化解淘汰过剩落后产能8亿吨左右，同时通过减量置换优化布局，每年增加先进产能5亿吨左右。预计近期我国煤炭产量能够控制在39亿吨左右。

（2）钢铁行业。

按照国发〔2016〕6号文的"去产能"要求，预计近期我国粗钢产能为9.5亿~10.0亿吨，即为现在产能的85%左右。根据工业与信息化部发布的《钢铁产业调整政策》（征求意见稿）提出的"2017年我国钢铁行业产能利用率达到80%以上"，那么"十三五"末我国粗钢产量为7.6亿~8.0亿吨，接近当前水平。从需求侧角度考虑，钢铁消费最多的行业主要是建筑业、机械行业和汽车制造业等，与城镇化和工业化进程最为相关，当前呈现增速继续放缓进程。综合钢铁行业生产和消费需求形势，预计"十三五"末期我国粗钢产量接近2015年的水平，或略有下降，降至7.5亿吨左右。

（3）建材行业。

按照我国经济工作"去产能"的工作部署和"十三五"时期的宏观经济、城镇化发展预期，近期水泥行业总体低迷趋势仍将维持，难以实现以往产量中高速增长态势，考虑全社会固定资产仍然将保持10%左右的增速，大量基础设施项目具有促投资、稳增长任务，水泥需求量将持续高位。预计"十三五"末期，我国水泥行业总体产量可能较当前稍有增长或基本持平，在25亿吨左右。

（4）粮食行业。

近期国内粮食产量增加潜力受限，国内经济放缓导致粮食深加工产品消费需求疲软，调减玉米种植面积等因素减少过剩供给，国际粮食进口规模和国内粮食消费可能有一定的增长，但潜力有限，预计近期粮食产量为6.0亿~6.5亿吨，粮食消费量介于7.0亿~7.5亿吨。2003—2014年国内粮食消费量变化情况见图14。

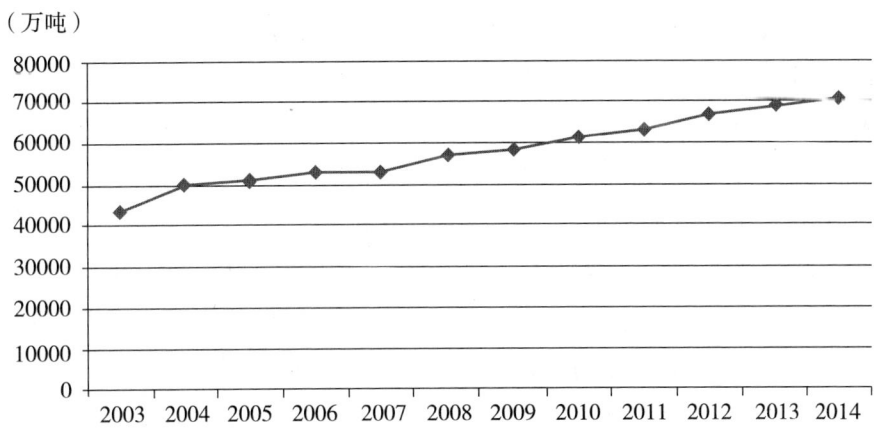

图14 2003—2014年国内粮食消费量变化情况

2. 中远期发展趋势

（1）煤炭行业。

受资源环境、技术变革、产业结构调整等因素影响，长远来看，我国煤炭产量和消费量总体上会呈下行趋势。根据中美气候变化联合声明，我国计划 2030 年左右二氧化碳排放量达到峰值，且将努力早日达峰，并计划到 2030 年，非化石能源占一次能源消费比重提高到 20% 左右。在经济保持中高速增长、产业转型升级顺利推进、节能减排政策严格执行的低碳发展情景下，我国煤炭消费量有可能在"十三五"期末或"十四五"前期达到峰值，碳排放峰值有望提前至 2025 年，煤炭占一次能源的比重下降至 60% 以下。根据国家发展改革委能源研究所研究成果，38 亿吨原煤产量是考虑我国煤炭安全生产和生态承载力条件的产量上限；考虑少量煤炭进口，40 亿~42 亿吨的煤炭消费规模或将成为我国煤炭需求上限。

（2）钢铁行业。

我国人均粗钢消费量将稳定于何种水平，目前尚无定论，主要与我国未来总体经济规模和工业品出口情况相关，从当前峰值区向稳定期过渡的时间长短主要受我国城镇化发展速度决定。根据《中国钢铁产业区域布局调整研究》的预测，我国粗钢消费稳定期人均粗钢年消费量在 490~500 千克，年粗钢消费总量将近 7 亿吨；而中资公司钢铁专家预测，我们仍有很大的城镇化建设需求，钢建筑结构比例将在房地产行业提升，所以我国钢材消费将在较长时间内维持每年 7 亿吨左右甚至更高。根据联合国《世界人口预测 2015 版》，中国的人口数量将在 2030 年左右（预计在 2028 年）达到峰值 14.2 亿，若按照人均粗钢年消费量 500 千克左右测算，届时我国粗钢年消费量约为 7 亿吨。

随着我国"一带一路"倡议深入实施、钢铁行业转型重组和技术进步等因素推动，我国在"十三五"以后钢铁出口规模有望进入加速起步期，将适当消弭国内消费市场收缩的影响。同时，我国中西部地区在新形势下发展加速，工业化和城镇化仍有一定空间，判断钢铁消费需求不会在短期内下降到较低水平。所以综合认为：我国粗钢产量在当前峰值后正处于下降通道，但降速会明显慢于发达国家，中远期维持 7 亿吨左右的产量；在远景年的稳定期，单纯依赖出口难以维持较高水平的人均粗钢消费，但城市再更新会带动钢铁一定的消费，预计远景年全社会粗钢年消费量在6亿吨左右，人均粗钢消费量430千克左右，约为现在总粗钢消费量的3/4。

（3）水泥行业

我国实际国情是人均累积水泥消费量和年度人均水泥消费量都已经超越发达国家的经验水平，中国建筑材料工业技术情报研究所研究员史伟和西南建筑大学教授崔源声等人根据我国实际国情，分析东、中、西部的需求差异和潜力，认为中西部与东部地区之间人均累积水泥消费量的差距较大，所以水泥消费总需求仍然较大。考虑到我国经济发展和城镇化、工业化速度放缓，预计我国中远期水泥下降过程将比较缓慢，但产销格局调整过程加快，中西部地区的水泥产销量会有所稳定并小幅上升，东部地区逐渐下降；中远期，东部地区进入稳定阶段，中西部仍然处于探底过程。预计中远期我国水泥生产量在10亿~15亿吨之间，远景年水泥生产量稳定在10亿吨以下。

（4）粮食行业。

中远期，我国人均口粮消费量与当前水平将相近，国内饲料、工业用粮的需求较近期可能有所增长，但限于国内粮食生产能力再难增加，且粮食品种结构调整（降低高产的玉米种植面积）可能降低粮食总产量。预计中远期粮食年产量仍旧在6.0亿~6.5亿吨之间，粮食年消费量在7.5亿吨左右。

二、传统行业物资运输需求趋势

（一）煤炭行业

1. 运输组织

我国煤炭生产地主要集中在中西部的晋陕蒙地区，而煤炭消费地主要集中在东部沿海地区。煤炭生产和消费分布不平衡的状况，决定了我国"西煤东运"、"北煤南运"的煤炭运输总体格局，即以"三西"（山西、陕西和蒙西）煤炭基地为核心，向东、向南呈扇形分布的煤炭运输网络格局。

据统计，2015年"三西"地区煤炭生产量约占我国煤炭生产总量的60%左右。而华东地区原煤调入量约占全国区际调运总量的55%左右。我国南北向煤炭流约占75%，其中南下煤炭流占53.5%；东西向煤炭流约占25%，其中东向煤炭流占21.0%，西向煤炭流占4.0%。

运输组织方式上，我国煤炭运输中长距离以铁路运输为主、进口煤炭以远洋运输为主，公路方式进行短途接驳运输和少量的中长途运输。"三西"煤炭外运组织模式是："三西"煤炭通过大秦、神朔、朔黄、中南等铁路运往秦皇岛港、京唐港、黄骅港等北方7港，然后在港口中转由沿海海运至上海、浙江、江苏、福建等省市。从全国范围来看，目前我国煤炭运输形成了"三西"外运通道、西北煤运通道、中南煤运通道、东北煤运通道和华东煤运通道等五大运输通道格局。此外，我国外贸煤炭主要从东部沿海港口进出口，形成了海上煤运通道。

2. 需求趋势

考虑煤炭实际调出量与净调出量的不同、各种运输方式煤炭运输中转次数的不同以及运输量统计口径的影响等，煤炭运输需求量要比消费需求量大得多。据2012年国家发展改革委综合运输研究所煤炭课题组调研统计，2012年我国煤炭产量36.5亿吨，各种运输方式完成的煤炭运输量约为62.6亿吨，其中铁路完成22.6亿吨，公路完成约30亿吨，沿海和内河运输完成约10亿吨。铁路煤炭运输量在保持十几年稳定增长后，受宏观经济增速放缓、煤炭行业产能过剩、铁路行业转型等因素影响，从2013年开始出现下降；水路煤炭运输在宏观经济形势的影响下受港口产能过剩、铁水联运量下滑等因素影响也随之下滑。煤炭公路运输缺少公开的、连续的、权威统计数据，全国统计数据中只见2008年交通运输部专项调查数据（2008年全国公路营业性货车完成煤炭及其制品运量27.03亿吨，占公路货运总量的14.1%）。通过补充调研和统计分析，2015年我国完成煤炭运输量约48亿吨，其中铁路20亿吨、公路20亿吨、沿海和内河运输8亿吨。

近期，尽管煤炭过剩产能逐步被化解，煤炭消费需求放缓，煤炭生产和消费量增速下降，但煤炭的消费和生产总量还处于上升通道。对煤炭运输而言,煤炭运输量将保持在50亿吨水平,铁路作为煤炭中长距离运输的主力,仍将保持在当前运输需求水平,期间可能出现季节性短期增长。

中长期,煤炭产量和消费量在资源环境约束下总量会有所下降,但煤炭的能源主体地位较长一段时间内不会改变,煤炭产量和消费量仍将徘徊在一个相对稳定规模。对煤炭运输而言,运输需求总体受特高压输电技术、坑口发电和产业布局调整等因素的影响可能会有所下降。但是,铁路运输在运能得到释放、运输效率逐步提升、运输结构不断优化等利好因素以及生产消费疲软等不利因素共同作用影响下,铁路煤炭需求下降幅度有限。

(二) 钢铁行业

1. 运输组织

钢铁行业的大宗物资运输主要包括两大部分:一是大宗原材料(焦炭、铁矿石等)采购运输;二是钢材产成品的流通运输,钢铁行业物资运输的形式主要有海运、铁路和公路运输。钢铁行业大宗物资运输见图15。

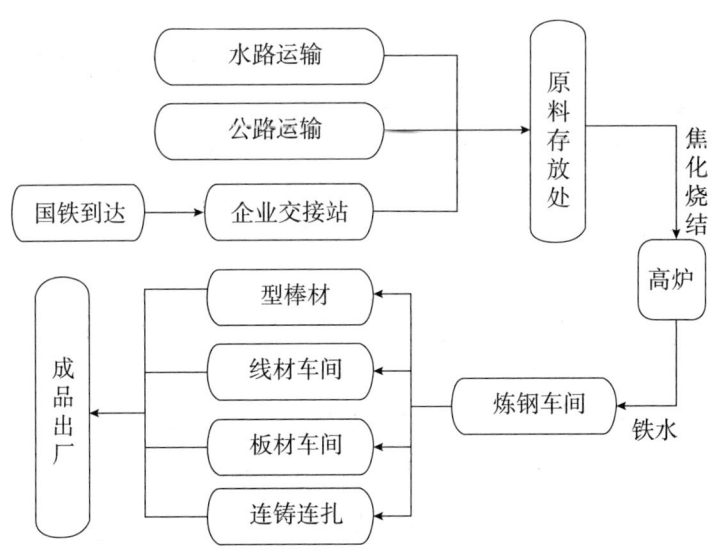

图15 钢铁行业大宗物资运输

一般钢铁行业生产 1 吨钢，往往需要 3 倍的原材料物资保障和消耗，根据这一比例关系，再考虑到钢铁行业的成品运输，钢铁行业的总物资运输量往往是钢铁总产量的 4~5 倍，也就是说 2014 年我国钢铁行业大宗物资运输量约 35 亿吨。根据华夏物联网研究中心的研究结论，除掉铁矿石等大宗原材料的远洋运输，公路、水路和铁路的运输量比例约为 3∶3∶4。目前我国进口铁矿石在港口上岸后，很多直接进入沿海城市的钢厂，部分大型钢铁企业建有铁矿石进厂专用线，但目前公路方式分担比例仍然较高，比如曹妃甸港区上岸铁矿石 90% 由公路方式输散。资源依托型布局的钢铁企业一般距离铁矿石产地较近，公路运输比例则更高。

在钢铁制成品的流通环节，我国大部分钢铁产品通过中间贸易商至最终消费者手中，由于目前我国钢铁需求仍旧比较分散，钢铁直销比例较低。在钢铁厂至远距离消费城市之间的主干运输一般由铁路或水路方式完成，并受公路方式一定程度的分流影响，末端配送环节多由公路运输组织。

2. 需求趋势

根据上文开展的钢铁行业发展趋势分析，"十三五"末期我国钢铁行业产量在 7.5 亿吨，是 2015 年粗钢产量的 93.3%，若产运系数不变，则钢铁行业物资运输也将降为当前运量的 93.3%，约为 32.6 亿吨。短期内钢铁生产力分布格局不会有太大改变，伴随着铁矿石对外依存度的持续走高，预测内陆长距离铁矿石运输下降比例将超过粗钢产量降幅；在中西部发展进入加速期之后，中西部地区的钢铁制成品消费增加，由东向西的长距离钢铁产品运输降比将小于产量降比；伴随着钢铁出口的不断增加，远洋钢铁运输将逐渐增加。

中远期我国粗钢消费量约为 7 亿吨，远景年我国粗钢消费量约为 6 亿吨，分别为当前产量的 87% 和 75%，产运系数不变的前提下，钢铁行业物资运输将分别约为 30.5 亿吨和 26 亿吨。在中远期，面向中西部地区城镇化的钢铁消费需求仍将较多，所以钢铁制成品向中西部调运需求将较大；在远景年，工业制成品出口和城市更新改造的钢铁需求增多，东部地区的人均钢铁消费需求将高于中西部，并伴有中短距离的钢铁物资运输需求；另有一定规模的钢铁出口，面向出口的钢铁企业虽有一定运输需求，但主要是沿海港口与钢铁企业之间的铁矿石和钢铁成品运输，表现为加快增长态势，具体规模将由钢铁外贸发展情况和铁路基础设施连接情况决定。

（三）建材行业

1. 运输组织

根据《铁路货物运输品名分类与代码表》，矿物性建筑材料包括土、砂、石、石灰、砖、瓦、砌块，水泥制品，玻璃，玻璃纤维及其制品和其他矿物性建筑材料。可见矿物性建筑材料中，除玻璃及制品可用于汽车行业和进出口以外，其余品类几乎全部用于国内基本建设，全社会消费量与水泥具有高度一致性。这些品类是建材生产企业的重要原材料，运输需求主要集中在矿藏地与建材生产企业之间，货物价值低，运价承受能力也低，一般运输距离较短。公路和铁路呈现明显的竞争格局，布有铁路专用线或矿藏地距建材生产企业较远情况下，铁路具有明显优势，其余主要由公路方式运输。2013 年数据显示，铁路矿物性建筑材料平均运距仅有 312 公里，75% 运量为省内运输。铁路矿建材料平均运距变化情况见图 16。

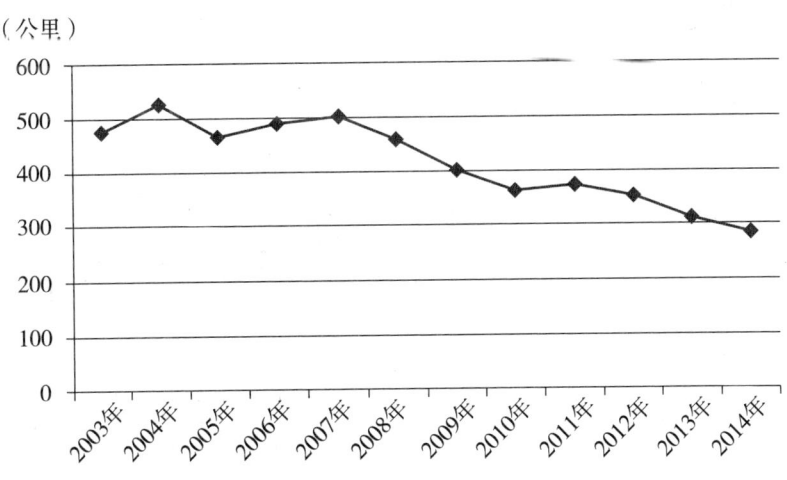

图 16　铁路矿建材料平均运距变化情况

根据《铁路货物运输品名分类与代码表》，木材包括原木、锯材、木片和人造板材。目前我国木材消费的一半以上来自进口，进口木材消费主要集中在江苏，2015 年江苏省原木进口量占全国进口总量的 40%，其次是山东、黑龙江、内蒙古和福建；锯材进口前 5 位分别为广东、内蒙古、江苏、上海和黑龙江。进口消费地主要为沿海省份和我国传统木材产地，销往沿海地区的木材主要由公路方式进行疏港运输，销往传统木材产区的货物则由公路和铁路方式分担完成。国内主要木材产地为黑龙江北部、内蒙古东北部地区和广西地区等地，部分木材就地加工，运输距离较短并主要由公路方式完成，小部分由铁路方式分担。较长距离调运则以铁路调运方式为主，小部分由公路方式分担。2013 年数据显示，国家铁路木材发送量 2483 万吨，其中哈尔滨铁路局木材发送量 1634 万吨、南宁铁路局木材发送量 402 万吨，两地区木材发送量共占全路木材发送量的 82%。

水泥的物理性质决定其不适合较长距离运输和较长时间保存，且生产布局分散，辐射半径仅有数百公里，部分沿江布局水泥企业可以依托内河水运进行长距离调运，绝大部分水泥依靠公路方式运输。近 10 年来，铁路水泥运输量一直稳定在 3500 万吨左右，并未随着我国水泥产量增长而逐渐递增，反倒在 3500 万吨发送量左右徘徊下行。2013 年数据显示，铁路矿物性建筑材料平均运距仅有 387 公里，69% 运量为省内运输。我国铁路水泥运输量变化情况见图 17。

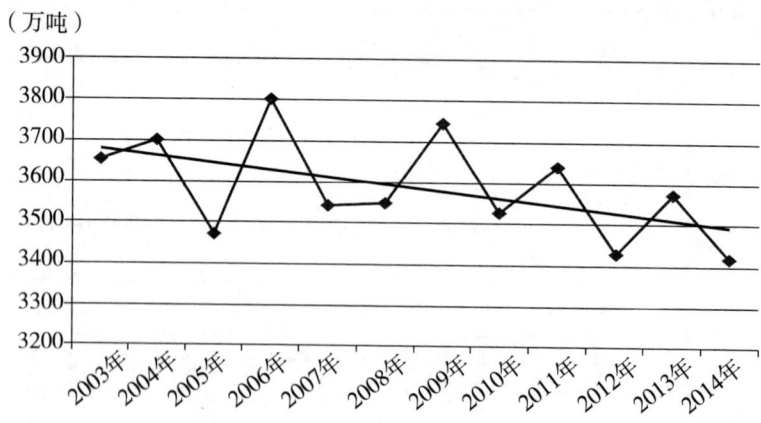

图 17　我国铁路水泥运输量变化情况

2. 需求趋势

按照上文的建材行业趋势分析，预计"十三五"末期，我国水泥行业总体产量可能较当前稍有增长或基本持平，在 25 亿吨左右；中远期，我国水泥生产量在 10 亿~15 亿吨之间，远景年水泥生产量稳定在 10 亿吨以下。按此比例推算，近期我国全方式建筑材料运输量将接近当前水平，并继续呈现当前的中短距离运输为主情形，但运输重心逐渐向中西部地区转移；中远期和远景年水泥产量下降至约当前水平的 50% 和 1/3，全社会建筑材料运输量降至约当前水平的同等比例。

（四）粮食行业

1. 运输组织

运输是联系粮食种植和加工的纽带，是粮食供应链中的重要环节。随着粮食生产继续向主产区集中，主销区和西部地区产需缺口进一步扩大，"北粮南运"格局更加凸显，2014 年我国省际间粮食流通量高达 1.65 亿吨，约占粮食总产量的 1/4。根据国家发展改革委的相关文件（《粮食收储供应安全保障工程建设规划（2015–2020 年）》），我国现已形成三大粮食流出通道和五大粮食流入通道。东北流出通道是以稻谷、玉米流出为主，陆路经山海关运往关内和辽宁各港口，再由水路运到东南沿海，部分则经过陆路直接运送至京津地区。黄淮海流出通道是以小麦流出为主，河北、河南、山东及安徽北部地区的小麦通过陆路运往京津苏等周边省市，部分通过陆路运往华东、华南、西南和西北省区。长江中下游流出通道是以稻谷为主，湖北、湖南、安徽、江西和四川五省的稻谷经陆路运往东南沿海和西南地区。五大粮食流入通道分别为华东沿海流入通道、华南沿海流入通道、京津流入通道、西南流入通道、西北流入通道，五大流入通道实际与粮食流出通道相对应，是从流入角度的通道描述。粮食流通总体呈现"北粮南运"和"中粮西运"的运输格局，而其中又以"北粮南运"为绝对主导，且东北的粮食外调量占到全国的 60% 以上。

2. 需求趋势

通过对粮食行业发展趋势进行分析可发现，未来我国的粮食产销量将基本稳定，粮食进口规模可能有小幅度增长，新增饲料和工业用粮企业倾向于在沿海和东北粮食主产区布局，且近期沿海地区产能增长更快。因此预计近期我国粮食调运需求将有较小幅度增长，中远期基本稳定。

三、大宗物资运输供给侧影响分析

（一）大宗物资运输的现状

铁路、公路和水路均承担了一定比例的大宗物资运输任务。铁矿石进口和钢材进出口国际运输、北粮南运和北煤南运的沿海运输、大宗物资"海进江"都依赖水路运输，远洋、沿海和长江内河是我国大宗物资运输的主要通道。由于一直以来我国公路方式超载严重和铁路运能不足等原因，公路与铁路相比劣势并不突出，在沿海港口铁矿石疏港运输、煤炭调运和其他大宗物资的中短距离调运中承担了较高比重，并且同时承担了铁路和水路两端接驳运输任务。由于缺少水路和公路方式分货类运输统计资料，因此本研究报告重点分析铁路大宗物资运输情况。

1. 大宗物资运输总体情况

2014年，我国国家铁路大宗物资（煤炭、冶炼物资、建筑材料、粮食及农用物资）发送量共计27亿吨，占到国铁货物发送量的88%。其中：煤炭发送量17.4亿吨，占国铁货物发送量的61%；冶炼物资发送量6.3亿吨，占国铁货物发送量的20.5%，两者合计占比超过80%，可见煤炭和钢铁冶炼是事关铁路货运大局的两大核心行业。2014年我国国家铁路分类货物发送量情况见图18。

从大宗物资发送区域的分布来看，2013年我国华北地区国家铁路大宗物资发送11.2亿吨，占国铁大宗物资发送量的62.8%，大宗物资发送量排名前三位的省份分别为山西、内蒙古和河北，均位于华北地区。煤炭的主要发送地区为华北地区，冶炼物资的发送地区排序为华东、华北和中南，建筑材料发送地区排序为华北、东北和中南，粮食及农用物资发送地区排序为东北、中南和华北地区。2013年我国国铁分地区铁路大宗物资发送情况见表5，发送量排名前十位省份见表6。

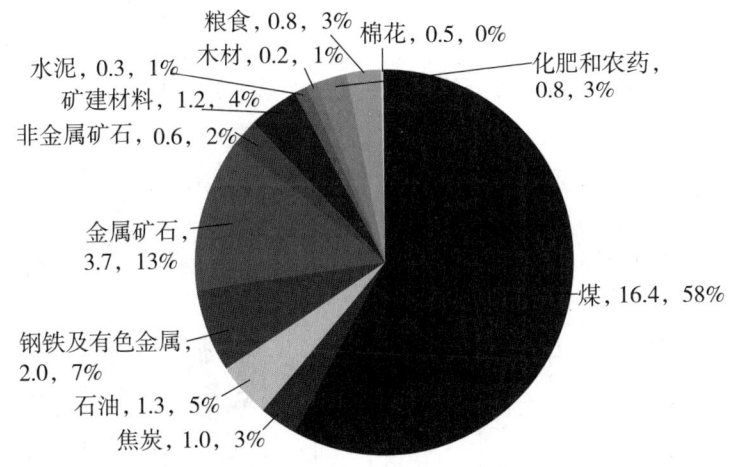

图18　2014年我国国家铁路分货类货物发送量情况（单位：亿吨）

数据来源：2015年统计年鉴。

从近年国家铁路大宗物资运输发展情况来看，煤炭和冶炼物资绝对值和比重一直保持增加，仅在经济进入高质量发展阶段后才开始有所下降，煤炭发送量的增长幅度最大，冶炼物资次之。建筑材料和粮食物资的比重一直较小，发送量始终不足2亿吨。建筑材料运量总体呈现一定的增长，但增长速度和幅度都远小于煤炭和冶炼物资。粮食物资运量则高度稳定在1.7亿吨左右，虽然粮食产量一直增长，但并未带来粮食铁路调运需求的增加。近年国家铁路分货类大宗物资运量及结构变化情况见图19。

表5 2013年我国国铁分地区铁路大宗物资发送情况

发送量（单位：亿吨）

地区	合计	煤炭		冶炼物资				建筑材料				粮食及农用物资		
		煤	焦炭	合计	钢铁及有色金属	金属矿石	非金属矿石	合计	矿建性材料	水泥	木材	合计	粮食	化肥及农药
全国	17.8	6.90		2.16	4.02	0.73	1.96	1.35	0.36	0.25	1.88	1.04	0.83	1.00
华北	11.2	10.7	0.48	1.49	0.68	0.68	0.13	0.62	0.48	0.02	0.13	0.34	0.17	0.16
东北	1.1	1.04	0.11	1.08	0.45	0.48	0.15	0.52	0.38	0.09	0.05	0.48	0.43	0.05
华东	1.9	1.8	0.10	1.99	0.24	1.56	0.19	0.25	0.12	0.12	0.01	0.26	0.15	0.12
中南	1.1	0.97	0.15	1.21	0.34	0.71	0.16	0.37	0.21	0.11	0.05	0.37	0.21	0.16
西南	0.69	0.65	0.04	0.64	0.25	0.34	0.06	0.11	0.09	0.01	0.01	0.23	0.02	0.21
西北	1.7	1.6	0.11	0.50	0.20	0.26	0.04	0.09	0.07	0.01	0.00	0.20	0.07	0.14

注：华北地区指北京、天津、河北、山西、内蒙古，东北地区指辽宁、吉林、黑龙江，华东地区指上海、江苏、浙江、安徽、福建、江西、山东，中南地区指河南、湖北、湖南、广东、广西、海南，西南地区指重庆、四川、贵州、云南和西藏，西北地区指陕西、甘肃、青海、宁夏和新疆。

表6 2013年我国国铁大宗物资发送量排名前10位省份

货类省份	煤炭 发送量(万吨)	占比	冶炼物资 发送量(万吨)	占比	建筑材料 发送量(万吨)	占比	粮食及农用物资 发送量(万吨)	占比	大宗物资 发送量(万吨)	占比	总量排名
山 西	62981	93%	3460	5%	175	0%	1350	2%	67966	100%	1
内蒙古	34782	83%	3906	9%	1950	5%	1087	3%	41725	100%	2
河 北	9590	53%	3817	21%	4076	22%	725	4%	18208	100%	3
山 东	4352	26%	11065	66%	347	2%	1089	6%	16853	100%	4
辽 宁	5007	33%	8386	55%	1326	9%	665	4%	15384	100%	5
黑龙江	5348	45%	1001	8%	2849	24%	2761	23%	11959	100%	6
安 徽	9550	85%	622	6%	273	2%	763	7%	11208	100%	7
河 南	6003	58%	1631	16%	908	9%	1805	17%	10347	100%	8
陕 西	7874	84%	641	7%	388	4%	432	5%	9335	100%	9
天 津	3987	53%	3444	46%	8	0%	119	2%	7558	100%	10
合 计	177936	62%	68732	24%	19539	7%	18731	7%	284938	100%	—

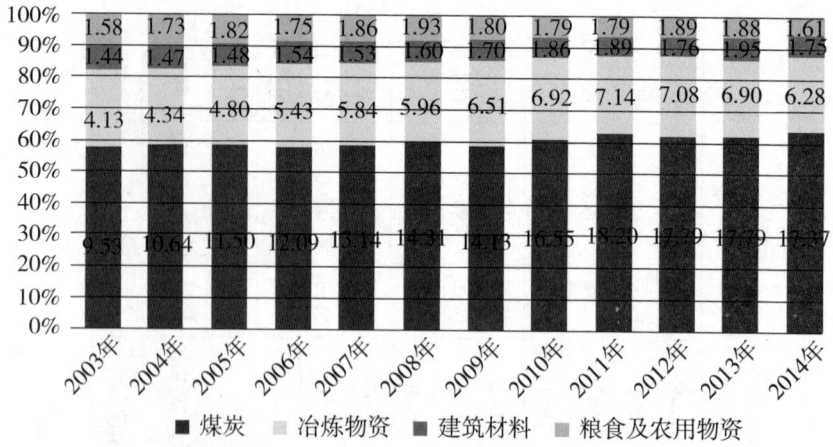

图19 近年国家铁路分货类大宗物资运量及结构变化情况（单位：亿吨）

2. 煤炭运输情况

单就煤炭货类而言，2013年我国国铁煤炭发送量排名前十位的省份见表7，山西、内蒙古和河北发送量占国家铁路煤炭发送量的60%，前十位省份以中西部和东北地区省份为主，东部地区的河北、山东和天津三省市占全路煤炭发送量的10%。

表7 2013年我国国铁煤炭发送量排名前十位省份

序号	省份	煤炭发送量（万吨）	占全路煤炭发送比重
1	山 西	62981	35%
2	内蒙古	34782	20%
3	河 北	9590	5%
4	安 徽	9550	5%
5	陕 西	7874	4%
6	河 南	6003	3%
7	黑龙江	5348	3%
8	辽 宁	5007	3%
9	山 东	4352	2%
10	天 津	3987	2%
前十位共计		149474	84.0%
全路合计		177936	—

从趋势上看，新常态以前铁路煤炭发送量一直保持较快增长，在2014年开始转为负增长，而同期原煤产量依然在增长。从两者的增长速度比较来看，铁路煤炭发送量的增速要明显慢于原煤产量增速，可见在煤炭运输发展历程中，其他方式对铁路的分流作用不断加强。近年我国国铁原煤产量和铁路煤炭发送量变化情况见图20。

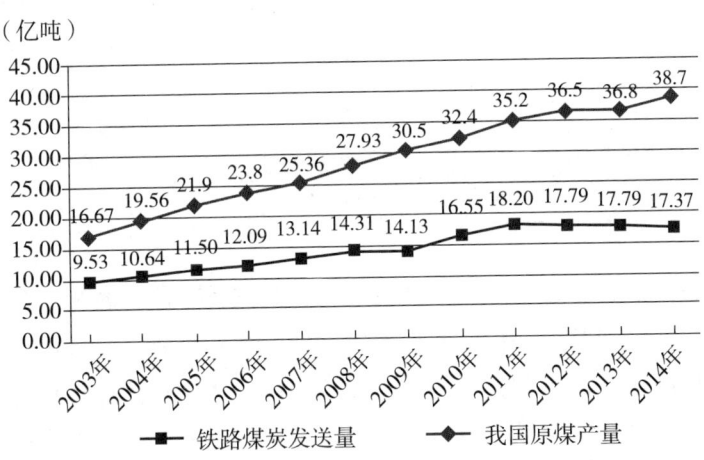

图20 近年我国国铁原煤产量和铁路煤炭发送量变化情况

3. 冶炼物资运输情况

从冶炼物资来看，2013年我国国铁冶炼物资发送量排名前十位的省份见表8，可见冶炼物资发送集中程度要远小于煤炭行业，排名前三位省份发送量仅占国铁冶炼物资发送量的34%。冶炼物资的发送地以东部地区为主，山东、辽宁、河北、广东、江苏、天津、广西等七省市均沿海，货物发送量占国铁冶炼物资发送量的53%。

表8 2013年我国国铁冶炼物资发送量排名前十位省份

序号	省份	发送量（万吨）	占全路冶炼物资发送量比重
1	山东	11065	16%
2	辽宁	8386	12%
3	四川	3967	6%

续表

序号	省份	发送量（万吨）	占全路冶炼物资发送量比重
4	内蒙古	3906	6%
5	河北	3817	6%
6	广东	3551	5%
7	江苏	3490	5%
8	山西	3460	5%
9	天津	3444	5%
10	广西	2617	4%
前十位共计		47703	69.1%
全路合计		69017	—

从趋势上看，近年来我国金属矿石、钢铁及有色金属和非金属矿石的增长均与钢铁及冶炼行业发展保持同样的增长趋势，金属矿石的增长速度和幅度最大，而非金属矿石与此相关性较小，总体保持稳定，在进入经济高质量发展阶段之后有所下降。近年我国国铁分货类冶炼物资运量变化情况见图21。

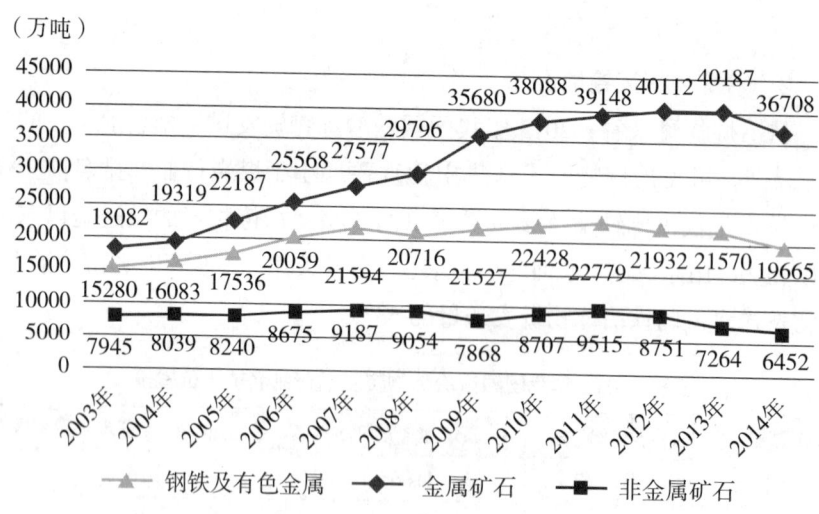

图21 近年我国国铁分货类冶炼物资运量变化情况

利用2003—2012年我国粗钢产量和铁路冶炼物资发送量数据分析两者的相关性发现，铁路冶炼物资运输与粗钢产量具有高度的相关性，长期以来产运系数一直稳定，可作为根据粗钢产量预测铁路冶炼物资运输量的重要依据。我国国铁冶炼物资运量与粗钢产量相关性分析见图22。

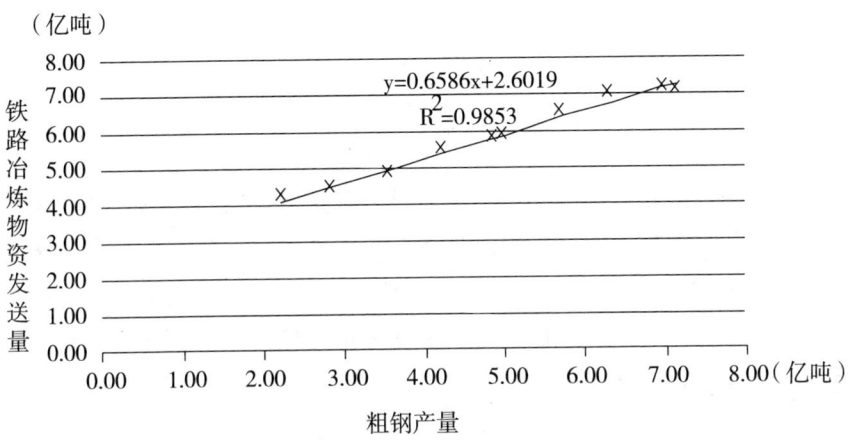

图22　我国国铁冶炼物资运量与粗钢产量相关性分析

4. 建筑材料运输情况

从建筑材料来看，2013年我国国铁建筑材料发送量排名前十位的省份见表9，可见建筑材料发送集中程度要介于煤炭行业与冶炼行业之间。排名前三位省份发送量占国铁建筑材料发送量的46%，其中河北主要是水泥和玻璃发送较高，黑龙江和内蒙古主要是木材发送量高，从区域分布来看，主要是我国东北地区和华北地区。

表9　2013年我国国铁建筑材料发送量排名前十位省份

序号	省份	发送量（万吨）	占全路建筑材料发送量比重
1	河北	4076	21%
2	黑龙江	2849	15%
3	内蒙古	1950	10%
4	辽宁	1326	7%
5	吉林	1056	5%
6	河南	908	5%

续表

序号	省份	发送量（万吨）	占全路建筑材料发送量比重
7	广西	846	4%
8	福建	695	4%
9	海南	685	3%
10	江西	550	3%
前十位共计		14941	76.2%
全路合计		19595	—

在建筑材料分货类内部，水泥运量一直十分稳定，矿物性建筑材料却维持一定的增长，木材运输出现了明显的下降。可见水泥产量的增加并未带来铁路水泥发送量的增长，木材发送量更主要与国内木材开采量相关，国际贸易的木材运输量铁路承担比重又较低。近年我国国铁分货类建筑材料运量变化情况见图23。

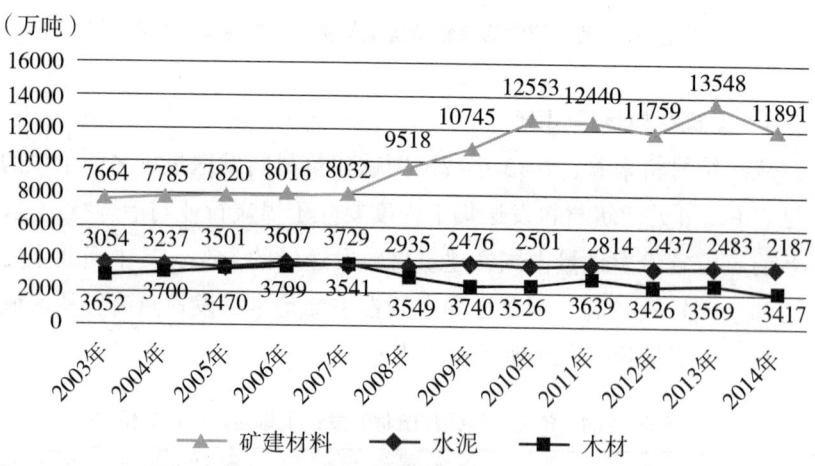

图23 近年我国国铁分货类建筑材料运量变化情况

利用2003—2014年铁路矿物性建筑材料发送量和我国水泥产量数据进行相关性分析发现，两者具有较强的相关性，可作为预测铁路矿物性建筑材料运输量的重要参考方法。我国国铁矿物性建筑材料运量与水泥产量相关性分析见图24。

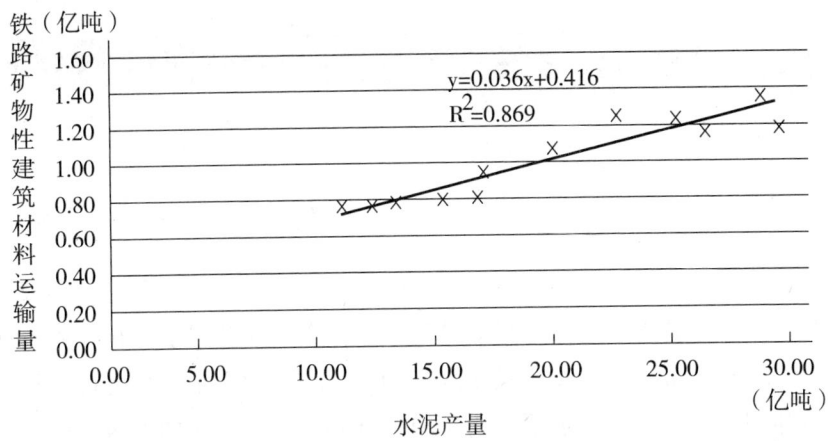

图 24 我国国铁矿物性建筑材料运量与水泥产量相关性分析

5. 粮食及农用物资运输情况

从粮食及农用物资来看，2013 年我国国铁粮食及农用物资发送量排名前十位的省份见表 10，可见粮食发送量较大地区主要是我国传统粮食产地，排名前三位的黑龙江、河南和吉林均是我国最为重要的粮食基地，其他地区也多是粮食产量较大省份，另山西、湖北、云南等省份是重要的化肥产地。

表 10 2013 年我国国铁粮食及农用物资发送量排名前十位省份

序号	省份	发送量（万吨）	占全路粮食及农用物资发送量比重
1	黑龙江	2761	15%
2	河 南	1805	10%
3	吉 林	1361	7%
4	山 西	1350	7%
5	湖 北	1183	6%
6	山 东	1089	6%
7	内蒙古	1087	6%
8	云 南	992	5%
9	安 徽	763	4%

续表

序号	省份	发送量（万吨）	占全路粮食及农用物资发送量比重
10	河北	725	4%
前十位共计		13116	69.8%
全路合计		18785	—

通过分析我国历年国铁粮食及农用物资的运输情况发现，近年来我国国铁粮食运输量一直稳定在1亿吨上下，变化幅度很小，并未随粮食消费量的增长而增长；化肥及农药自2003年至2007年持续增长，并在2008年以后开始进入稳定平台期。2014年运量出现严重的下滑，根据前期调研发现主要是上年粮食收储制度和进出口情况突然变化导致的长距离秋粮调运需求骤降。我国粮食消费量、国铁粮食及农用物资发送量变化情况见图25。

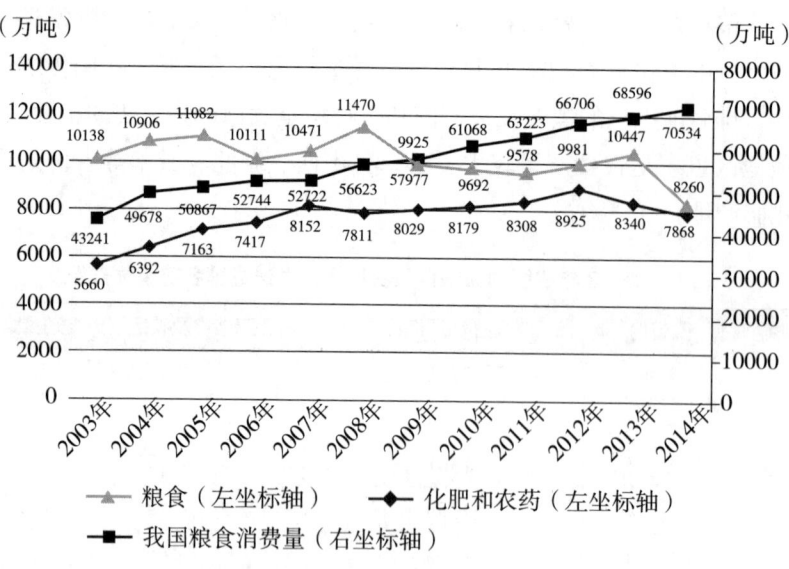

图25 我国粮食消费量、国铁粮食及农用物资发送量变化情况

（二）铁路市场化改革和运输组织创新

1. 政策内容

经济进入新常态后，我国货运需求结构悄然发生变化，大宗物资运输需求急剧下降，白货对运输的时效性、便捷性和安全性要求都很高，铁路货运发展面临前所未有的货源压力。2013年铁路总公司正式开始实施铁路货运组织改革，之后陆续出台了十余个配套文件，采取了敞开受理、直接办理，实行一口价服务，提供快捷准时个性化运输产品，开展物流总包，加强行业信息化等诸多手段积极争取货源。总结起来，铁路货运领域的卖方绝对主导地位正在动摇，铁路部门也逐渐"放下身段"适应供大于需的市场形势。

借鉴国外铁路货运组织发展趋势，我国铁路货运的市场化改革终将走向主动适应买方要求，采用更加灵活的定价机制，提供更加多样化的运输产品、物流和相关延伸服务。美国、英国、德国等国的铁路市场化改革都减弱了其工业化后期的铁路货运降幅，我国铁路市场化改革和运输组织创新必将逐渐向前迈进，但改革速度具有不确定性，是影响铁路大宗物资运输服务供给的重要政策变量，也是影响铁路在中短距离运输领域与公路竞争的关键要素。

2. 潜在影响

高速铁路大量建成通车后，极大程度地缓解了铁路货运能力紧张的形势，为铁路的运输组织创新提供了更好的实施条件。铁路货运业的市场化改革和运输组织创新有助于提高货运服务的准时性、便捷性和综合服务水平，其运输水平的改善和延伸型物流服务的拓展，有助于其保障对生产消费企业的原料供应，降低企业大宗物资生产和消费企业的库存成本，进而增加自身的服务竞争力。同时，灵活的价格政策和营销手段、便捷的服务流程和逐渐透明公开的货物在途信息等都将切实提高托运人的用户体验，增强其与公路相比的竞争力，尤其是在当前起点上还有较大的提升空间，也具备争取高品质、个性化的大宗货源的潜力。

(三)公路行业管理政策

1. 政策内容

近期对公路大宗物资运输产生较大影响的政策主要为公路治超行动，中远期潜在的公路外部成本内部化政策和燃油价格将是重要影响因素。

2016年，基于提高公路运输安全环境、减少对道路路面破坏和发展综合运输等多重考虑，我国实行了历史上最为严格的公路治超行动——整治公路货车违法超限超载行为专项行动，计划于2017年8月31日结束。7月26日，强制性国家标准《汽车、挂车及汽车列车外廓尺寸、轴荷及质量限值》（GB1589）正式获得批准，9月21日零点正式实施。各地交通运输和公安部门联合执法，严厉查处货车超限超载等违法行为。本次整治行动结束后，各地交通运输、公安部门将全面梳理专项整治工作情况，系统总结有关经验做法，完善相关政策制度，建立健全长效机制。这一行动对公路小轿车运输（超限）和大宗物资运输（超载）产生深远的影响，大幅增加了公路运输的单位成本（根据黑龙江省物流与采购供应链商会调研显示，公路货运长距离运输价格普遍上涨15%~40%），成为铁路大宗物资运输回流的重大利好。

公路是各种大宗物资运输方式中单位周转量能源消耗和污染最多的方式，发达国家在综合运输发展阶段均对铁路、水路等方式采取了一定的支持补助政策，如欧盟的马克波罗计划、外部成本内部化配套措施等，美国的《2030年的交通运输愿景：为运动中的国家确保个人自由与经济活力》、欧盟2011年交通白皮书《一个单一欧洲运输区路线图：迈向竞争和资源高效的交通运输体系》等国家交通战略都明确提出要发展更绿色化的交通方式，减少交通部门碳排放和促进多式联运等，因此预计中远期有望实施相关政策而拉低公路与铁路大宗运输的竞争优势。另外，燃油价格是关系公路运输成本的重要变量，但燃油价格走势较难预测，并考虑到我国燃油价格的管制政策，运输领域实际用油成本受国家价格调控政策影响的可能性较大，出于运输结构合理化的政策取向考虑，预计公路用油成本总体趋高。

2. 潜在影响

公路的安全和绿色化政策将提高交通运输行业的可持续发展水平，但会增加公路大宗重货的运输成本，有助于促进运输结构合理化，吸引铁路传统优势货源回流。在发展过程中，若铁路部门能够抓住公路大力治超的契机，在大宗重货运输市场方面做好运力和运输产品的设计补充，对铁路扭转本轮下降趋势、增大潜在货运需求将是较好机遇。在中远期，公路超载超限问题得到明显缓解后，铁路运输的相对成本优势将更加明显，其运输服务实际水平和可靠性将成为决定这一利好转化为实际效果的重要不确定性因素。

（四）多式联运政策

1. 政策措施

多式联运是我国发展综合运输的一个重要着力点，各种方式衔接紧密、功能互补的多式联运系统是降低企业运输成本和提高运输效率的重要手段。近年来，国家关于多式联运的操作标准规范、鼓励多式联运发展的诸多政策不断出台，港口集疏运系统、铁路末端配送水平等都正在逐渐改善。多式联运服务水平提升推动各种运输方式的组合优势得到更好发挥，而铁路在公铁联运中作为主运输段，在铁水联运中亦可承担较长距离运输，将成为发展多式联运受益最大的运输方式。

2. 潜在影响

多式联运政策有助于推动铁路从运输组合优势中迎来利好。多式联运的发展可以推动综合运输组合优势的发挥，提供具有更新和更多技术经济特征的货运产品，吸引原来采用单一运输方式的货运需求。通过多式联运发展，配合有仓储设施的建设，可以提高铁路运输的可靠性，铁路将是铁水联运和公铁联运中的重要环节，可以从多式联运的发展中增加更多潜在货源。

四、结论与建议

（一）分析结论

1. 预测结论

（1）煤炭运输。

综合上文预测的近期和中远期煤炭产量、大宗物资运输供给侧政策影响和铁路煤炭发送量与煤炭产量、消费量相关关系等，预计"十三五"期间我铁路煤炭发送量总量可能会出现微幅下滑趋势，但期间可能出现季节性短期增长，在某些通道上的分布可能会更加集中。预计近期铁路煤炭发送量约为 20 亿吨，其中国家铁路煤炭发送量约为 17 亿吨，与当前运输需求水平持平。长远来看，考虑到煤炭产量和消费量在资源环境约束下总量会有所下降，但煤炭的能源主体地位较长一段时间内不会改变，煤炭产量和消费量仍将徘徊在一个相对稳定规模。对煤炭铁路运输而言，综合考虑经济增长态势、煤炭生产消费趋势、铁路运能释放和运输结构调整等因素影响，未来我国铁路煤炭产运系数还有进一步下降的可能。按未来我国煤炭消费量稳定在 40 亿吨左右水平和煤炭产运系数在现有水平（2015 年我国煤炭产运系数为 0.533）基础上下降 10% 的情景考虑，中远期我铁路煤炭发送量约为 19 亿吨，其中国家铁路煤炭发送量约 16.5 亿吨。

（2）冶炼物资运输。

综合上文预测的近期和中远期粗钢产量、大宗物资运输供给侧政策影响和铁路冶炼物资发送量与粗钢产量相关关系等，预计近期我国钢铁及有色金属、金属矿石和非金属矿石的国家铁路发送量约为 6 亿吨，较 2014 年下降 4.5%，在"十三五"期间会呈现先下行再回升的势头。因为从粗钢产量判断，近期粗钢产量为 7.5 亿吨，下降幅度有限，且公路治超带来公路运输成本上升将有助于增大铁路运输优势。中远期，我国国家铁路钢铁及有色金属、金属矿石和非金属矿石发送量会降至 5.6 亿吨左右，约为 2014 年水平的 90%。因为预测中远期我国粗钢产量约为 7.0 亿吨，期间下降过程缓慢，且铁路货运组织改革和服务水平提升等因素有助于其争取更多大宗物资回流。从运输分布的发展变化看，中西部地区钢材需求仍有空间，自东向西的中长距离钢铁及有色金属运输需求将逐渐增加，并伴有铁路钢铁平均运输距离增大趋势。

（3）建筑材料运输。

综合上文预测的近期和中远期水泥产量、大宗物资运输供给侧政策影响、铁路建筑材料发送量与水泥产量相关性等，预计近期我国矿物性建筑材料、水泥和木材的国家铁路发送量为1.6亿吨左右，约为当前水平的91.4%。因为铁路水泥发送量一直与水泥全行业产量相关性较小，多年稳定在3500万吨左右，近期水泥消费逐渐向中西部转移，而该地区铁路密度相对落后于东部，但综合公路治超政策相抵等因素，预计近期发送量约为3000万吨；国家铁路矿物性建筑材料发送量始终与水泥产量高度相关，预计近期铁路矿物性建筑材料发送量1.2亿吨，与2014年基本持平；国家铁路木材运输量主要与国内木材砍伐量有关，国内木材砍伐的限制政策日趋严格，对国外木材依赖度逐渐提高，导致木材铁路运输需求继续下降，并在近期之后稳定在1000万吨的水平。中远期，铁路建筑材料运输市场将继续下行，但中远期难以触底，届时铁路矿物性建筑材料发送量6000万吨，水泥1500万吨，木材1000万吨。

（4）粮食运输。

考虑到人均口粮消费、土地产出的稳定性、工业和饲料用粮增长有限，以及公路治超政策带来的铁路与公路运粮相比的价格竞争优势下降，预计近期国家铁路粮食运输基本与新常态以前水平相近，较2014年有所回升，维持在1.0亿吨左右。中远期，国家铁路粮食发送量将基本稳定或稍有增长，中远期国铁粮食发送量在1.0亿吨左右，期间粮食进口增加，国内粮食产量就地加工比例、华东和东南沿海粮食加工企业的对外依存度提高，导致全路粮食平均运输距离有所下降。进口粮食的增加将占据部分沿海人口密集地区粮食消费来源，影响铁路粮食调运需求，变化程度主要取决于国家行业政策。铁路仍将是长距离粮食调运的快速骨干方式，对于国家安全具有重要意义，是粮食调运需求集中爆发情况下的战略保障运能。

（5）铁路大宗物资运输增长惯性消失，近期下降幅度较小。

通过对以上几类大宗物资的预测发现，近期国家铁路大宗物资发送量约为 2014 年水平的 97.6%，并不会延续 2015 年和 2016 年上半年的快速下滑态势，预计"十三五"期间，国家铁路大宗物资发送量总体下行，彻底告别了新常态以前长时间快速增长势头，但下降幅度较小。对我国铁路大宗物资发送量预测见表 11。

表 11　我国铁路大宗物资发送量预测

单位：亿吨

		2014 年	2020 年	2030 年
煤炭		17.37	17	16.50
冶炼物资	钢铁及有色金属	6.28	1.97	5.60
	金属矿石		3.67	
	非金属矿石		0.65	
建筑材料	矿物性建筑材料	1.75	1.19	0.60
	水　泥		0.34	0.15
	木　材		0.22	0.10
粮食		0.83	1.0	1.00
合计		26.23	25.6	23.95

注：2014 年数据来源于《中国统计年鉴 2015》，按货类划分的国家铁路货类运输量不包括合资和地方铁路。

2. 结论分析

（1）中远期逐渐探底，下降过程慢于发达国家历程。

根据中远期的预测结果发现，国家铁路大宗物资发送量下降幅度约为 8.7%，并不是十分之大，判断我国铁路大宗物资发送量下降过程将会相对慢于以往发达国家经验。原因如下：一是工业出口需求增加将消弭部分国内消费下降影响，现存过剩产能消化也需要一定时间；二是我国国土空间辽阔，中西部城镇化发展尚有较大空间，产业的梯度转移可缓慢带动我国维持较长时间的中高速和中速增长；三是我国公路可持续发展政策和铁路货运改革的深入，将在中远期释放一定的铁路发展利好。

（2）铁路大宗物资的港口集散需求占其总需求比例将增加。

未来我国生产资料、粮食等的对外依存度和钢材及有色金属、建筑材料等的出口量将逐步增加，国内多式联运发展也将推动大宗货物选择水路方式运输，因此可判断未来经港口中转的大宗物资占全路大宗物资运输量的比重将提升，港口将成为铁路大宗物资运输的重要货源地。

（二）相关建议

1. 抓住公路治超政策重要机遇期实施铁路货运改革

我国铁路大宗物资发送量的快速增长期已经结束，大规模高速铁路建设释放了既有线的运输能力。从收入上看，铁路的货运经营增长压力增大；从运能上看，铁路部门具备实行更灵活快速运输组织方式的基础；公路开展严厉治超导致公路大宗物资运输价格高企，部分地区运力十分紧张。铁路部门应抓住当前发展机遇期，实施自身改革，提升运输服务，争取大宗物资运输需求回流，提供具有更高时效性的运输服务，为企业提供有效运能供给保障，稳定大宗物资运输客户。

2. 完善铁路与港口、大宗物资企业的联络线和接驳运输组织

港口作为多种运输方式交汇的枢纽，对集疏运有着较强的依赖性，铁路部门应进一步完善港口联络线和大宗物资产销企业联络线，提高铁路大宗物资运输最后一公里服务水平，应对未来更多大宗货源向港口集中的趋势。同时，优化铁路运输组织，争取更高比例的进口生产资料和粮食等货物在中短距离的疏港运输；通过专用线的运输组合和大宗物资末端接驳运输组织优化，增强铁路与公路相比在便捷和灵活性方面的竞争优势。

3. 铁路部门应加强与大宗物资运输上下游企业的联动

铁路运输的煤炭、矿石和粮食等大宗物资是工业生产和国家安全的基础，也是易受国家宏观经济政策影响的行业。建议铁路部门应主动与大宗物资运输上下游企业形成沟通机制，关注大宗物资的库存情况，通

过灵活定价和优化动态库存等手段，平抑运输需求波动，减小铁路大宗物资运输需求时间分布的不均衡性。同时应更加紧密地对接国家宏观经济和产业政策，在中远期运能富余情况下，也应做好运能适度储备，保障国家大宗物资的应急运输和战略调运需求。

（执笔人：刘昭然　向爱兵）

参考文献

［1］国家煤炭安全监察局.中国煤炭工业年鉴2014［M］.煤炭信息研究院，2015.

［2］国家统计局.中国统计年鉴2015［M］.北京：中国统计出版社，2015.

［3］国家发展和改革委员会综合运输研究所.油气煤炭运输通道研究［R］.2012.

［4］张艳飞.中国钢铁产业区域布局调整研究［J］.中国地质科学院，2014.

［5］高金.钢铁行业物资运输现状及发展趋势［J］.物流管理，2013（6）.

［6］谢子佳，吕永波，付蓬勃.钢铁企业运输布局与生产物流关系研究［J］.物流技术，2009（8）.

［7］孙靓.我国钢铁业发展趋势探析［J］.中国国情国力，2015（6）.

［8］专题报道.中国钢铁行业物资运输现状与趋势［J］.物流技术与应用（货运车辆），2012（11）.

［9］中国物流与采购联合会，中国物流学会.中国生产资料流通发展报告(2015—2016)［M］.北京：中国物资出版社，2016.

［10］史伟，崔源声，武夷山.中国水泥需求量预测研究［J］.中国建材，2011（1）.

［11］崔源声，李辉，涂德龙.未来十年水泥工业总产值、理论需求量及能耗预测［G］.2012年中国水泥技术年会论文集，2012.

［12］国家粮食局.2015中国粮食发展报告［R］.2015.

［13］兴业证券公司.中国大粮商崛起之路：粮食流通产业研究［R］.2016.

专题报告五

铁路集装箱及快运需求发展趋势研究

> **内容提要** 本报告着重分析铁路集装箱、零散货物快运等与"白货"运输较为相关的运输业务基本情况、主要问题,结合相关行业影响因素分析,尝试对2020年和2030年铁路"白货"运输需求趋势进行预测,并在此基础上形成若干措施建议。本报告认为,随着我国经济进入高质量发展阶段宏观经济供给侧结构性改革的逐步深入,铁路货运总体上已步入供需结构调整期,以"稳黑增白"为目标的货运组织改革,不应当仅仅是促进铁路货运量止跌企稳的权宜之举,而更应当是作为深化铁路行业供给侧结构性改革、支撑和引领经济高质量发展的长效机制,未来要切实应对铁路货运需求变化的发展机遇和系统性制约因素,铁路部门宜进一步加快市场化改革进程,以重构运输经营管理组织模式为核心推动行业供给侧改革。

一、当前我国铁路集装箱和快运发展的基本现状及主要问题

自2011年以来,我国宏观经济转入中高速增长时期。伴随产业结构调整升级步伐加快,特别是近两年来对煤炭、钢铁、水泥等传统行业过剩产能的治理,全国铁路货运量出现了连续较大幅度的下降。2013年,铁路部门主动适应经济高质量发展阶段经济社会发展对铁路货运发展的新要求,启动了货运组织改革,将"稳黑增白"作为一项重要目标。

通过一系列改革措施的实施,铁路"白货"[1]运量实现了较大幅度的增长,货运服务质量有所提升,一定程度上减缓了铁路货运总量的下降速度。

(一) 铁路集装箱和快运服务发展的基本现状

2011—2015 年,铁路集装箱运量从 489 万 TEU 增长至 535 万 TEU,发送货物吨数由 9351 万吨增长至 1.05 亿吨,年均增速 2.9%。其中,由于经济增速减缓和货运组织改革初期相关运价政策影响,于 2012 年和 2013 年出现负增长,随后在货运组织改革深化调整后出现快速反弹,于 2015 年实现同比 13.1% 的高速增长。2016 年 1~8 月份,集装箱日均装车数同比增长 37.1%,图定班列线达到 130 条,同比增长 78%。

自 2014 年中国铁路总公司(以下简称"中铁总")全面恢复中断了 6 年之久的零担业务后,当年铁路零担货运量实现 454 万吨。2015 年,零担货物运量达 2438 万吨,同比增长 4.37 倍,中铁快运的日均零担货运量达到 150 万单左右。在业务量大幅攀升的同时,中铁总大力改善货物快运服务。目前,铁路快运服务主要分为小件快运、高铁快件和货物快运三大板块。其中,小件快运和高铁快件主要依托客运行李车和动车组列车开展运输,总体属于行包运输组织形式;货物快运则主要依托货运列车,并按照运量规模具体划分为零散货物快运、批量零散货物快运和专门针对电商特定需求定制的班列服务三种组织形式。2016 年 5 月实施新的铁路运行图后,当月零散货物快运实现日均发送 12.17 万吨,同比增长 184.5%;批量零散货物快运日均装车 7934 车,同比增长 56.9%。2016 年 10 月 20 日起,高铁快件服务将由稳定覆盖 151 个高铁通达城市,逐步试行扩展至全国所有高铁列车经停的 500 多个城市,重点将小批量、高附加值、时效要求高的商务文件、电商包裹、生物制剂、医药冷链、

---

[1]"白货"是指区别于煤炭、金属矿石、矿建材料、粮食、化肥农药等 14 类传统大宗货物以外的货物品类,主要包括化工品、金属制品、工业机械、农副产品、医药品及其他等 12 类。与传统大宗货物多采用整车运输组织方式不同,"白货"通常采用集装箱和零担方式组织。本报告结合货源品类和运输组织方式,将"白货"的主要分析范围集中在具备较高附加值的、快捷性、货源不稳定特点的,采用集装箱、零担(包括零散货物快运)方式开展运输服务的货物品类。

应急物品等作为主要目标市场。

（二）铁路部门促进"白货"运输的主要举措

1. 优化货源品类和运输产品结构

在集装箱运输方面，扩大适箱货物品类，大幅提升集装化率，除将152类批量零散货物入箱外，还根据客户需求发展"散改集"业务，将部分精品煤炭、焦炭、矿石、粮食等入箱运输。目前，批量零散货物占集装箱运量的20%左右，块煤、焦炭等货物约占5%。在快运方面，针对单批5千克以上、单件50千克以下的包裹，提供次日、三日、四日达等小件快运限时达服务；针对单批5千克以下的包裹快件，提供当日、次晨、次日、隔日达等高铁快递服务；针对单批不足30吨且体积不足60立方米的货物，提供零散货物快运服务；针对单批30吨或60立方米以上的152类货物，提供批量零散快运服务。铁路快运（递）服务产品一览见表1。

表 1　铁路快运（递）服务产品一览

业务种类	细分产品		覆盖范围	备注
小件快运	限时	次日、三日、四日达	118个城市可办理，191个城市可到达	单件货物重量不超过50千克，200千克以上为批量包裹，主要定位于单批5千克以上小件货物
	标准	四日内及四至六日	700个城市可办理，2000个市县可通达	
高铁快件	限时	当日、次晨、次日、隔日	151个高铁通达城市	主要定位5千克以下小件货物
	标准	三至五日、同城		
货物快运	零散	时速120~160公里	全路各可办理零散货物运输的办理站	一批托运重量不足30吨且体积不足60立方米的所有品类货物
	批量零散			一批托运重量在30吨或体积在60立方米以上的108类白货品类货物（不含散堆装和危险品货物）
	电商班列	时速160公里	北京至广州、上海至深圳、北京至上海	针对电商和快递企业量身定制

资料来源：本报告整理。

2. 强化运输组织，提高运输时效

2016年5月，中铁总围绕当前铁路客货运输需求特点，特别是"白货"运输特点，加大了货物运输组织改革，实施了近十年来最大规模的一次运行图调整工作，大幅提升了货物快运班列的数量。目前，全路开行各类货物快运班列达251列，其中集装箱班列130列，运行时速120公里以上的班列占比达到83%。此外，中铁总对批量零散快运货物的装车挂运时限、中转停留时限及送达客户时限进行了严格要求。近期铁路班列组织情况见表2。

表2 近期铁路班列组织情况

种类	班列数	运行速度	开行频次	备注
特快	10	时速160公里	每日1列	电商班列，25T专用行李车
快速	35	时速120公里	每日1列	批量零散
"跨局"	20	时速120公里	每日1列	零散
中欧班列	39	时速120公里	每周1~5列	大陆桥国际联运
中亚班列	23	时速80~120公里	每周1~3列	大陆桥国际联运
快速集装箱	31	时速120公里	每周2~7列	集装箱
铁水联运	37	时速80~100公里	每周2~7列	集装箱
普快	56	时速80~100公里	每周2~10列	大宗整车、集装箱编组

资料来源：本报告整理。

3. 完善运价机制，延伸服务链条

铁路货运组织改革以来，中铁总通过清理规范收费、调整运费结构、增强路局定价权等措施，完善运价机制。在计费环节，改变过去按货车标定重量计费的原则，全面推行按货物实际重量或体积计费的办法。2015年，针对零散货物和批量零散货物入箱运输，将集装箱作为集装化用具，将按箱计费调整为按货物实重计费，并大幅降低了企业自备箱的运费和堆存费用。此外，中铁总还通过加强与港航企业的信息交换和共享、提高铁水联运班列密度、完善两端取送服务等措施，延伸服务链条，提供增值服务。

（三）存在的主要问题及制约因素

1. 场站设施及技术装备条件相对落后

铁路既有货场、仓库、营业厅等设施资源仍没有完全盘活，辐射网络和物流节点的优势不突出。此外，许多货场缺少接取送达、仓储、包装、加工、配送等条件，装卸的自动化、机械化、集装化水平较低，短途接驳过程中的货物破损率较高。

2. 运输组织及营销体系支撑能力不足

铁路运输的技术经济特点在很大程度上决定了其运输组织体系主要是围绕长距离、大宗货物运输而构建的。尽管伴随铁路运能的大幅释放和货运组织改革的深入推进，铁路运输组织在针对不稳定的零散货运需求方向上做出了积极调整，但还不足以支撑铁路构建适应全品类物流需求的完整高效链条。铁路运输时效性不高、运到时限不稳定、运输过程可视性不佳就是突出表现之一。目前，铁路不同运距的运输时间普遍比公路长，铁路500公里以上的零散货物运输大多比公路运输多出5天以上。除由中铁总统一协调的跨局班列可以基本确保正点率外，其他货物列车逾期达到情况十分普遍，而且由于全程物流信息系统不健全也导致货物追踪信息不准确或查询服务不到位，不利于客户合理安排生产、销售计划。此外，铁路自身的营销体系还不健全，营销队伍人员素质参差不齐，专业物流人才匮乏，培训覆盖面和培训内容还不适应物流市场需要，与其他社会物流企业的合作机制也还不完善。

3. 运价机制及管理体制仍需深化改革

目前，运价机制方面的突出问题反映在应对市场需求的灵活性不足。一方面是由于路局及基层营销部门定价权较小，全程物流费用的调整时间较长，难以跟上市场变化速度；另一方面是由于两端物流费率的定价模式过于单一，难以应对客户千差万别的个性化需求和区域物流市场竞争需要。此外，更为重要的是，铁路行业的市场化程度不高，中铁总下属的各路局及专业运输企业并不具备真正的市场主体地位，更多意义上是一种建立在收入成本清算基础上的"车间"部门。值得一提的是，铁路货运组织改革过程中，将集装箱运输经营职能划转到各个路局，中铁集装箱运输公司由此从"经营业者"转变为"租箱业者"，这使得铁水联运事业缺乏了一个放眼全局的推动者，而现在铁水联运的铁路参与主体——铁路局受到地域分割的限制，难以协调长距离的集装箱运输。

二、"白货"范围的界定及总体预测思路

铁路货物运输中，根据不同货物的自然属性、生产特征、用途等因素，同时考虑货物的国民经济意义、运量大小、运送条件和运价的要求，可将运输货物划分为26类货物。铁路"黑货"和"白货"的基本分类见表3。

表3 铁路"黑货"和"白货"的基本分类

序号	"黑货"	序号	"白货"
1	煤	15	化工品
2	石油	16	金属制品
3	焦炭	17	工业机械
4	金属矿石	18	电子、电气机械
5	钢铁及有色金属	19	农业机具
6	非金属矿石	20	鲜活货物
7	磷矿石	21	农副产品
8	矿物性建筑材料	22	饮食品及烟草制品
9	水泥	23	纺织品、皮革、毛皮及其制品
10	木材	24	纸及文教用品
11	粮食	25	医药品
12	棉花	26	其他货物
13	化肥及农药	—	—
14	盐	—	—

其中，1 至 14 类通常称为"黑货"，一般具备大批量、货源稳定、质量较重、货值较低、运价率较低等特点；其他类别则称为"白货"，一般具有小批量、多批次、货源不稳定、质量较轻、货值较高、时效性较强、运价率较高等特点。此外，在铁路运输实践中，由于原煤运输货源非常稳定，批量较大，占铁路货物总运量的半数以上，作为一种通俗的理解和习惯叫法，铁路行业内通常将原煤称为"黑货"，将原煤以外的货物统称为"白货"。

按运输组织形式来划分，全国铁路货运业务（不含行包）通常分为整车、集装箱和零担三大类，货运量的统计也以此为划分依据。根据不同货物的运输需求特点，大宗"黑货"特别是原煤通常采用整车运输方式，而诸如仪器仪表、小型机械、日用品、小五金等货物一般采用集装箱运输方式。其他单件货物体积 0.02 立方米至 3 立方米之间、单件重量不超 2 吨、批量不够整车运输条件的货物，可按零担方式办理。基于此，笼统来讲，集装箱和零担的运输量一般视为"白货"运输范畴。当然，也有许多批量较大、货源较稳定的"白货"品类，采用整车运输方式，而为了提升货物集装化程度，也存在将部分货值较高但批量较小的精品煤炭、钢材、粮食等散杂货装箱运输的情况。此外，需要说明的是，对于采用小件快运、高铁快递等业务的包裹、快件等，并不作为货物发送量统计。铁路适箱货物品类见表4。

表 4　铁路适箱货物品类

1	交电类	8	烟酒食品类
2	仪器仪表类	9	日用品类
3	小型机械类	10	化工类
4	玻璃陶瓷建材类	11	针纺织品类
5	工艺品类	12	小五金类
6	文教体育用品类	13	其他
7	医药类		

自 2013 年中铁总实施货运组织改革以来，针对"稳黑增白"的目标，全面恢复了近 6 年来基本处于停办状态的零担运输业务，加大了对零散

白货的货源营销和运输组织保障,相继开展了零散货物快运、批量零散货物快运和批量零散货物入集装箱业务。其中,"零散货物"基本涵盖了除散堆装、易腐、易污、危险品及超出一般装卸条件的特殊货物以外的所有货物品类;"批量零散货物"由最初的108类拓展至152类,其中也包括一些属于"黑货"的品类。目前,中铁总统计部门已经分别建立"零散货物快运"和"批量零散货物快运"的独立统计台账,但考虑到这两类业务涵盖的货物品类并非只有"白货",且"批量零散货物快运"的运量与集装箱运量的统计存在部分重叠,因此,这两类业务的运量统计还不能完全作为未来"白货"运输需求的分析基础。

综上,本报告结合货物品类需求特点和运输组织方式两个维度,同时考虑货运量统计规则,将"白货"的基本范畴界定为具有较高附加值、较小批量、货源不够稳定、时效性较强的,主要采用集装箱和零担运输方式的货物品类。基于此,在运输需求分析时,更为侧重从与"白货"品类运输需求相关的行业发展角度分析,在运量预测时,则更多地是从集装箱运量和零担运量着手。

三、铁路"白货"运输需求的基本分析

(一)相关制造业中高速增长态势持久

从工业销售产值增速来看,医药、金属制品、通用设备、电气机械和器材、电子设备等与耐用消费品强相关的行业增速仍保持10%~15%的高位运行态势,而农副食品加工、烟酒茶、纺织服装、皮革制品及制鞋等与日用消费品相关的行业增速也基本在8%~10%,这和煤炭开采和洗选、黑色金属矿采选、黑色金属冶炼和压延等与传统"黑货"运输需求相关的行业相继步入负增长的情况形成鲜明对比。这些制造业工业销售产值的持续快速增长,可以有力地促进零散"白货"社会物流需求的稳定增长。耐用消费品相关制造业与传统"黑货"相关行业销售额增速对比情况见图1,日用消费品相关制造业工业销售额增长情况见图2。

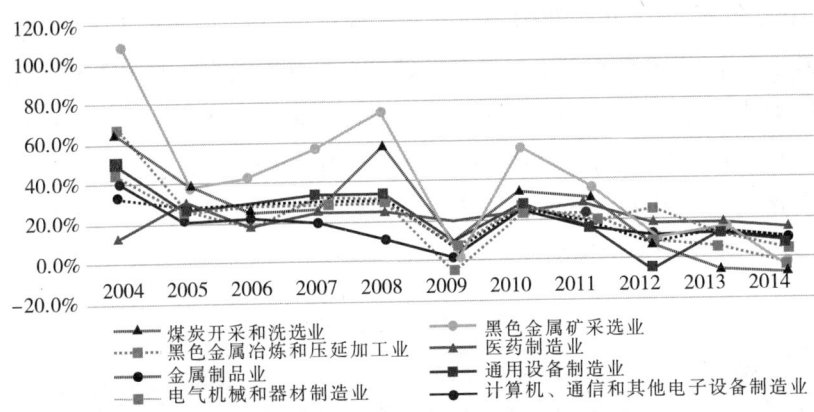

图1 耐用消费品相关制造业与传统"黑货"相关行业销售额增速对比情况

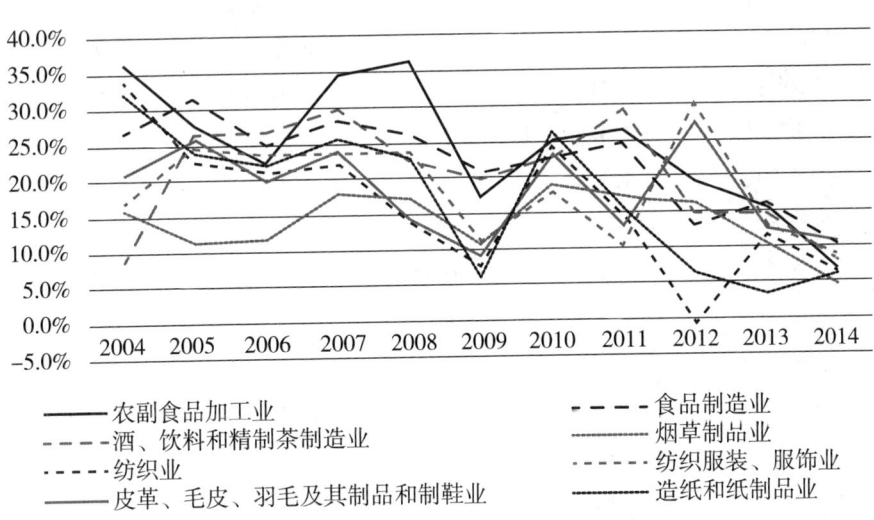

图2 日用消费品相关制造业工业销售额增长情况

（二）制造业布局和对外开放格局的区域纵深有所延展

自2003年后，我国部分制造业呈现"北上西进"特征，产业梯度转移的趋势有所显现。特别是食品轻纺、电子信息产业、非金属矿物制品产业、机械制造业等行业向中西部地区转移的趋势较为明显。此外，伴随内陆地区对外开放程度的提高，一批内陆开放高地建设取得较大成效。

自 2000 年至 2014 年，我国中西部地区的进出口总额和出口额占比分别提升了 5 个和 10 个百分点。未来，伴随全方位对外开放格局的构建和区域联动协调发展，我国制造业和对外开放格局向内陆省份延伸的趋势将进一步增强，这有利于发挥铁路长距离运输的优势，促进铁水联运、国际铁路联运的发展。我国制造业空间布局变化情况见表 5，我国进出口贸易的区域结构变化见图 3。

表 5 我国制造业空间布局变化情况

行业	1980—2008 年		2003—2008 年	
	移动方向	移动距离（km）	移动方向	移动距离（km）
食品加工	向北偏东	198.56	向北偏东	41.28
饮料制造	向南偏东	176.32	向西偏南	79.08
烟草制造	向南偏东	353.86	向东偏北	72.26
纺织业	向南偏东	206.74	向西偏北	17.19
纺织服装	向南偏东	292.75	向东偏北	36.61
皮革毛皮	向南偏东	498.39	向西偏北	30.33
木料加工	向南偏东	282.17	向西偏北	61.06
家具制造	向南偏东	298.32	向东偏北	84.02
造纸业	向南偏东	324.21	向南偏西	66.24
印刷业	向南偏东	372.41	正西方向	39.26
文教用品业	向南偏东	494.2	向南偏西	36.09
石油化工业	向南偏东	256.18	向东偏南	69.72
化学原料业	向南偏东	272.46	向西偏南	28.85
医药制造业	向东偏南	135.14	向北偏西	9.16
化学纤维业	向南偏东	259.87	向南偏西	117.05
橡胶制品业	向南偏东	177.87	向南偏西	47.02
塑料制造业	向南偏东	279.27	向北偏西	39.91
非金属制品	向南偏东	219.31	向东偏北	37.67
黑色金属业	向东偏南	157.71	向北偏西	41.26
金属制品业	向南偏东	295.40	向北偏东	27.35
机械制造业	向南偏东	157.31	向北偏西	29.87

续表

行业	1980—2008年		2003—2008年	
	移动方向	移动距离（km）	移动方向	移动距离（km）
交通设备业	向南偏东	256.29	向西偏南	91.28
电气机械业	向南偏东	367.41	向西偏南	19.64
通信设备业	向南偏东	377.18	向北偏东	82.71
仪器仪表业	向南偏东	336.28	向北偏东	189.44

资料来源：中国制造业空间分布与重心动态变动轨迹分析：1980—2007年。

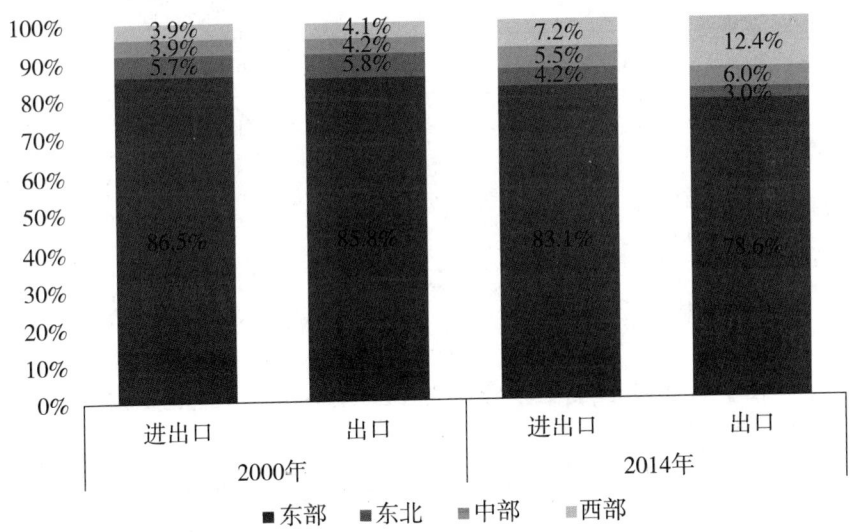

图3 我国进出口贸易的区域结构变化

（三）交易及流通方式变革促进快运需求旺盛

近十几年来，我国电子商务取得飞速发展，与之相伴生的电商物流也呈现爆炸性增长态势。从2003年至2015年，依托互联网信息技术的网上零售交易总额由39.1亿元增长至3.9万亿元，增长了近1000倍，占全社会消费品零售总额的比重由0.1%上升至12.9%。电子商务的发展不仅带来交易方式的转变，也使得传统的流通格局发生深刻变化，越来越多的制造企业追求零库存、高时效。从 2007 年至 2015 年，快递业务量由 12 亿件增长至 207 亿件，年均增速达 42.8%。未来，伴随互联网与制造业、商贸流通、运输物流等行业的深度融合发展，快运需求仍将保持旺盛需求态势，这为铁路拓展快运服务提供了广阔的空间。我国网上零售交易总额占全社会消费品零售总额的比重变化情况见图 4。

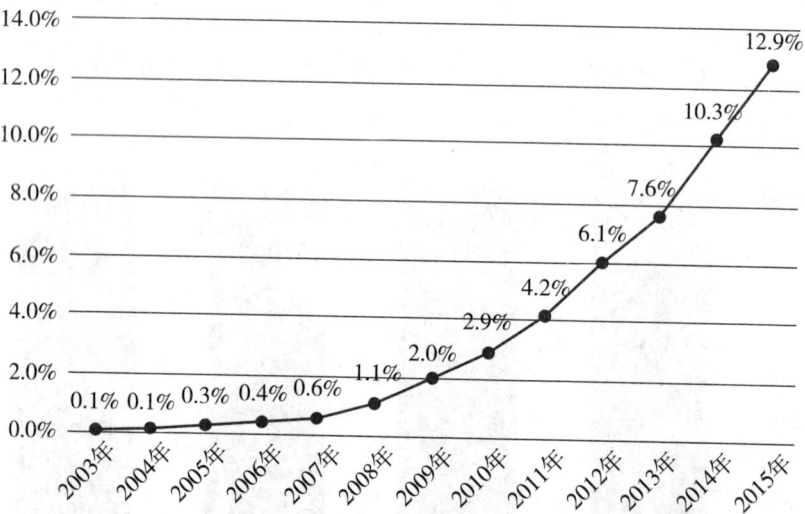

图 4　我国网上零售交易总额占全社会消费品零售总额的比重变化

（四）公路"治超"力度加大促动运输结构调整

我国公路货运市场以中小规模企业经营为主。长期以来，众多公路货运企业通过超载、超限等不规范的竞争手段，压低运价水平，不仅产生了巨大的社会成本，也在一定程度上扰乱了运输市场的竞争秩序。2016 年 8 月，交通运输部、公安部联合发布《超限运输车辆行驶公路管理规定》（交通运输部令 2016 年第 62 号），以前所未有的力度从车型标准化、运输监管、信用体系等各方面全方位加强公路"治超"。根据交通运输部与国家统计局于 2008 年联合组织开展的全国公路水路运输量专项调查估算，全国营业性货运车辆在 800 公里以上的货运量超过 10 亿吨。伴随"治超"相关政策的深入实施，将有助于将长距离公路货运量向铁路转移。

（五）三大经济圈和中西部内陆开放高地是需求重点区域

根据目前制造业、外向型经济的总体布局的结构特点及未来发展趋势，并结合铁路调整运输组织模式的重点区域，未来铁路"白货"的运输需求仍将主要集中在京津冀、长三角、珠三角等三大经济圈以及重庆、四川、河南、湖北等内陆开放高地。在此基础上，向三大经济圈周边省份拓展。此外，大连、天津、唐山、青岛、连云港、上海、宁波—舟山、厦门、深圳等沿海港口的集装箱铁水联运需求，以及新疆、甘肃等地的国际集装箱铁路联运需求的增速会相对较快。

四、铁路"白货"运量预测

（一）集装箱运输需求发展趋势

1. 近期运量预测（2020年）

以目前集装箱日均装车数约达到日均总装车数的10%左右为预测基础，预计2020年，这一比重约达到15%，考虑到集装箱装车载重量较低，届时集装箱货运量约占铁路货运总量（预计约40亿吨）的10%，即突破4亿吨。此外，根据2020年铁路集装箱保有量达到200万TEU的规划目标，以每标箱年平均周转10次估算，预测2020年，集装箱发送箱量约达到2000万TEU，以每标箱平均载货量约18吨计算，发送吨数约达到3.6亿吨。综合两种预测思路，取中值约为3.8亿吨。

此外，根据"一带一路"建设工作领导小组办公室发布的《中欧班列建设发展规划（2016—2020年）》，2020年，中欧班列（含至中亚地区的班列）将达到5000列。以每列80TEU估算，2020年，中欧班列集装箱运输量将达到40万TEU，以每标箱5~6吨净载重计算，发送吨数约达到200万~240万吨。

2. 中长期运量预测（2030年）

伴随我国产业结构转型升级的进一步发展，特别是考虑到单位货值载重量的下降趋势,预计2020年至2030年,铁路货运总量的年均增速约为1.5%左右,据此2030年铁路货运量约达到44亿~46亿吨。伴随全社会货物集装化程度的提高、铁路市场化改革的深化和集装箱运输业务的进一步成熟完善,未来集装箱运量比重约可占到铁路货运总量的20%,即2030年约达到9亿吨。考虑到货源结构向轻质化转变,以平均每标箱12吨计算,2030年集装箱发送箱量约可达到7500万TEU。

(二)零担货物运输需求趋势

1. 近期运量预测(2020年)

自2015年开始,铁路部门以"零散货物快运"和"批量零散货物快运"等突破性模式来开展零担运输业务。2016年5月份,零散货物快运日均发送量超过12万吨,同比增长184%。以全年日均发送量10万吨估算,预计全年应超过3500万吨。同期,批量货物快运日均装车超过7900车,同比增长57%。以全年日均装车7000车,每车30吨估计,全年可超过7600万吨。考虑到集装箱运量中约有20%为批量零散货物,据此估计重复统计运量为2800万吨。此外,还有一定比例的批量零散货物采用整车运输方式。由此,粗略估计,2016年批量零散货物快运量为3800万吨,"零散"及"批量零散"组成的零担货运量为7300万吨。考虑到零担业务组织模式基本稳定以及未来批量零散货物入箱运输比重还可能有所提升等因素,预测2020年零担运输量约达到1亿吨。2016—2020年期间的年均增速约为8%。

2. 中长期运量预测(2030年)

考虑到未来铁路零担业务组织模式的进一步成熟,特别是班列化、快速化运输的大力发展,零担运输业务仍可较快增速,但平均载重会有所下降,预测2030年零担运输量约达到3亿吨。

（三）铁路快运量和快递业务量需求趋势

1. 近期运量预测（2020年）

（1）铁路快运量。

如前述分析所示，2016年，零散货物和批量零散货物快运量约可突破1亿吨。按照2016—2020年年均增速8%预测，2020年约可达到1.5亿吨。

（2）快递业务量。

根据邮政行业预测，2020年我国快递业务量将达到500亿件。目前，铁路占全国快递业务总量的比重约为3%。考虑到高速铁路建设加快，铁路运输部门依托高铁成网的规模经济优势，有望在2020年将该比重提升至5%。据此估计，2020年铁路快递业务量约可达到25亿件。

2. 中长期运量预测（2030年）

（1）铁路快运量。

伴随高附加值货物对运输时效性和完整性需求的进一步提升，以及铁路快运业务的完善成熟，按照2020—2030年年均增速10%预测，2030年铁路快运量约可达到3.9亿吨。

（2）快递业务量。

据物流业内专家预测，我国快递业务量在未来10年仍可保持年均20%的增速，据此估计2020—2030年，我国快递业务量保持年均15%的增速，则2030年将突破2000亿件。届时，铁路快递业务量占比约可达到20%，业务量规模约为40亿件。

（四）"白货"运输需求趋势

以前文划分的"白货"类别为依据，且暂不考虑采用整车运输方式的"白货"品类运量，铁路货运量中的"白货"运量应当是集装箱和零担运量加总后扣除"黑货"运量以后所剩余的运量。

1. 近期运量预测（2020 年）

2016 年，集装箱运量中约有 5% 的运量是由"黑货"中的散杂货通过"散改集"方式形成的，20% 的运量属于"批量零散货物入箱"运输形成的。考虑到目前"零散货物"和 152 类"批量零散货物"中都有部分属于"黑货"，且这批货物载重较大，粗略估计"零散货物"运量中的 20% 和"批量零散货物快运"运量中的 30% 属于"黑货"。

考虑到短期内铁路运输部门仍会追求促进集装箱运量规模上量，上述运量结构关系仍将基本保持稳定。据此估算，2020 年集装箱运输量预测值中应至少扣除 10% 的"黑货"运量，零担货物运量预测值应至少扣除 25% 的"黑货"运量。基于此，2020 年"白货"运量约为 4.3 亿吨，约占同期铁路货运总量的 10%。

2. 中长期运量预测（2030 年）

根据上述分析，伴随"白货"运输比重的增加，2030 年集装箱运输量预测值中应至少扣除 8% 的"黑货"运量，零担货物运量预测值应至少扣除 20% 的"黑货"运量，则 2030 年"白货"运量约为 11 亿吨，约占同期铁路货运总量的 25%。

（五）小结

综上，2020 年，铁路集装箱发送箱量约为 2000 万 TEU，发送吨数约为 3.8 亿吨；零担运输量约为 1 亿吨；铁路快运量约为 1.5 亿吨；快递业务量约为 25 亿件。"白货"运输量约为 4.3 亿吨，约占同期铁路货运总量的 10%。

2030 年，铁路集装箱发送箱量约为 7500 万 TEU，发送吨数约为 9 亿吨；零担运输量约为 3 亿吨；铁路快运量约为 3.9 亿吨；快递业务量约为 40 亿件。"白货"运输量约为 11 亿吨，约占同期铁路货运总量的 25%。

五、铁路"白货"运输发展的若干启示与建议

(一)若干启示

1. 铁路货运总体上已步入供需结构调整期

当前,我国宏观经济已进入增长速度变化、经济结构优化、发展动力转换的经济高质量发展阶段,经济发展内涵由速度、规模扩张型向优化结构、创新驱动、提质增效转变。伴随产业结构转型升级、能源结构优化调整、消费方式个性多样、区域发展协调联动,铁路零散白货运输需求将呈现持续稳定快速增长的态势。而伴随大规模铁路建设的持续推进、铁路运输能力的大幅增长,也为铁路行业深化货运组织改革、转变传统运输组织方式提供重要发展契机。这种供需形势的变化,表明铁路货运总体上已步入供需结构调整期,意味着以"稳黑增白"为目标的货运组织改革,不应当仅仅是促进铁路货运量止跌企稳的权宜之举,而更应当是作为深化铁路行业供给侧结构性改革、支撑和引领经济高质量发展的长效机制。

2. 铁路货运格局短期内基本稳定,中长期有望出现显著改变

经济高质量发展阶段是一个全面、持久、深刻变化的时期,是一个优化、调整、转型、升级并行的过程。由于短期内,我国经济和产业结构调整、区域发展和对外开放格局还难以实现大的转变,特别是铁路应对"白货"运输需求特点的运输组织和经济组织的系统性变革还存在诸多制约因素,铁路货运的需求结构,尤其是货运量意义上的运量结构,还将基本保持稳定状态。由此,短期内不宜过分追求"白货"运量规模和比重。从2030年及此后更远期看,伴随铁路供给侧结构性改革基本到位,运输市场秩序日益规范完善,铁路"白货"运输的比重,特别是运输收入意义上的比重将可能出现显著变化,有望接近甚至超过传统大宗"黑货"运输,成为铁路运输和物流收入的重要来源。

3. 铁路供给侧结构改革核心是重构运输经营管理组织模式

铁路供给侧结构性改革意味着要围绕市场竞争和提升一体化运输链条效率的要求，对传统铁路运输经营管理组织模式进行重构，让国铁参与市场竞争所需要的市场营销理念、产品开发模式、运价形成机制、交易实现手段等一系列基本要素融入整个组织肌体，进而激发系统内部各组成部分的市场活力。这就要求铁路行业不仅仅要针对新时期经济发展和货运需求特点，大力改善以时效性和完整性为重点目标的货运组织改革，更要深入推进以构建现代企业制度为重要内容的市场化改革进程。只有在运输生产组织和经济组织两个方面共同发力，齐头并进，才能真正完成铁路供给侧结构性改革任务，实现支撑和引领经济发展的目标。

（二）措施建议

1. 打造综合服务平台，完善系统业务功能

一是利用各种信息技术手段，进一步优化业务受理渠道，积极引导客户采用更便捷的信息化受理方式；二是拓展多种支付手段，尽快在全路推广实施电子支付方式，提高客户交费的便利性、安全性；三是研究实行垫付运费业务，吸引客户通过铁路发货；四是改善铁路服务形象，加强客户信息管理，提升客户体验；五是完善电子商务系统运费试算功能，提供更加准确的运费计算结果；六是增加信息采集源点，完善车站办理条件、停限装、集装箱预订、实时查询等相关功能；七是加快接取送达业务基础信息库建设，实现全路接取送达能力信息共享，为发到两端形成有效沟通机制提供信息技术支持。

2. 健全货运代理制度，大力发展集货网络

一是加强与当地物流企业、货运代理的合作，建立利益共享的机制，充分利用社会企业的集货能力，广泛吸引零散货源；二是建立健全物流发展的激励考核机制，充分调动和提高各铁路局开展物流业务的积极性；三是建立完善跨局沟通协作机制，明确发到站之间沟通内容、流程、标准以及仲裁方式，提高接取送达服务质量及作业标准，避免因到站服务

质量问题导致货源流失。

3. 加快发展物流基地,建立合作共建模式

一是加强市场需求分析,根据实际需求,促进铁路货场的改造、升级或新建现代化的铁路物流基地,合理调整装卸机械的配置,扩大机械作业量;二是规范功能布局和设施设备配置,研究制定运营管理及服务流程和质量标准;三是尽快出台开放性政策细则,积极吸引一些资产雄厚、铁路货运经验丰富和市场网络相对发达的综合物流企业,参与铁路物流基地及其他场站设施的合营合作。

4. 优化运价浮动机制,提升价格竞争能力

一是建立规范的运价浮动机制,在充分考虑市场竞争需要的同时,明确浮动责任主体、权限、管理方式和程序,避免随意性和寻租现象;二是强化基于运距的竞争性运价策略,增强铁路运价在中短运距的竞争力和灵活性,短距离运输放开运价下浮权限,中距离运输放宽运价下浮幅度;三是下放接取送达起码里程标准及其计费规则的权限,由车站根据周边货源及企业分布、短途运输市场等现状申报接取送达业务合理的起码里程,铁路局审批确定,并按照递远递减原则,根据市场条件进行优化设计;四是适度调整亏吨货物计重策略,系统分析确定亏吨严重的货物品类,在保证盈利和满载的前提下,分品类、分运距研究每车基价或底价,建立铁路和客户以合理方式共同分担亏吨成本的计重规则。

5. 优化货物运到时限,提升全程服务水平

一是根据市场对运到时限的不同需求,结合运力资源利用情况,设计特快、快速、普速等不同速度等级的货运产品,针对客户个性化需求提供定制式服务;二是在保证运输安全的前提下,根据线路允许速度与车辆构造速度的范围,适当提高货车运行速度,减少途中运行时间;三是探索实行准时生产制,铁路局要制定相应的作业时间标准,提高装卸站的作业质量,优化技术站作业方案,缩短中间作业时间;四是通过整合货票系统、确报系统、运行图系统等信息资源,监控货物在途运行情况;

五是针对货运全过程的承运、装车、途中运行、中转、卸车作业,健全货运、车务部门的考核机制。

（执笔人：王杨堃）

参考文献

[1] 申光,等.铁路白货运输市场业务拓展分析[J].物流工程与管理,2015(37).

[2] 崔忠亮.铁路快运体系的发展对策及其市场化启示[J].物流技术,2015(34).

[3] 贾永刚,等.铁路快运班列组织优化及营销对策探讨[J].铁道货运,2014(8).

[4] 胡卫平.铁路货运组织改革下的广铁"白货"营销策略研究[J].交通企业管理,2014(7).

[5] 王建国,等.呼铁局"白货"运输策略研究[J].创新科技导报,2014(1).

[6] 周晶晶.铁路货运在物流市场中的竞争力浅析[J].铁路采购与物流,2015(7).

[7] 中国交通运输协会联运分会.联运分会建言献策篇[J].中国联运,2014(10).

[8] 吴三忙.中国制造业空间分布与重心动态变动轨迹分析:1980—2007年[J].经济管理,2010(4).

[9] 田震.研究铁路货运市场现状分析及发展[J].现代国企研究,2015(9).

[10] 梁皓妍.高铁快递产品优化配置研究[D].北京:北京交通大学,2015.

[11] 崔艳萍,郝阳阳.我国铁路货运发展全程物流的思考[J].铁道货运.2013(11).

Railway Freight Demand under the Economic Transition and Upgrading

调研报告

调研报告一 铁路煤炭运输现状、趋势及建议

调研报告二 铁路"白货"运输现状、问题及建议

调研报告一

铁路煤炭运输现状、趋势及建议

> **内容提要** "十三五"期间,在经济增速放缓、产业结构调整、煤炭行业"去产能"等发展形势下,煤炭产量和消费量呈现供需双弱局面,铁路煤炭运输需求增长乏力。中长期来看,我国经济转型升级也不支持铁路煤炭运输量快速增长。未来铁路货运能力富余可能成为常态,铁路面临的需求条件和市场环境不容乐观。铁路只有加快市场化改革,实现服务转型升级,才能变被动为主动,获得新的发展动力。

2013年,铁路煤炭发送量23.2亿吨,达到近年来的峰值。此后连续两年下降,2015年铁路煤炭发送量20亿吨,同比下降12.7%。煤炭是铁路货运的第一大货类,占铁路发送量的60%。为了解铁路煤炭发送量大幅下降的原因及发展趋势,课题组于2016年4—9月先后对中国煤炭运销协会、北京铁路局、呼和浩特铁路局、中国国际咨询公司等相关机构和专家进行了调研,基于调查研究,对铁路煤炭运输及铁路货运需求的发展趋势有了更加深入的了解和判断。

一、当前我国铁路煤炭运输发展的基本情况

(一)2013年以来铁路煤炭发送量快速下降

2011年以来,随着经济增速放缓,我国铁路货运量呈现下降趋势,

2015 年铁路完成货运量 33.6 亿吨，同比下降 11.9%，货运周转量 23754 亿吨公里，同比下降 13.7%。煤炭占铁路运量的比重约为 60%，是铁路货运第一大货类，2013 年铁路煤炭发送量 23.2 亿吨，达到近年来的峰值，此后连续两年下降，2015 年铁路煤炭发送量 20 亿吨，同比下降 12.7%，跌幅明显。2016 年前 10 个月，全国铁路发运煤炭 15.39 亿吨，同比减少 1.25 亿吨，下降 9.0%。

近两年来铁路煤炭运输需求下降是由多方面的原因造成的：一是我国经济进入到增速换挡、结构优化和动力转换的高质量发展阶段，经济增长由原来的高速转变为中高速，加之国家加大环保力度，由此造成能源消费强度下降和能源消费需求增速放缓；二是我国煤炭、钢铁、水泥等产品产量已达到或超过世界产量的 50%，在国际国内经济下行、需求不振、产能过剩的情况下，电力、钢铁、建材等主要煤炭消耗行业发展乏力或陷入困境；三是近年来我国能源结构发生了较大变化，水电、风电、核电等非化石能源发电量快速增长，对燃煤发电的替代效应逐步增强，2015 年由非化石能源发电减少的燃煤消费量达到 8000 万~9000 万吨；四是进口煤炭对国内煤炭的替代作用，2015 年我国煤炭进口约 2 亿吨，进口煤炭大多被沿海电厂消耗或经长江水运至沿江电厂；五是近年来油价持续下降，公路运输成本持续降低，同时，地方政府为煤炭企业减负采取了减半收取高速公路过路费、取消煤检站等措施，进一步降低了公路运输成本，相反，铁路运价持续上调，再考虑铁路短倒费、服务费和运输损耗，铁路运输在费用上几无优势，导致公路对铁路运输产生了一定的分流和替代作用。

（二）2016 年下半年以来铁路煤炭发送量逐月走高

单月来看，自 2016 年 5 月份以来，铁路煤炭发送量降幅收窄；自 6 月份起，煤炭月发送量呈逐月回升态势；自 9 月份起，铁路煤炭月发送量同比由负转正，其中 11 月份发运 1.75 亿吨，同比增加 1865 万吨，增长 11.9%，增速比上月扩大 5.3 个百分点。2016 年下半年以来铁路煤炭发送量逐月走高的原因主要有：

一是去产能政策效果明显。根据国务院有关精神，从2016年开始，用3至5年的时间，煤炭行业退出产能5亿吨左右、减量重组5亿吨左右，较大幅度压缩煤炭产能。为此，全国煤矿自2016年起按照全年作业时间不超过276个工作日，将煤矿现有合规产能乘以0.84的系数后取整，作为新的合规生产能力。随着煤炭行业严格执行限产减量政策，下半年煤炭市场开始出现供不应求的局面，煤价也从最低谷开始反弹并持续上涨，煤炭、焦炭等库存需求大涨，推动运输需求出现回升。

二是从国内发电结构方面看，2016年夏季以来，水电出力下降，火电发电量大幅增长，2016年8、9、10三个月火电发电量，与上年同期相比分别增长11.2、15.8、18.5个百分点。同时，基于2016年冬季气温偏低的预期，发电企业等煤炭采购存储需求增加，这些均拉动了煤炭市场需求和运输需求增长。

三是铁路运价下调及"公路治超"新政推动煤炭运输需求向铁路回流。2016年3月，为了提振低迷的煤炭铁路运输市场，在经历连续九年运价持续上调之后，铁路部门主动采取降价政策，即对全路实行统一运价的营业线的整车煤运输基价每吨公里下调1分。9月21日，《超限运输车辆行驶公路管理规定》正式实施，规定四轴货车的总质量（车和货物之和）最多只能达到36吨，并加大了货车超载的处罚力度。新规出台后，部分物流公司为了弥补之前靠超载赚取的利润而相继上调运费，涨幅在30%~50%之间，这就使得部分用煤客户转向铁路运输方式。

二、"十三五"期铁路煤炭运输需求保持微幅增长

尽管2016年下半年以来煤炭需求出现了回暖迹象，但是全国煤炭消费总量持续回落的态势并没有发生根本性改变。2016年前11个月全国煤炭消费约34.9亿吨，同比下降1.6%（减少5600万吨）。"十三五"时期，在多种因素影响下，我国煤炭消费量可能出现零增长甚至是负增长，铁路煤炭运输需求增长的动力不足。主要影响因素有：

一是经济中高速增长和产业转型升级背景下煤炭消费需求可能出现零增长甚至是负增长。"十三五"期我国经济运行将保持"L"形走势，

总需求低迷和产能过剩并存的格局难以出现根本改变，新的增长点正在孕育过程中，经济增长很难回到高增长态势，造成能源消费增速下降。我国将着力改造提升传统产业和培育发展新兴产业，推动产业结构调整优化。工业结构逐步向高加工度化和技术密集化升级，主要体现在精深加工制造业和中高技术密集度产业发展加快，在工业中的比重不断提升，而高耗能产业的发展速度将大幅放缓，在工业中的比重不断降低，煤炭等大宗原材料的需求趋于平缓甚至可能出现下降。

二是污染物治理和能源结构优化对煤炭消费需求增长形成较大制约。为加大细颗粒物（PM2.5）治理力度，推进主要污染物减排，我国将在京津冀、长三角、珠三角和山东城市群开展煤炭消费总量控制试点，到2020年，京津冀鲁四省市煤炭消费比2012年净削减1亿吨，长三角和珠三角地区煤炭消费总量负增长。未来，我国能源结构进一步优化，非化石能源发电量快速增长。"十三五"期核电将快速增长，到2020年核电装机容量要达到5800万千瓦，较2015年翻一番。同时，水电、风电、太阳能发电也将保持快速增长，对燃煤发电的替代效应进一步显现。到2020年，煤炭在我国一次能源消费中的比重有望下降至58%左右。

三是煤炭行业将继续推进化解过剩产能。在我国煤炭消费总量增长乏力的情况下，淘汰落后，化解过剩，调整产业结构，依然是今后几年煤炭行业的主基调。煤炭市场或在"十三五"期处于供应总量收紧、结构性过剩的状态。

四是国际原油市场供过于求的局面需要较长时间来化解。国际油价近几年将维持低位，这有利于公路保持较低运输成本，公路运输对铁路的分流作用仍将持续，铁路面临的运输市场环境不容乐观。

综上分析，我国煤炭消费量在2013年或已达到峰值（42.2亿吨），"十三五"期间，在经济增速放缓、产业结构调整、煤炭行业去产能等发展形势下，煤炭产量和消费量呈现供需双弱局面，铁路煤炭运输需求增长乏力，出现微幅增长的可能性较大，预计"十三五"期间铁路煤炭运输需求在20亿吨上下浮动。

三、中长期来看，铁路煤炭运输需求很难超过前期高点

铁路煤炭运输需求增长受到总量和结构两大因素的影响，二者分别对铁路煤炭运输需求增长产生着正向影响和负向影响。

随着我国经济持续发展，未来我国煤炭消费量可能会稳定在一个水平，同时不排除出现短期的恢复性增长。主要正向影响因素包括：经济增长将会带来能源需求继续增长；我国城镇化进程尚未完成，电力、钢铁等需求尚未见顶；资源禀赋决定了煤炭在我国能源消费中的主体地位不会改变；煤炭清洁利用、煤炭化工发展，带动煤炭需求增长。考虑我国煤炭安全生产和生态承载力条件的产量上限约为38亿吨原煤，加上部分煤炭进口，40亿~42亿吨的煤炭消费规模或将成为我国煤炭需求上限。

但是从中长期来看，结构性因素对煤炭消费需求和运输需求增长的抑制作用将逐步显现，主要体现在：

一是推动产业转型升级、迈向中高端势在必行。推动产业转型升级、迈向中高端是避免我国产业空心化、保持经济中高速增长、跨越中等收入陷阱的必然要求。为此，我国将着力推动产业发展由规模扩张型向质量提升型转变，工业结构由能源原材料产业主导向高加工度化和技术密集化转变，经济发展模式由重工业带动型向先进制造业、高技术产业和现代服务业支撑型转变。中长期来看，产业转型升级对能源消费增长的抑制作用将加快显现，我国能源消耗强度还将进一步降低。同时，我国产品结构也将发生明显变化，高附加值货物比重不断提高，能源、原材料等大宗货物比重则不断下降。

二是节能减排和能源结构优化将抑制煤炭消费需求增长。根据中美气候变化联合声明，我国计划2030年左右二氧化碳排放达到峰值，且将努力早日达峰，并计划到2030年，非化石能源占一次能源消费比重提高到20%左右。在经济保持中高速增长、产业转型升级顺利推进、节能减排政策严格执行的低碳发展情景下，我国煤炭消费量有可能在2019年左右达到峰值，碳排放峰值有望提前至2025年，煤炭占一次能源的比重进一步下降至60%以下。

三是煤炭利用方式也在发生变化,就地转化率不断提高。国家正在稳步推进煤电基地建设,鼓励煤电一体化开发,在中西部煤炭资源富集地区建设若干大型坑口电站。此外,为解决能源资源地区分配不均和治理雾霾,我国将在近期建设 9 条特高压输电线路,以输电代替输煤,预计可减少煤炭跨区域长距离调运 1 亿吨以上。远期随着"五纵五横"特高压输电线路建设,输电对煤炭运输的替代作用将进一步显现。

2013 年、2014 年、2015 年我国煤炭产运系数分别为 0.630、0.592 和 0.533,煤炭产运系数的下行趋势明显。从中长期看,在上述结构性影响因素的作用下,煤炭产运系数还有进一步下降的可能。按 2030 年我国煤炭消费量大致在 40 亿吨左右水平和煤炭产运系数在现有水平基础上下降 10% 的情景考虑,铁路煤炭运输需求量约为 19 亿吨左右。

四、铁路货运能力富余要求铁路运输加快服务转型升级

2015 年我国铁路总运力达 55 亿吨,其中铁路煤炭运输总能力达到 30 亿吨。随着客运专线规模提升和蒙华煤运通道建设,铁路运输能力还将进一步提高。由此可见,经过持续快速建设,过去制约煤炭运输的铁路运力瓶颈已经消除,未来铁路货运能力富余可能成为常态,铁路面临的需求条件和市场环境不容乐观。在新的发展形势下,铁路只有树立市场意识,加快服务转型升级,才能变被动为主动,获得新的发展动力。

短期来看,加强市场开拓力度,稳定黑货、拓展"白货",是铁路应对货运需求下降的应急之策。一方面,通过加强市场营销、优化运输组织等措施,充分发挥铁路的成本和运力优势,稳定大宗货源。在公路运输对铁路运输形成有力竞争的情况下,应放弃"以价换量"的僵化思维,主动服务货主,吸引货源回流。另一方面,在大宗货源增长乏力、零散白货物流需求快速增长的形势下,积极与"白货"企业对接,通过市场"议价"、开行特需班列、接取送达服务等经营策略,不断提高零散"白货"运量,加快拓展现代物流业务。

从长期来看,加快走向市场,推动铁路向现代物流企业转型,才是

铁路应对市场供需变化、提高运输服务竞争力的根本举措。一是要通过加快铁路货运场站向现代物流中心转型、合理规划物流网络布局、构建接取送达服务体系、强化物流信息化建设等途径，提升铁路物流基础设施水平和综合物流服务能力。二是加快技术装备研发和升级，加强与其他运输方式和物流企业的合作，大力开展集装箱班列、冷链运输、快速鲜活货物列车、快件运输、驮背运输等多种形式的多式联运服务，延伸运输服务链，积极融入综合物流体系。三是通过建设储配物流中心、打造煤炭一体化供应链、加强煤炭物流信息化建设等措施，进一步降低煤炭等大宗物资物流成本，以准时制运输、直达班列和定制化服务为核心推进大宗物资运输服务升级。四是推进铁路市场化改革和行业重组，通过网运分离、推进现代企业制度建设、放开铁路竞争性业务领域的价格管制和准入限制、引入竞争机制等措施，构建若干专业化运输企业，落实铁路运输企业市场主体地位，从体制机制上促进铁路市场化发展。

（执笔人：樊桦　向爱兵）

调研报告二

铁路"白货"运输现状、问题及建议

内容提要 本报告主要针对货运组织改革以来,铁路集装箱及零散货物运输方面的现状及问题进行考察。本报告认为,尽管铁路"白货"运输近年来取得较快发展,但还存在配套物流设施设备条件落后、运输组织及营销体系支撑能力不足、运价机制及管理体制不完善等问题,未来还需要围绕"白货"运输需求及运输组织特点,在服务平台、集货网络、物流基地、运价机制、全程服务等方面加快发展和改革步伐。

一、当前我国铁路"白货"运输发展的基本情况

(一)铁路集装箱和快运服务发展基本现状

从 2011 年至 2015 年,铁路集装箱运量从 489 万 TEU 增长至 535 万 TEU,发送货物吨数由 9351 万吨增长至 1.05 亿吨,年均增速为 2.9%。其中,由于经济增速减缓和货运组织改革初期相关运价政策影响,于 2012 年和 2013 年出现负增长,随后在货运组织改革深化调整后出现快速反弹,于 2015 年实现同比 13.1% 的高速增长。2016 年 1—8 月份,集装箱日均装车数同比增长 37.1%,图定班列线达到 130 条,同比增长 78%。

自 2014 年中国铁路总公司(以下简称"中铁总")全面恢复中断了 6 年之久的零担业务后,当年铁路零担货运量实现 454 万吨。2015 年,

零担货物运量达2438万吨,同比增长4.37倍,中铁快运的日均零担货运量达到150万单左右。在业务量大幅攀升的同时,中铁总大力改善了货物快运服务。目前,铁路快运服务主要分为小件快运、高铁快件和货物快运三大板块。其中,小件快运和高铁快件主要依托客运行李车和动车组列车开展运输,总体属于行包运输组织形式;货物快运则主要依托货运列车,并按照运量规模具体划分为零散货物快运、批量零散货物快运和专门针对电商特定需求而定制的班列服务三种组织形式。2016年5月实施新的铁路运行图后,当月零散货物快运实现日均发送12.17万吨,同比增长184.5%,批量零散货物快运日均装车7934车,同比增长56.9%。2016年10月20日起,高铁快件服务由稳定覆盖151个高铁通达城市,逐步试行扩展至全国所有高铁列车经停的500多个城市,重点将小批量、高附加值、时效要求高的商务文件、电商包裹、生物制剂、医药冷链、应急物品等作为主要目标市场。

(二)铁路部门促进"白货"运输的主要举措

1. 优化货源品类和运输产品结构

在集装箱运输方面,扩大适箱货物品类,大幅提升集装化率,除将152类批量零散货物入箱外,还根据客户需求发展"散改集"业务,将部分精品煤炭、焦炭、矿石、粮食等入箱运输。目前,批量零散货物占集装箱运量的20%左右,块煤、焦炭等货物约占5%。在快运方面,针对单批5千克以上、单件50千克以下的包裹,提供次日、三日、四日达等小件快运限时达服务;针对单批5千克以下的包裹快件,提供当日、次晨、次日、隔日达等高铁快递服务;针对单批不足30吨且体积不足60立方米的货物,提供零散货物快运服务;针对单批30吨或体积60立方米以上的152类货物提供批量零散快运服务。铁路快运(递)服务产品一览见表1。

表 1 铁路快运（递）服务产品一览

业务种类	细分产品		覆盖范围	备注
小件快运	限时	次日、三日、四日达	118 个城市可办理，191 个城市可到达	单件货物重量不超过 50 千克，200 千克以上为批量包裹，主要定位于单批 5 千克以上小件货物
	标准	四日内及四至六日	700 个城市可办理，2000 个市县可通达	
高铁快件	限时	当日、次晨、次日、隔日	151 个高铁通达城市	主要定位 5 千克以下小件货物
	标准	三至五日、同城		
货物快运	零散	时速 120~160 公里	全路各可办理零散货物运输的办理站	一批托运重量不足 30 吨且体积不足 60 立方米的所有品类货物
	批量零散			一批托运重量在 30 吨或体积在 60 立方米以上的 108 类白货品类货物（不含散堆装和危险品货物）
	电商班列	时速 160 公里	北京至广州、上海至深圳、北京至上海	针对电商和快递企业量身定制

2. 强化运输组织，提高运输时效

2016 年 5 月，中铁总围绕当前铁路客货运输需求特点，特别是"白货"运输特点，加大了货物运输组织改革，实施了近十年来最大规模的一次运行图调整工作，大幅提升了货物快运班列的数量。目前，全路开行各类货物快运班列达 251 列，其中集装箱班列 130 列，运行时速 120 公里以上的班列占比达到 83%。

调研中了解到，哈尔滨局开发了固定运行线、点对点按时运送的"滨江快车"，辐射管内 20 多个到站，连接了省内和呼伦贝尔市等主要消费城市；广铁集团开发了郭塘—长沙城际班列，形成省际快运班列品牌；南昌局自开通了高崎—上杭集装箱循环班列；北京局开行大红门至成都局的集装箱班列，货改以来每周开行 2~3 列；乌鲁木齐局开行乌北、乌西发往广州、上海的铝锭班列。此外，中铁总对批量零散快运货物的装车挂运时限、中转停留时限及送达客户时限进行了严格要求，比如济南局开发了济西等站至乌局吐鲁番站的零散白货阶梯直达列车,将运输时间由 15~20 天压缩到了 8 天。近期铁路班列组织情况见表 2。

表 2 近期铁路班列组织情况

种类	班列数	运行速度	开行频次	备注
特快	10	时速 160 公里	每日 1 列	电商班列,25T 专用行李车
快速	35	时速 120 公里	每日 1 列	批量零散
"跨局"	20	时速 120 公里	每日 1 列	零散
中欧班列	39	时速 120 公里	每周 1~5 列	大陆桥国际联运
中亚班列	23	时速 80~120 公里	每周 1~3 列	
快速集装箱	31	时速 120 公里	每周 2~7 列	集装箱
铁水联运	37	时速 80~100 公里	每周 2~7 列	
普快	56	时速 80~100 公里	每周 2~10 列	大宗整车、集装箱编组

3.完善运价机制,延伸服务链条

铁路货运组织改革以来,中铁总通过清理规范收费、调整运费结构、增强路局定价权等措施,完善运价机制。在计费环节,改变过去按货车标定重量计费的原则,全面推行了按货物实际重量或体积计费的办法。2015 年,针对零散货物和批量零散货物入箱运输,将集装箱作为集装化用具,将按箱计费调整为按货物实重计费,并大幅降低了企业自备箱的运费和堆存费用。调研中了解到,昆明局全部取消了延伸服务费,乌鲁木齐局取消了零散白货综合物流费、多经代理费等收费项目,南昌局取消了每吨 5~6 元的发送代理费,济南局取消了每吨 2~6 元的发送综合服务费。

此外,铁路部门还通过加强与港航企业的信息交换和共享、提高铁水联运班列密度、完善两端取送服务等措施,延伸服务链条,提供增值服务。比如武汉局、成都局通过创新两端运输组织方式,发挥铁路、公路联运优势,零散白货运输实现增量。武汉局漯河站利用甩挂运输,成功实现铁路门到门运输。漯河站最初选择小型物流企业为合作对象，再吸引大企业开展合作，逐步占据了市场。目前漯河站与16家企业签订了甩挂运输合同。成都局开发了15吨包装箱开展全程物流服务，由成铁物流公司在成都传化公路物流港设立了物流站，掌握公路运输价格与货源日常情况，设计与市场接轨的"门到门"物流方案，更加灵活地适应零散白货运输需求。

二、铁路货运组织改革中"白货"运输存在的主要问题

（一）场站设施及技术装备条件相对落后

1. 路局的一些物流基地设施设备利用率不高

从调研情况看，受宏观经济形势、货源阶段性不足等因素影响，部分路局物流基地的设施设备利用率不高。如哈尔滨局的齐齐哈尔战略装车点，仓库利用率仅15%~25%，三个货场中两个货场的利用率仅为25%和50%。

2. 货运站物流设备设施能力不足

一是很多货场的仓储能力不足，限制了仓储经营服务，造成货源流失。有的物流公司没有自己的仓库，货物运到站后需要一段时间存储，当货场仓储能力有限时，物流公司在揽货时就放弃该货物，造成货源流失。如哈尔滨局滨江站、海拉尔站由于仓储能力有限，物流公司仓储服务需求得不到满足，集货能力受到限制。

二是装卸机械化程度低。调研中各路局普遍反映，装卸工年龄老化，平均年龄在50岁以上，且装卸工种社会招工没有吸引力，影响了装卸效率和质量，迫切需要优化装卸机械与设备配置，提升装卸机械化水平。调研中发现，铁路运输的粮食、化肥、水泥等大宗成件包装货物的装卸作业主要靠人力完成，效率低、成本高。

（二）运输组织及营销体系支撑能力不足

1. 运力紧张路局"随到随办"的兑现难度仍较大

运力紧张路局的运力配置要满足零散白货"随到随办"的要求存在困难。由于零散白货装车比较分散，在紧张区段频繁进行车辆甩挂作业，影响运输能力。如太原局榆次站共有4列快运班列，其中3列有装卸作业，每日装车8辆。由于榆次编组站能力紧张，快运班列开行使得问题更为突出。

2. 零担货运业务开展比较困难

重拾零担业务是货运改革的一项重要措施，铁路局在零担货运宣传、办理站点完善、摘挂列车开行等方面做了许多努力和探索。但由于零担货运业务停办时间较长，公路物流发展迅猛，已形成相对固定的市场格局；同时，铁路零担货运服务网络不适应市场需要，组织过程复杂，运输时效性差，市场竞争能力比较弱，总体运行效果不佳。

3. 铁路货物运到时限不适应市场

通过调研了解到，铁路货物运到时限不具备竞争优势，不能很好地适应市场需求，主要表现在：一是铁路不同运距的运输时间普遍比公路长，不具备运输时效性优势。二是货物运到时限不稳定，相同始发终到站的不同批货物的送达时间不一致，容易打乱客户的生产、销售安排。三是对客户提供的货物追踪信息不准确，使客户难以及时了解货物运行情况。

调研表明，零散白货铁路运输时间与公路相比，铁路具备时效性优势的是中远距离快运班列运输，在500公里左右的距离，铁路比公路要多3~5天。比如，黑龙江万达物流有限公司反映，从哈尔滨运送奶粉到上海，汽车运输2天可以到，而铁路运输平均需要5天；新疆中泰化学有限公司反映，从昌吉运送化工产品至天津，汽运大约需要6天，而铁路需要的时间是汽运的两倍以上。此外，广铁集团营销中心从海口南试运蔬菜水果至北京大红门，虽然采取了多项保障措施，全程仍需要90小时，而公路一般只需38~40小时。

（三）运价机制及管理体制仍需深化改革

1. 两端物流费率随行就市的难度较大

目前，"一口价"由全程运输各环节的费用加总而成，在一定程度上限制了两端物流环节价格的灵活性。一是两端物流费率调整所需时间较长，难以跟上市场变化的速度。二是两端物流费率采用统一的简化定价模式，难以应对客户千差万别的个性化需求和区域物流市场竞争需要。如接取送达统一规定起码里程为 10 公里、站内和上门装卸费率仅按品类设定等，而在实际操作过程中，接取送达费用与装卸车时间、装卸方式、货物性质、包装程度等都有很大关系。例如，相同的重量，粮食与钢材的接取送达价格往往相差较大。因此，统一的基价模式不利于接取送达业务的实际运作，造成站段层面与接取送达合作单位之间的协调困难。

2. 部分品类运价不适应中短运距市场竞争需要

目前，钢材、集装箱、木材、小汽车、水泥等品类的中短途运输，铁路门到门运价仍处于劣势[1]。从部分路局的调研中了解到，600 公里以下运距集装箱公路门到门运费大多低于铁路，600~1000 公里运距公路和铁路运价差别较小，1000 公里以上运距铁路门到门运费才具有一定优势。如大连港到沈阳（401 公里）的 40 英尺集装箱运输，公路全程门到门运价为 1800 元/箱，铁路站到站运费下浮 30% 后为 1703.6 元/箱。

三、铁路改善"白货"运输的若干建议

（一）打造综合服务平台，完善系统业务功能

一是利用各种信息技术手段，进一步优化业务受理渠道，积极引导客户采用更便捷的信息化受理方式；二是拓展多种支付手段，尽快在全

---

[1] 调研了解的情况是在新一轮公路治超政策实施之前，对于该政策实施以后的情况应该有一定变化。

路推广实施电子支付方式，提高客户交费的便利性、安全性；三是研究实行垫付运费业务，吸引客户通过铁路发货；四是改善铁路服务形象，加强客户信息管理，提升客户体验；五是完善电子商务系统运费试算功能，提供更加准确的运费计算结果；六是增加信息采集源点，完善车站办理条件、停限装、集装箱预订、实时查询等相关功能；七是加快接取送达业务基础信息库建设，实现全路接取送达能力信息共享，为发到两端形成有效沟通机制提供信息技术支持。

（二）健全货运代理制度，大力发展集货网络

一是加强与当地物流企业、货运代理的合作，建立利益共享的机制，充分利用社会企业的集货能力，广泛吸引零散货源；二是建立健全物流发展的激励考核机制，充分调动和提高各铁路局开展物流业务的积极性；三是建立完善跨局沟通协作机制，明确发到站之间沟通内容、流程、标准以及仲裁方式，提高接取送达服务质量及作业标准，避免因到站服务质量问题导致货源流失。

（三）加快发展物流基地，建立合作共建模式

一是加强市场需求分析，根据实际需求，促进铁路货场的改造、升级或新建现代化的铁路物流基地，合理调整装卸机械的配置，扩大机械作业量；二是规范功能布局和设施设备配置，研究制定运营管理及服务流程和质量标准；三是尽快出台开放性政策细则，积极吸引一些资产雄厚、铁路货运经验丰富和市场网络相对发达的综合物流企业，参与铁路物流基地及其他场站设施的合营合作。

（四）完善运价浮动机制，提升价格竞争能力

一是建立规范的运价浮动机制，在充分考虑市场竞争需要的同时，明确浮动责任主体、权限、管理方式和程序，避免随意性和寻租现象；

二是强化基于运距的竞争性运价策略，增强铁路运价在中短运距的竞争力和灵活性，短距离运输放开运价下浮权限，中距离运输放宽运价下浮幅度；三是下放接取送达起码里程标准及其计费规则的权限，由车站根据周边货源及企业分布、短途运输市场等现状申报接取送达业务合理的起码里程，铁路局审批确定，并按照递远递减原则，根据市场条件进行优化设计；四是适度调整亏吨货物计重策略，系统分析确定亏吨严重的货物品类，在保证盈利和满载的前提下，分品类、分运距研究每车基价或底价，建立铁路和客户以合理方式共同分担亏吨成本的计重规则。

（五）优化货物运到时限，提升全程服务水平

一是根据市场对运到时限的不同需求，结合运力资源利用情况，设计特快、快速、普速等不同速度等级的货运产品，针对客户个性化需求提供定制式服务；二是在保证运输安全的前提下，根据线路允许速度与车辆构造速度的范围，适当提高货车运行速度，减少途中运行时间；三是探索实行准时生产制，铁路局要制定相应的作业时间标准，提高装卸站的作业质量，优化技术站作业方案，缩短中间作业时间；四是通过整合货票系统、确报系统、运行图系统等信息资源，监控货物在途运行情况；五是针对货运全过程的承运、装车、途中运行、中转、卸车作业，健全货运、车务部门的考核机制。

（执笔人：王杨堃）